U0514783

# 文明的回响

## 北京市民公共行为文明指数调查与思考

首都精神文明办　编

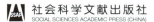

社会科学文献出版社
SOCIAL SCIENCES ACADEMIC PRESS (CHINA)

# 编 委 会

# 目　录

## 文明指数篇

# 前　言

　　党的十八大以来，以习近平同志为核心的党中央站在实现中华民族伟大复兴的战略高度，深刻把握社会主义精神文明建设规律，将"丰富人民精神世界"上升到了中国式现代化本质要求的高度，精神文明建设的重要性日益凸显。建设与物质文明相匹配的精神文明，实现"两个文明"协调共进，才能为实现强国建设、民族复兴提供强大的精神力量。北京作为具有全球影响力的大国首都，历史悠久、文脉深远、文运昌盛，承载了中华民族的深厚底蕴，展现了现代化国际大都市的时代风貌，培育了广大市民热情开朗、大气开放、积极向上、乐于助人的优秀品格，新征程上更高水平推进精神文明建设、更好展现当代中国精神风貌，是首都发展的重要支撑，更是满足人民群众对美好生活新期待的必然使命。

　　长期以来，首都精神文明战线深入贯彻落实党中央关于精神文明建设的部署要求，思想上高度重视，积极组织专家学者、各级干部和广大群众开展精神文明建设理论研究和学习；行动上认真落实，以习近平新时代中国特色社会主义思想为指导，大力培育和践行社会主义核心价值观，统筹推进文明培育、文明实践、文明创建，通过树立先进道德典型、加强公共文明引导、深化精神文明创建、完善共建共享机制、加强德法共治生态等一系列举措，推动市民文明素质和城市文明程度不断迈上新台阶。在此过程中，广大市民不仅成为城市文明发展的见证者、文明成果的共享者，更成为文明建设的参与者，为推动精神文明建设工作取得新进展贡献了巨大力量。

2008 年奥运会的成功申办，实现了中华民族的一个百年梦想，北京国际交往中心建设迈入全新阶段。城市国际化程度加速提升，对提升城市文明形象提出了新的更高要求，市民文明素养日益成为社会各界广泛关注的焦点。在此背景下，首都精神文明办聚焦"北京市民公共文明"这一主题，自 2005 年起开展"北京市民公共行为文明指数调查"这一长期跟踪研究项目，得到了社会各界广泛关注与全体市民的热情参与。20 年来，面对社会经济的深刻变迁，"北京市民公共行为文明指数"调查项目始终坚持物质文明和精神文明协调发展的理念，以全国首创的"公共行为文明指数"为抓手，在理论层面通过对"公共文明""精神文明"等抽象概念的具象化，构建了具有中国特色、符合首都特点、彰显时代特征的公共文明价值体系；在实践层面通过形象直观的数字和具体深入的描述呈现了首都精神文明建设工作的亮点与成效，体现了北京市民将文明意识内化为自觉行动、"从我做起"投身城市文明建设的主人翁精神，展现了数以千计、万计的奥运志愿者、城市志愿者、公共文明引导员为推动北京迈向国际一流和谐宜居之都、持续焕发"双奥之城"魅力做出的重要贡献，彰显了北京包容、开放、自信的大国首都形象，为更好传承古都文脉、弘扬城市精神、提升社会文明程度、丰富人民精神世界提供了坚实基础。

值此"北京市民公共行为文明指数调查"开展 20 年之际，《文明的回响——北京市民公共行为文明指数调查与思考》一书的出版意义重大。本书以习近平总书记关于精神文明建设的重要论述为指导，充分发挥首都精神文明办的组织优势和工作积淀，广泛邀请理论界、实务界的专家学者和相关业务部门参与，系统总结近年来首都精神文明建设的成效与经验，深入分析市民公共行为演变的特点规律，科学研判面临的新形势新任务，力求在理论上丰富拓展、在实践上与时俱进，为新时代首都精神文明建设提供有益启示，为广大精神文明建设者提供有益借鉴。

　　全书共分为三个篇章，文明自觉篇汇集了诸多专家学者在社会学、心理学、伦理学、管理学、哲学等领域的研究成果，深刻展现了学术演进创新与首都精神文明建设的同频共振；文明实践篇立足时代风貌和首都风范，全景呈现了首都精神文明办坚持"首善、一流、最好"标准、着力推动市民文明素质和社会文明水平提升的工作实践；文明指数篇从理论与实际互促共进的角度出发，系统回顾了北京市民公共行为文明指数调查研究源起、传承、创新的发展脉络。各篇章相辅相成，是20年来笃行不辍开展市民公共行为文明研究的缩影，是推动首都精神文明建设面向群众走深走实的见证与支撑。

　　我们期待这本书能引发全社会对加强公共文明建设的广泛思考，形成全民参与公共文明建设的良好氛围，促进干部群众增强文明意识、提升文明素养，让社会主义核心价值观在首都这片热土落地生根、开花结果，为打造社会风气和道德风尚首善之城、为新时代首都发展汇聚强大精神力量。

# 文明自觉篇

# 道德的自觉

余心言

中央重视思想道德建设，广大社会成员是高兴的。

人们企盼着在物质生活逐步富裕的同时，精神生活更文明，人际关系更和谐。人们企盼着更少一点贪官污吏欺压百姓，更少一点假冒伪劣欺瞒坑骗，更多一点互相谦让、互相关爱、互相尊重，更多一点真诚相见、热心助人、见义勇为。一句话，人们期望有道德的社会成员越来越多。

这种期望是有理由的。实现这种期望要依靠思想道德建设的落实，也包括从提高每一位社会成员的思想道德素质做起。我们期望别人有道德，首先要做的是自己讲道德。

然而，处处要讲道德，有一部分社会成员难免会觉得有一点不自在。他们认为讲道德就是对自己行为的一种限制，自己不能想怎样就怎样，好像对自己并不那么有利。例如，要遵守交通规则，意味着不能随便闯红灯；要讲卫生，意味着不能随地吐痰、乱扔垃圾。这还是小事，而做医生，别人收红包我不收；找工作，别人走后门我不走，岂不是吃了大亏了吗？有一位伦理学家应邀到某企业做报告，讲完之后，厂长说："您讲得真好。不过如果都照您讲的这样去做，我们就没饭吃了。"是不是企业讲了道德就会办不下去，这个问题我们另作讨论。但是，以为讲道德就是有利于他人，对自己并不有利，这样的认识并不是个别的。

人是一种社会的动物。人类一诞生就过着群体生活。人的一生，从幼年到成年，再到老年都离不开群体的支持。离开了群体，个人既不能生存，更不能得到发展。我们今天享有的一切，无论是吃的粮食，穿的衣服，住的房子，使用的交通工具，照明、取暖、通信、娱乐，都是全社会奋斗的成果。离开了社会，任何天才的价值都只能等于零。因此，人要尊重社会，回报社会，把自己的努力融于社会，并且期望得到社会的承认。这应当是人的天性的组成部分。

人在社会中生活，就必然要同其他社会成员发生种种关系，产生处理这种种关系的各种行为。这些行为怎样才是合适的？怎样才是既对整个人群有利，也对自己最有利？在人类长期的发展过程中必然会形成一些指导行为的准则，这些准则就叫作道德。道德不是由圣人或者政府制定的（早期的人类社会还没有政府），而是在人类自己的社会生活中逐渐形成的。比如人一生下来，就受到父母的抚爱、养育，自然会产生对父母的孝敬之心。青年时期，受到学校、老师的教育，获得了知识，懂得了做人的道理，自然会对老师产生尊敬之心。我们的生活改善，依赖于国家欣欣向荣的发展。国家富强，我们才能不受人欺凌。因此每个中国人都自然会有一份爱国之心。

另外，人在社会中生活，又以个体的形式延续着自己的生命。这就产生了一种可能性：为了自己的利益，不顾甚至损害他人的利益。这种情况就叫作不道德。几千年来，在社会发展的各个阶段，这种情况或多或少始终是存在的，但又因其不符合当时社会的道德标准，而遭受社会的谴责、抵制，因此许多当时社会普遍认为不道德的情况就难以在社会上泛滥。问题是，在社会急剧变化的时期，人们的物质生活条件在不断地变化，与原来的物质生活条件相适应的道德规范不能完全适合新的情况，而与新的物质生活条件相适应的道德规范的产生、形成还需要一个过程。在这种情况下，在社会生活的若干领域，就会产生道德失范的问题。这就会给人一种错觉，似乎不道德比道德对人更有利一些。而且，尽管人们对各种不道德的情况深恶痛绝，采取种种措施，付出极大的努力，使某种形式的不道德现象受到抑制，但又会有新形式的不道德现象产生出来，似乎人们的努力只是白费气力，人们的信心也不免因此受到打击。

其实，人类社会的发展，尽管道路曲折，从总体上看，大的趋势总是不断进步的。不道德现象花样翻新、层出不穷，一方面反映了社会发展过程中物质文明和精神文明不完全同步所形成的空隙和漏洞，另一方面也说明人们为克服不道德现象的努力收到一定的成效，使不道德现象很难以原来的形式继续存在下去。因此我们应当树立信心，为克服新出现的种种不道德现象做出新的努力。历史的进程也向人们证明，归根到底，还是提高自身的道德素质、提高社会的道德水平对人们更加有利；而不道德的行为，损害了他人的利益，最后的结果，于自己也并不那么美妙。令人欣慰的是，社会上有这样认识的人正逐渐增多起来。

例如，贪污分子肆无忌惮的日子正在渐渐过去，他们要靠结成各种关系网来保护自己。这种关系网也逐渐不那么灵了，有的就往国外逃。现在从国外抓回来的贪官也多起来了，没有抓回来的，提心吊胆做寓公，滋味也不那么好受了。

例如找工作，过去有的人只相信托关系、走后门，后来渐渐发现真有用的还是学历，一部分人就去混那个文凭；用人单位进而重视真才实学，一部分人又转而走上重才轻德之路。最近一些企业招聘中传来了对这些人不利的消息，一家外资企业在面试时出了一道题：当企业利益和贵国的国家利益有矛盾时，请问作何选择。一些想讨好面试官的应聘者选择了企业利益至上，这些人都未被录用，理由很简单：连自己祖国都不爱的人，怎么可能真正忠于企业！

一家待遇优厚的幼儿园招聘园长，应者如云，其中不乏资历深厚、学历很高者，然而被录用者只是一位刚从幼师毕业的姑娘。因为在通向面试处的路上，有一个哭泣的小女孩，在路过时只有这位姑娘对小女孩表示了关爱。

有的企业在通向考场的路上丢下了白纸，看应试者有谁能爱惜地捡起来。有的财务应聘者会计经验丰富，因为暴露了爱贪小便宜的弱点，在应聘时落选。现在已经有人在收集总结这些经验，相信他们又会摸到一些规律，找到新的应对之策，搞出一些"面试指南"之类的"法宝"。其实，真正有用的还在于提高自身的道德素质。企业要生存、要发展，单位的工作要有成绩，当然要找德才兼备的人。"作秀"是没有用的，作得了一时，作不了一世，不讲道德的人，最后总归会不受欢迎。

曾经有人认为道德品质只是个人的私事，和工作无关，别人也不必过问。其实，一个人的道德是一个整体，各方面的表现不可能是互不相关的。随着社会的进步，个人的道德品质越来越受到社会各方面的关注，应当是一种必然的趋势。

我们说讲道德会日益成为人们的自觉需要，当然不仅是说有道德的人会更容易找到工作。从根本上说，有道德才更能适应社会的需要，才能更受到社会的欢迎、得到社会更多的支持，会有更融洽的社会关系。一个人只有先成为一个好儿子、好丈夫、好父亲、好朋友、好同事、好员工，才可能有好父母、好妻子、好孩子、好朋友、好同事、好上司，才会生活在友爱之中，有好心情去面对每一天。他们也许没有奢华的生活，却可以为自己用的每一分钱都是干净的而自豪。他们也许没有因抢道而行而"节省时间"，却因此减少了不幸事故发生在自己和他人身上的可能性。他们在公交车上把座位让给了老人、孕妇、伤残者，却赢得了微笑和感谢。赠人玫瑰，手有余香。一生无愧无悔，难道不是最大的幸福吗？

有德者有福，愿更多的人有此感受。唯此，讲道德的自觉才会日益增强。

（余心言，本名徐惟诚，中央宣传部原常务副部长，中国伦理学会名誉会长，研究领域为伦理学、道德建设、思想政治教育和文化传播等。）

# 克己复礼与公民道德建设

陈　瑛

"克己复礼"是中国古代传统道德中最具东方特色也最重要的命题，它是儒家伦理的核心命题。"克己复礼"是一个非常重要、特别深刻的哲学命题，是伦理学的一个基本原理。它建立在人类深刻认识到自我与他人、与社会的关系，人类的自由与必然的辩证关系的基础上，并利用这个原理来科学地调整各种关系，以建立和谐的人际关系与社会制度。全面建设小康社会、和谐社会，强烈要求道德的支撑，而建设良好的社会公德，也就是"复礼"，无不是建立在"克己"的基础上，无不是从"克己"入手。

在我看来，中国古代传统道德中，最具东方特色也最重要的命题，莫过于"克己复礼"，可以说它是儒家伦理的核心命题。"克己复礼"是谁最先提出来的？发明权属于什么人？对于这个问题，一般人的答案是孔子，因为《论语·颜渊》中明确地记载着"克己复礼，仁也"是"子曰"，这是最早出现在最可靠的文献里的记录。然而宋代的王应麟不认这个账。他说，"克己复礼，仁也"是"古也有志"，并明确地说："或谓克己复礼，古人所传，非出于孔子。"他的这个答案也许不完全是臆造，因为中华文明有其"前轴心时代"，夏、商、周甚至传说中的五代时期留给了后代许多文化遗产，后来的儒家文化明显地受其影响，连孔子本人也一再强调他的"述而不作"的主张（其实他又述又作，创造发明之处颇为不少）。不管怎样，现在看来至少春秋时期的孔子是最早赞成并信服这个道理的，而且历代儒家甚至那些反对儒家的思想流派，一直把它看作儒家的一个核心命题和主张。

两千多年来，围绕着"克己复礼"这个命题进行过无数的争论，然而，争论的原因在哪里呢？

表面上看来，这个争论是由于中国古代语言的笼统性和模糊性，例如，这里的"己"到底指什么？是个人、自我，还是个人的不合理的利益或欲望；这里的"克"又是什么意思？是有保留的克制，还是完全彻底的克服？孔子要复的"礼"又是什么？如此等等，在这个简明的命题里并没有说清楚，留下了相当大的争议空间。

近现代以来，许多学者在研究"自我"时，对其进行了精细的划分，例如，弗洛伊德曾经把"自我"分成"本我"、"自我"与"超我"三部分。"本我"是人生而有之的生物学的原始性欲和本能冲动，是人性中不顾法律、道德规范和逻辑而强烈追求个性满足的非理性力量；"自我"是人性中的理性部分，通过训练以及同外界联系而形成，约束自我，以延缓和减轻快乐，使之适应环境和社会利益之需要；"超我"是道德化了的自我，以检查和监督"自我"对于"本我"的控制。其实在孔孟的儒家学说中，一个"己"字，已经包括了弗洛伊德所指的这三项内容。

第一是自然的中性的自己，即他们所说的"无友不如己者""人人有贵于己者""天下大悦而将归己"等。这里的"己"，相当于弗洛伊德的"自我"。第二是道德的自我，例如，他们说应当"得己""立己""达己""贵己""在诸己""求诸己"等，这里的"己"，近似于弗洛伊德的"超我"。第三是本能的自我，例如，他们说的要"克己""修己""恭己""正己"，这里的"己"，就相当于弗洛伊德的"本我"，即个人的利益和自然本能之欲望。

如果说孔子的"克己复礼"之"己"是自我，从而认为他的"克己"是要否定自我，那可真是冤哉枉也。全面分析孔孟等人对于"己"字的用法和他们对于"己"的理解，可以看出，他们虽然有时把"己"当作个人的私利和不正当的欲望，是需要克除的，但是在更多的情况下，他们是把"己"作为一个行为主体，作为道德行为的主体来用，他们不仅主张"克己"，而且更强调"由己""为己"，如"为仁由己"（《论语·述而》），"古之学者为己，今之学者为人"（《荀子·劝学》），如此等等。孔子非常重视并且特别强调自我的地位和作用，重视个人主体精神的发扬。在孔子那里，"克己"之"己"，只是指个人的不正当的利益和欲望，或者虽然这些利益和欲望也属正当，但是为了更重大、更根本的利益，为了国家、民族和更多的人，而需要加以牺牲的个人的利益和欲望。总之，孔子所说的"克己"，只不过是克制自己的某些本能和欲望，绝不是要否定自我、否定个人。从这里也看出来，孔子所说的"克"，指的不过是克制的"克"，而绝非克服、克除的"克"。

至于孔子要复的"礼"又是什么，这是更难说清的问题。从古到今，对于"礼"的理解，可以说言人人殊。有人说，这个"礼"就是"周礼"，原来有宗教含义，可以从"三祭之礼"（即天地、祖先、圣贤）方面理解；也有人说，"礼"即西周的等级政治法律制度，"夫礼者，所以定亲疏，决嫌疑，别同异，明是非也"（《礼记·曲礼》），是"经国家，定社稷，序民人，利后嗣者也"（《左传·隐公十一年》）。还有人说，孔子的"礼"只是指一种道德规范，或者是一种道德秩序、状态，如《左传·昭公二十六年》中说："君令臣共，父慈子孝，兄爱弟敬，夫和妻柔，姑慈妇听，礼也。"我个人觉得，孔子和后来儒家的"礼"，虽然不无周礼的影子，但是早已不是原来的周礼了。孔子毕竟是"圣之时者"，他赞成对于古礼的一些"损益"，他们心目中的"礼"，也许已经成为《管子·心术上》所讲的，是"因人之情，缘义之理，而为之节文者也，故礼者，谓有理也"。荀子后来特别重视"礼"，并且对其进行了多方面的阐发。最经常的是他把"礼"看作为"养"而必须区分的"别"。例如他说，礼是"贵贱有等，长幼有差，贫富轻重皆有称者也"，又说："礼者，以财物为用，以贵贱为文，以多少为异，以隆杀为要"（《荀子·礼论》），如此等等，不一而足。显然"礼"在孔子和儒家那里已经经过了抽象和上升，成了和我们现在常用的"自由""民主"差不多的概念，属于"人类文明的普遍价值"，不同的人可以做不同的理解。其基本定义大致可以概括为几条，第一是出于差别而制定的人们必须遵守的许多制度、法令、规定、规范，其中有些是政府规定的，也有些是社会生活习惯形成的；第二，它的领域包含了天地自然、国家家庭、政治经济、社会生活诸领域的法律道德诸多方面；第三，这些规定之出现，其目的是协调秩序，以保持社会的和谐稳定。对于这最后一层含义，《论语·学而》中记载的有子的一句话讲得最清楚："礼之用，和为贵，先王之道斯为美。"对于"礼"的不同理解，自然也会产生对于"克己复礼"这一命题的不同态度。

自古至今，围绕着"克己复礼"的争论，更深层次的原因还是由于某些人出于自身利益或价值观等方面的需要，自觉或不自觉地歪曲了古人的原意，片面地夸大了这个命题中的某些方面。

特别是后世的儒家，尤其是那些正统的宋明理学家及其学徒，他们把"复礼"之"礼"认定为当时的封建社会秩序，特别是封建道德秩序，认为这是"天理"，是无论如何都要坚持而不能动摇的。与此同时，他们又把"己"中所包含的某些不正当的感性欲望夸大，认为举凡一切人所有的欲望，包括某些正当的欲望需求，都应当"克"去；不仅应该克制，而且应当克除净尽，像王阳明所说的那样，要使人"悬空静守，如槁木死灰"，所谓的"存天理，灭人欲"就是这个意思。这样理解的"克己复礼"虽然也在一定时期内起到了纠正和扭转某些人的过分狂妄、贪婪，让人们遵守道义的积极作用，但是也压制了许多人的正当欲望，尤其是在封建社会后期，它作为封建主义的思想武器，起到了压抑人性的作用，甚至成为残杀人民的精神工具。后来，许多具有反抗封建意识的人，特别是具有资产阶级思想萌芽的人，都这样来理解"克己"，因此他们激烈地反对这一命题，极力提倡个性解放，积极地肯定自我、张扬放纵自我，甚至不惜走到了另一个极端，让个人主义蔓延、拜金主义猖獗、享乐主义横行。这些思潮的流行给人类带来了极大的困惑，如果不能对其正确引导并且克制，将会把全人类引向灾难的边缘。

从古至今，"克己复礼"一直是中国社会关注的话题，不同思潮围绕它进行斗争。我们不会忘记，在 20 世纪 60 年代开始的所谓"文化大革命"中，林彪、"四人帮"集团一边高唱"批孔"的口号，一边却暗中搞宋明理学的"克己"那一套，反对抓经济建设，提倡"狠斗私字一闪念"，对广大人民群众搞封建法西斯主义思想专制，否定了人民群众的合理需要和正当欲望，结果把整个国家推向经济破产的边缘。在粉碎了林彪、"四人帮"集团之后，当全国人民开始以经济建设为中心的改革开放后，又有人借拨乱反正之机，自觉不自觉地祭起资产阶级批判"克己"的故技，走向了放纵自我的一面。他们大唱人性自私，高扬个性解放，放任自我，一时间，绝对个人主义、拜金主义、享乐主义抬头，许多违法乱纪、道德败坏的思想行为纷纷出现。这股反对"克己"的思想浪潮，干扰了我们改革开放的进程，破坏了我们的社会主义精神文明建设。我们从自身多年来的亲身经历中深切地认识到，正确地理解"克己复礼"是多么重要，而一旦忽视了"克己"会造成多大的危险。

应当说，"克己复礼"是个非常重要、特别深刻的哲学命题，是伦理学的一个基本原理。它建立在人类深刻认识到自我与他人、与社会的关系，人类的自由与必然的辩证关系的基础上，可以利用这个原理来科学地调整各种关系，以建立和谐的人际关系与社会制度。

首先，"克己复礼"肯定了"己"是人类道德思想行为的主体，强调了自我这个主体在一切道德观念、道德行为中都是出发点，其地位和作用无比重要。我们知道，一切道德观念和道德行为，必须自觉自愿，由自我决定，按照自我所认可的方向、方式、方法去做。肯定自我的作用、强调自我的作用，这正是道德的显著特点和优点，尤其是与法律的区别所在。试问：在道德修养、道德教育、道德实践、道德活动中，哪一项能够离开自我？哪一项不是以自我为立足点出发？古代儒家已经认识到，人与己的道德关系，其实就是末与本的关系，用形象一点的话说，就是树木与其根、泉水与其源，或者房屋与其基的关系，前者需要建立在后者的基础上，我们的一切道德思想行为都源于自我。儒家一向主张"君子务本，本立而道生"，主张所谓"由近及远"的道德思想和行为方式就是承认"己"、肯定"己"的体现。除了"己"之外，中国古代还用"我""身"等观念表示自我。从改造"己"出发，到改造他人、改造社会；从肯定"己"，到肯定他人、肯定社会，这种思路和过程，事实上是道德发挥作用的唯一的最合理也最恰当的方式。自我是一个广阔的天地，能够自觉地认识和开发自我、改造自我，向内用力而达致改造他人、树立他人，进而改造世界、建设世界，这正是我们人类的高明之处，是人能够区别于其他生物的地方。

其次，应该如何正确对待这个自我、对待这个"己"与"身"？孔子着重强调了"克己"，这是道德修养的极其重要的一面。我们知道，孔子并不主张否定自我、遏制自我的正当欲望，相反，他很强调自我的价值和意义，提出"为仁由己"；他不仅尊重个人的欲望，而且主张要推己及人，积极倡导"己欲立而立人，己欲达而达人"，"己所不欲，勿施于人"。孟子更明确地点出要从"己"出发，"善推其所为"，"推恶恶之心"，这里也显示出，孔孟已经使用了联想、类推的逻辑思维。他们知道，自我固然重要，然而正确地分析自我、对待自我更加重要。他们告诫学生们千万不要过分自信，不要任性，要"毋意、毋必、毋固、毋我"（《论语·子罕》），经常注意克制自己的个人利益和欲望，对于其中那些不正确、不理智，或者虽属正当，但是与其他人或者社会群体利益相矛盾的，必须克制和遏制，这是维护道德法律秩序、保证社会和谐稳定所需要的。这里的"克"字十分重要，很符合辩证法：表面看来是"克"，其实目的在于"立"，"克"以求"立"，立己立人。由"克己"入手，实现自己的道德自我；实现了个人的道德自我，既能利他，归根到底也会符合个人的正当利益。这条从"克己"入手的路子，辩证地解决了个人与他人、道义与利益的关系。我们通过"克己复礼"就能够把个人与他人、利益与道德这两对矛盾辩证地统一起来，非常科学。从"克己"入手实现"复礼"，这个方法最科学有效，但又是最难实行的，这是由于人们的认识和行为，首先总是从自我开始，是从关注自我利益开始。每个人与自己的个人利益和欲望的关系最直接、最密切。个人的利益和欲望往往是每个人生存和发展中最需要的，它关系到个人的苦乐、幸福，甚至生死存亡，影响着每个人的理想、事业，以及前途命运。人们如果没有更大的胸怀、更充分的自觉，很容易就会停留在这一点上。意识到应当为了他人和社会、为了道义而克制自己，首先从自己入手，向自己开刀，这不仅要有很高的眼光和智慧，还要有很强的勇气、毅力，要有很高的道德境界。从能否"克己"上，最能体现出每个人的道德品质、道德勇气，特别是当这些利益和欲望是正当的、是个人的存在和发展所必需时，但是为了他人和社会的利益又应当克制它，此时的"克己"尤其不易，没有很高的道德境界是做不到的。

最后，"克己"是为了什么？孔子说是为了"复礼"。复什么礼？从其具体含义来说，也许是他做梦也在想的"周礼"。在今人看来也许这是落后的，甚至是反动的，但是对于处于春秋时代的孔子来说，面对"礼崩乐坏"的局势，以及战争频繁、社会混乱的局面，人民食不果腹、睡不安寝的动乱岁月，他所能企盼的除去"周礼"之外，又能是什么？周礼，其实在孔子心目中已经不再是神圣而烦琐的仪式，而早已与道德画上了等号，已经成了秩序与和谐的代名词。可以看出，孔子对于"礼"的坚持，纯粹是出于对道义的信念，而并不再是形式的琐细计较。"麻冕，礼也；今也纯，俭，吾从众。拜下，礼也；今拜乎上，泰也。虽违众，吾从下。"（《论语·子罕》）"礼，与其奢也，宁俭。丧，与其易也，宁戚。"（《论语·八佾》）他觉得礼是道义的精髓；离开了礼，一切看起来似乎道德的东西，也都失去了真味："恭而无礼则劳，慎而无礼则葸，勇而无礼则乱，直而无礼则绞。"（《论语·泰伯》）概言之，在孔子和后来的儒家那里，礼就是为了维持正常的社会生活秩序而必需的原则规定，它是任何时期、任何情况下，任何人都需要的。"和实生物"，代表"和"、体现"和"的"礼"，才是人们期待的目标。

总之，"克己复礼"是个相当科学的道德理论，它不只是简单的、具体的规范，而更像是道德原则，是道德学习和修养的方法以及道德实践的途径，因此，它所适用的范围和空间要大得多，用在封建社会里的道德修养，如孝悌忠信等固然可以，用在资本主义社会里，培养资产阶级道德也未尝不可。无论如何，这种"反弹琵琶"的思维方式，乃是东方思想方式的特点，它非常巧妙，非常灵活，但是又往往能在人们出其不意的侧面或背面突然出现，直达事物的核心。在漫长的封建社会里，孔孟的儒家学说对于稳定社会、实现在当时条件下的和谐，曾经起到了重要的作用，而儒家伦理学说的基点就是"修身"，天下之本在国，国之本在家，家之本在身。自天子以至于庶人，皆以修身为本。所谓的"诚意、正心"，就是修身的内容，"格物、致知"就是修身的方式，而"齐家、治国、平天下"不过是修身的指向或目的。"克己复礼"，其实质就是通过修身来实现儒家的全部政治抱负，这四个字囊括了全部的儒家伦理精华。

中国古代的思想家、政治家们很早就认识到了"克己复礼"的重要性，他们指出，历代的盛世，无不建立在君臣民众修身的基础上。例如所谓文景之治，就是当时的最高统治者能够"克己"，史载汉文帝注意节俭，他在位期间，"宫室苑囿，车骑服饰，都无所增益","孝文皇帝欲起露台,重百金之费,克己不作"(《汉书·王嘉传》)。汉文帝说:"百金,中民十家之产。吾奉先帝宫室,常恐羞之,何以台为!"(《史记·孝文本纪》)唐太宗虚心纳谏,他说:"人欲自照,必须明镜;主欲知过,必借忠臣。主若自贤,臣不匡正,欲不危败,岂可得乎?"他深以隋炀帝好自矜夸、护短拒谏为戒,鼓励臣僚"事有不利于人,必须极言规谏"(《贞观政要》卷二)。贞观十三年,对于魏征批评他的"近岁颇好奢纵""轻用民力""昵小人而疏君子""畋游无度""恃功骄矜"等批评,不仅没有生气,而且进行了嘉奖。帝王如此,普通的臣子士人和民众,也都非常注意克己修身。中国的封建社会之所以比较稳定,与儒家宣扬的封建道德、其比较完备的伦理理论特别是"克己复礼"学说所发挥的作用,不是没有关系的。

用马克思主义武装起来的先进的中国共产党人,尽管在很长的一段时间里没有正式使用这个概念,却非常重视"克己复礼"这个原则的运用。当然,我们所"复"的"礼",早已成为无产阶级的做法。我们记得,在革命战争时期,毛泽东就狠抓人民军队内部特别是我们党内的思想道德建设,1929年底他写的《关于纠正党内的错误思想》,就是通过党内、军内的"克己复礼",即克服各种非无产阶级思想,恢复马克思主义的、无产阶级的思想的指导地位,以健全党的肌体,然后领导人民和军队,去夺取全国的胜利。延安整风运动也是这样。新中国成立的前夕,毛泽东反复告诫全党:"夺取全国胜利,这只是万里长征走完了第一步。……中国的革命是伟大的,但革命以后的路程更长,工作更伟大,更艰苦。这一点现在就必须向党内讲明白,务必使同志们继续地保持谦虚、谨慎、不骄、不躁的作风,务必使同志们继续地保持艰苦奋斗的作风。"《在中国共产党第七届中央委员会第二次全体会议上的报告》又一次强调要"克己复礼",当然我们共产党人所要"复"的"礼",不是封建主义和资本主义的"礼",而是无产阶级的革命道德之"礼"。我国、我党、我军几十年历史都证明，能够正确对待自我、能够"克己复礼"，就能够克服困难，最后取得胜利；相反，如果忽视了"克己复礼"，不能正确地对待自己，骄傲自大，享乐放纵，没有不失败的。

自从西方文艺复兴以来，人类在高扬人性、人道主义的同时，逐渐失去了"克己"的美德。在对待与自然的关系上，有人片面强调自我，狂妄地宣称要做自然的"主人"，主观任性地对待自然，结果招致了大自然的报复，出现了今天的环境污染、资源匮乏等问题，严重地威胁着社会经济的可持续发展。这些已经引起全人类的广泛关注，人们已经开始反省自己，呼吁"敬畏自然""与自然为友"。然而在处理人与社会的关系、人与人之间的关系上，不少人仍然普遍存在着以自我为中心，自大、傲慢、狂妄等问题，酝酿和催生着更大的危险，看一下今日纷乱的世界，看看霸权主义、恐怖主义、分裂主义的种种做为，哪一种不是个人和小集团自我膨胀的结果？可惜在这些方面许多人至今尚未察觉，实在值得警醒。

无疑，"克己复礼"对于我国公民道德建设、对于我国的社会主义建设具有重大的意义和价值。"文化大革命"张扬了"造反精神"，破坏了"礼"，改革开放后一些西方的意识形态大肆侵入我国，那种张扬自我、张扬个性的个人主义、拜金主义、享乐主义的风气强烈蔓延，特别是极端个人主义的猖獗，破坏了我国人民几千年来形成的重视"克己"的美德。而全面建设小康社会、和谐社会，却强烈地要求道德的支撑；国家和民族如果没有好的道德风气，个人和集体如果没有好的道德品格，什么良好的愿望也无从实现。培养良好的社会公德也是"复礼"，是建立在"克己"的基础上，从"克己"入手。为人民服务原则、集体主义核心能够离开"克己"吗？爱国守法、明礼诚信、团结友善、勤俭自强、敬业奉献这些基本规范，哪一条不是"礼"、不需要"复"？而要"复"这些"礼"，又有哪一点能够离开"克己"？"克己复礼"是我们进行公民道德建设的关键环节，是我们建设和谐社会、实现和平发展的重要步骤和措施。

现在正是我们重新强调并且高度重视"克己复礼"的时候。

（本文原载《湖南科技学院学报》2006 年第 2 期。陈瑛，中国社会科学院哲学研究所研究员、教授、博士生导师，研究领域为马克思主义伦理学和中国古代伦理思想等。）

# "文明北京"与北京文化的生机

陈　来

2008 年奥运会前，主办城市北京市提出了"人文奥运、科技奥运、绿色奥运"的口号，为成功主办这届奥运会提供了方向。奥运会之后，北京市采取积极衔接的文化战略，把"人文奥运、科技奥运、绿色奥运"立即转换为"人文北京、科技北京、绿色北京"，努力把成功举办奥运的口号转换为北京市的日常建设特别是精神文明建设的动力。这种积极转换的意图是很好的。不过，要使新口号能像奥运口号一样取得明确的效果，还需要一些条件。比如，"绿色北京"的提法比较清楚，就是致力于北京的生态、环保建设；而"人文北京"的提法，相对而言，内涵相当广泛，如历史风貌、教育、文化等都属于人文的范畴，其中到底哪些是城市建设最重要的方面呢？哪些是和首都精神文明建设紧密关联的呢？这就需要在概念上进一步做出厘清和确定。

最近北京市提出了"文明北京"的观念，以"文明北京"作为"人文北京"的重要载体，这是非常重要的一个发展，在我看来，"文明北京"是对"人文北京"的一个最好的表达和具体的说明。

什么是"文明北京"的内涵？如果用一句话来说，就是"把北京建设成为一个具有高度文明程度的大都会城市"。其中包含两个基本的方面，用我们通常的话讲，一个是城市的文明设施建设，一个是市民的文明素质建设。前者是硬件建设，如城市垃圾处理，城市污水处理，城市水系、道路交通的合理化，环境、秩序、服务达到相应的文明建设标准，改变城市脏、乱、差的各种设施，这是大家都容易理解的。后者则是软件建设，事实上，秩序、服务本身是依赖于人的，一般我们说体现在市民的文明素质上。

我一直以来有一种看法，就是北京市的城市文明建设要从历史、现实出发。什么意思呢？我们从80年代开始提精神文明，与物质文明相对，这在总体上是没有问题的，但城市的精神文明建设，不能仅仅集中在"精神"上；文明素质建设，也不能仅仅着眼在"素质"上。精神和素质都比较"虚"，精神是头脑里的东西，素质是内在的品格，二者太"内在化"，不容易把握；而且精神的问题、内心的问题，其建设不是短时间能解决的。从我们这样一个城市文化在"文革"中受到极大破坏、经历市场经济快速发展、外来流动人口众多、当前城市文明的程度起点不高的现实出发，城市文明建设在相当一个时期内应该把重点放在"行为"上，注重解决市民行为文明的问题，而不是片面强调"精神"。城市文明归根到底直接体现为市民的行为。至于市民道德水准和精神境界的提高，一方面需要长期的多环节、多层次、多方面的教育与自我教育；另一方面，也需要通过行为的习惯来慢慢使之内化。这些都不是首都精神文明办通过具体措施促进城市文明改善提高的任务所能担负的。

因此面对当前城市文明现状，落实"文明北京"的建设口号，需要合理的工作定位。比如，有些属于思想觉悟的东西，属于更深一些、更高一些的层次，但不能直接联系到"文明北京"的建设。如强调进行爱国主义教育，这当然是长久的重要工作，但从爱国主义到城市文明行为，关系不直接。守法的教育、诚信的宣传也是一样。这些工作都重要，但并不一定是首都精神文明办承担的特别职能。首都精神文明办的工作应当聚焦在推行礼仪文明等方面。在这方面我们要处理好传统与现代的关系。我国历史上号称礼仪之邦，以讲究礼仪著称于世，礼仪之邦的重点是礼，礼是行为的规范和行为的形式特征，老北京人重"老礼儿"，讲究待人和气、礼貌、客气，也就是温良恭俭让。"文革"时期专门反对温良恭俭让，其实这五项就是文明行为的传统德目，对这些需要重新宣传，以慢慢恢复北京文化的优良传统。另外，今天的城市文明的内涵已经大大超出古代礼仪之邦的内容，今天我们要建设的城市文明，是以"现代都市公共生活的文明习惯"为中心的，如排队有序是现代大都市公共生活的一个最基本的要求，微笑服务也是现代城市生活的一个基本要求。在这方面，我们要改变以前总是从思想改造、提高觉悟入手的老办法，应当着重于"行为的引导"。如前几年银行窗口的一米线，虽然是学习外国的，但作为引导性设施，很快就改变了银行窗口拥挤的状况。此类的工作有很多可做，如机场登机手续的办理，有拉线的规范引导，排队自然就有秩序。这一类的做法可以推广到很多行业，首都精神文明办的工作可以多着眼这些方面。设施的建设也同样重要，如北京东西两个火车站是首都形象的大门，让来京旅客便捷地搭乘出租车、公交车和地铁，是长期未得到解决的问题，这些都是"文明北京"建设要优先考虑的问题。设施方便的问题不解决，行为文明的问题也无法落实。

对当代北京的城市文明建设我是乐观的，原因是我对一代新人有信心。回想 20 世纪 70~90 年代北京生活拥挤而无秩序的状态、窗口服务态度之差，今天北京的生活秩序、服务态度已经好多了，现在地铁等车都能有序排队，窗口服务都能和气办事。为什么会有这样的变化？原因当然不止一个，但其中很大一个原因是年轻一代素质提升了，以往北京下层居民中骂街的"膀爷"形象，以往乱插队、乱拥挤的现象，在北京生长的"80 后""90 后"一代身上是根本不可能再现的了，这就是文明的进步，他们是建设文明北京的生力军，代表了北京文化的生机。

（陈来，全国政协委员，中国哲学史学会会长，清华大学国学研究院院长、哲学系教授、博士生导师，研究领域为中国哲学史、儒家哲学、宋元明清理学、现代儒家哲学等。）

# 论国民素质与社会发展：北京市民公共行为的理论思考

沙莲香

面对日新月异的挑战，我国必须高度重视社会发展与经济增长的同步发展，尤其要关注国民素质的提升，而不仅仅是追求经济增长的速度。这是因为，无论是从经济发展的内在动力还是从外部环境的影响来看，核心问题都在于人。国民素质状况归根结底是由社会生活发展水平决定的。反过来国民素质状况又体现了一个社会的文明和进步状态。国民素质的提升对实现中国式现代化具有重要意义，只有不断提高国民素质，才能够实现经济持续、健康、稳定发展。

## 一　中国民族性和国民素质

一般来说，民族性指本民族具有并异于其他民族的独特特征，体现了各民族之间的差异。这种特征源于其地域和种族背景所形成的特定文化，表现为历史发展中的普遍性和一元性。民族性反映了不同文化体系在生产方式、生活方式、思维方式、情感方式等方面的差异性和相对性，同时也体现了相同文化体系在这些方面的规定性和延续性。与世界性相比，民族性是一种特殊性，它体现了民族的个性特征，包括思维方式、生活习性、精神意识和情感性格等方面。这些特征是在各民族历史中形成的，是本民族所独有的，也是与其他民族相区别的关键所在。国民素质是指一国国民在先天禀赋和传统文化影响的基础上，在后天教育和实践活动中形成的包括身体、心理、社会文化特质等在内的综合素质；而公共文明是人类文明变迁过程的一种形态，是精神文明不可缺少的一部分，具体体现了文明在公共领域的特征，具有"公共"和"文明"的双重性质。公共文明是公民在公共领域内所表现出的行为举止，是公民在自身潜在意识的影响下所映射出来的行为举止。

在我国，民族性、国民素质与公共文明三者之间存在密切互动关系。一方面，民族性影响着国民素质的提高。中华民族自古以来就以礼仪之邦著称，尊重长辈、关爱弱者、勤劳朴实等优良传统一直延续至今。这些民族性特点为提高国民素质提供了良好的基础。另一方面，国民素质的提升有助于公共文明的进步。在我国，随着教育水平的不断提高，公民的道德观念和法治意识逐渐深入人心，在公共场所乱扔垃圾、随意插队等不文明现象得到了有效遏制。同时，公共文明的进步也对民族性产生积极影响。在公共文明氛围浓厚的环境中，人们会更加自觉地遵循社会规范，民族性格中的消极因素得到逐步改善。此外，公共文明还对国民素质的提升起到促进作用。在文明社会中，人们更愿意追求自我完善，不断提高自身素质。

## （一）公共行为文明与国民素质

公共行为文明指公共生活中的行为文明，是精神文明的具体表现，是落实在生活主体身边的重要文明领地，可以通过公共生活中的具体行为来体现和观察，如卫生、秩序、交往和观赏等方面的文明程度。作为国民素质的重要内容，它不仅是个人修养的体现，更是社会文明风尚的缩影，深刻反映了个体与群体的社会认同。公共行为文明不仅关乎个体修养，更反映了整个社会的文明风尚，反映了个体与群体的社会认同。社会认同理论是亨利·泰弗尔（Henri Tajfel）等人在 20 世纪 70 年代提出的，并在群体行为的研究中不断发展，他们认为群体行为是社会心理学的一个重要课题；后来约翰·特纳（John Turner）又提出了自我归类理论，进一步完善了这一理论。社会认同理论深刻阐释了社会认同对群体行为的重大影响，为社会心理学在相关领域的研究与发展提供了有力支撑，对群体心理学的研究产生了深远影响。该理论认为，人们通常将自己归入某个群体，并且会对自己的群体产生认同感，这种认同感会影响个体的认知、情感和行为。在社会认同理论的视角下，公共行为文明可以体现国民素质。当个体在公共场合中表现出文明行为时，可以认为自己属于一个文明的社会群体，从而增强对自身群体的认同感。这种认同感可以促进个体的归属感和自尊心，进而激励个体更加积极地参与到社会活动中去。近年来，我国对社会文明程度的重视不断提高，公共行为文明得到了显著提升。在公共场所乱扔垃圾、随地吐痰等不文明行为逐渐减少，排队、礼让等文明行为日益普及，充分展现了国民素质的不断提升，同时也彰显了国家文明进步的良好形象。

## （二）民族性变迁与公共文明

民族性作为一个民族独特的文化、历史和社会特性的集合，是一个民族的核心标识。然而，随着现代化的推进和全球化的影响，民族性也在不断地变迁，但文化根性依然存在。民族性的变迁受到多种因素的影响，其中公共文明起着至关重要的作用。民族性变迁需要通过公共文明建设来实现，关键在于培养公民意识和社会责任感，以推动民族不断进步。

随着现代化进程的推进，各个民族都在经历着前所未有的变革，这种变革不仅体现在经济、科技、政治等方面，更体现在民族性深层次变化上。现代化理论主张，经济的发展与社会的进步是民族性演进的两大驱动力。现代化的本质是追求经济、政治、文化的发展，提高国民文明素养，走向文明社会；而不断提升现代化的水平、促进人类走向文明社会的关键就是提高人的文明素质、人的现代化。

因此，公共文明可通过推动社会进步和文明发展，为民族性建设提供强大的物质和精神支撑。

在全球化背景下，各国间交流日益频繁，文化融合和碰撞也越来越激烈，这为民族性变迁提供了更广阔的空间和更多的可能性。全球化过程就是民族性与世界性相互交织、相互博弈的过程。公共文明是一种跨越国界的文化现象，以普世价值和共同理念促进民族间的理解和尊重，推动民族性建设和谐发展。它不仅能提升民族国际形象，还能增强民族凝聚力和认同感。倡导和实践公共文明可保护传承民族文化，展示民族独特魅力和价值。通过推动公共文明建设，可以为民族性发展提供新的动力和支撑，也可以在全球化浪潮中，保持独特性和竞争力。

## 二　国民素质的定义与结构

### （一）"素质"及"人的素质"

"素质"是指事物所固有的某种功能及活力，这种功能及活力是由事物的特质所决定的。它是一种功能性概念，具有显性和潜在的活力，能够表现出事物不同的存在和发展状态。在人类身上，这种功能性力量表现为各种能力。素质与事物的特质紧密相关，并非凭空产生的功能和活力。对于人类而言，后天社会性的特质对素质起着决定性作用。

"人的素质"指的是由人具备的特质所决定的活动能力及其状态，这些特质包括生理、智力、心理、行为和价值观等多个方面。素质是质与量的统一概念，是一个由多个层面特质及其组合构成的素质"丛"。这一素质"丛"是由各国的文化、历史和社会变迁所塑造的，既有稳定的有惯性一面，也有可变的可培育一面。不同的文化背景、历史进程和社会变迁会影响人们"人的素质"中的特质及其组合特点。因此，研究"人的素质"可以从心理学、教育学等多个学科角度进行，包括个体和群体研究，群体是由个体构成的，即使是群体素质研究亦必以个体为基础。

## （二）国民素质

### 1. 国民素质的内涵

"人的素质"这一研究领域具有明确的实际性，其研究对象为具体的，可观察、可交流和可评估的个体或某一国家的人民。因此，在深入研究"人的素质"之初，需要进行一项关键的任务转换，即将研究焦点从一般性的"人"向特定国籍的人群转换，如中国人、日本人或其他国家的人民。这种转换意味着专注于某一国家国民的素质进行深入研究。以中国人为例，将"人的素质"研究具体化为中国人素质研究，就是将中国人作为一个特定的国民群体来进行分析和研究。

国民素质概念的定义多种多样，目前的研究结果归纳起来主要有六种代表性的观点。一是品质结构观，即国民素质是在先天禀赋的基础上，通过教育、环境影响所获得的稳定的长期发挥作用的品质结构。二是特质观，即国民素质是由人具有的特质所规定的活动能力及其状态。三是内在规定性观，即国民素质是指一个国家在一定历史阶段上的国民整体能力的内在规定性。四是总体水平观，即国民素质是一个国家的人民在改造自然和改造社会全过程中所具有的体魄、智力、思想道德的总体水平。五是综合质量观，即国民素质是指一国国民先天遗传和后天教育相互作用而形成的综合质量。六是引导性和内化要求性观，即国民素质是指一国国民在先天禀赋和传统文化影响的基础上，在同期社会的经济、政治、文化制度价值力直接引导作用下，对获得的素质观念在实践中内化后所表现出来的相对稳定的特质和能力。

这些条件涵盖了多个方面，主要是健康的身体、和谐的心态，以及适应社会发展所必需的文化与科技知识、思想和道德素养等。这些条件的实质是德、智、体、美各方面的有机结合和统一。这种能力是一种潜在的能力，包括了生物能量、社会能量以及内涵的价值。从外延上说，国民素质概念是一个历史性范畴，它不仅包括古代国民个体素质、全体国民素质，还包括一定社会时期各地区、各阶层和群体的国民素质。陈伟支持第五种观点，认为国民素质是国民在先天遗传和后天教育基础上，受核心价值观影响，通过素质知识和观念的内化与外化互动形成的相对稳定的特质。单培勇等支持第六种观点，认为它更贴合国民素质的本质，提出国民在教育和实践中获得的素质观念和知识具有动态、外在和不稳定的特点。真正的素质是国民在与外部世界互动中展现出的内在特质和能力，这些通过内化转化为素质结构部分的特质，对国民一生有持久作用。

国民作为个体，不仅指具体的中国人，也代表平均的"典型"个体，类似于统计学样本。国民作为总体，是这些典型个体的集合，体现内部结构特征。国民素质是个体与总体素质的统一，个体素质是基础，总体素质是延伸。这种统一体为研究国民素质奠定了基础。研究国民素质不仅关注当前能力水平，还着眼于未来潜在能力。因此，研究国民素质涉及对未来人口素质选择的能力。人口素质涉及自然和社会状态及其过程的多个方面，包括地理、物质、生理、心理、社会、文化等。将人口问题置于社会状态及其过程中研究，能发现人口素质与智力、人格、道德和角色等素质因素相互渗透、交错作用。国民素质的综合研究是将各种素质综合为一种指标体系的研究。

国民素质研究中，有两个不可避免的问题。一是国民素质与国民性之间的联系和区别。国民性是指一个民族的人格特质，与国民素质有着密切的联系，但也有明显的差异。国民性作为国民素质的核心，对国民素质有深远影响，而国民性格是决定国民素质的关键因素。两者在社会演变中不断变化，国民性对国民素质的发展方向有导向作用。国民性主要研究国民人格特质，而国民素质涵盖更广，包括人格、身体、智力等多个方面。国民性具有相对稳定性，而国民素质可以培育。国民性无高低优劣之分，但国民素质有明显水平差异。国民性研究倾向于定性描述，而国民素质研究更偏向于定量描述。二是国民素质研究和个人素质研究的关系。国民既是个体也是总体，因此国民素质研究的基础是对个人的研究。问卷调查和个案调查都是通过具有典型意义的个人进行的。然而，研究不能仅停留在个人层面，还需探究国民群体内部的关系和互动方式，如道德素质、角色素质等。国民素质研究不只是将国民作为个体相加，而是将其视为有共同权利和义务、秩序和发展的整体。提高国民素质以国民意识为前提，唤起国民意识是提高国民素质的内在力量。

2. 国民素质的构成

国民素质作为一种指标体系，不仅有构成要素及其相互关系，而且种种素质因素又分布在不同的层面上。分布在低层面上的是基础素质，或叫国民素质之本，包括身体素质和智力素质，类似于人口学对人口素质的概括。这些指标客观性强，具有明确量的规定性，可比性强。基础素质将随生产水平、生活水准和社会保障水平的提升而提高。分布在高层面上的是国民深层素质，包括人格、道德和角色素质，由若干指标构成。这些指标主观性强，需科学处理主观性和客观性问题。国民深层素质与社会经济发展不完全同步，尤其在当前社会变迁中，价值观和价值取向冲突加剧，国民深层素质变化更为复杂。

（1）国民基础素质

国民身体素质也可称健康素质，健康素质不仅包括身体健康指标，如体力、精力、耐力、毅力等生命指标，同时还和人的知识、心理、道德、角色诸领域因素有关系。例如，现在无锡饮用水污染等级达到了五级，这既与造成太湖污染的诸因素有关，也与有些人不爱护公共卫生和生活环境、不讲公共道德等陋习及价值观有关。

智力素质，即文化科学技术素质，是一种后天习得的能力，与通过智商所体现的智力存在显著差异。智力素质主要涵盖那些对活动效率及目标实现具有决定性影响的智力要素，如文化教育水平、科学知识水平以及技术技能等。在这些要素中，教育和由此产生的文化科学技术结构特性占据核心地位。此外，健康、心理、道德和角色等因素也会对智力素质及其发挥程度产生一定影响。

（2）国民深层素质

国民素质的高低并非仅由健康素质和智力素质所决定，更为关键的是国民在适应和改造社会方面的能力。这种能力涵盖了心理承受力、道德水准等深层次内涵，即国民的人格素质、道德素质和角色素质。

人格素质也可称心理素质，是指国民群体所具有的相对稳定的、体现在大多数人身上的素质，即"众数人格"素质或"国民人格素质"，具体可分解为五个核心要素。一是知能特质，涵盖了智慧与才能两个方面，具体包括认识、想象、学习、记忆、思维、判断、解决问题等能力，以及特殊才能等。二是意志特质，主要体现在推动力及恒久力上，包括动作的毅力、技艺、方式等。三是感情特质，即气质（情绪的特殊表现），包括情绪的常度及变动、情绪的范围和力量、情绪的态度表现等。四是社会生活调适特质，涉及个体在社交生活中的各种能力，如自我展示、补偿、统御以及行为扩张等。五是品格特质，主要指的是道德品质，包括其对人、对己、对社会、对权威等方面的态度是否正直、诚实、守信、公平等。

人格素质，以及后文将涉及的道德素质和角色素质，均为构成个体复杂性的关键要素。对国民人格素质进行判断和评价，需要从复杂的人格特质中提炼出有意义的特质，并对其进行量化分析。在此过程中，应着重关注那些能够促进个体、群体乃至整个民族发展的健康且充满活力的特质。任何一个民族或国家的国民，其历史发展都不可能由病态人格所推动。

道德是调节社会关系的准则和规范，涉及政治、经济、组织、人际等领域。在儒家伦理中，政治关系和人际关系领域具有一套结构性的行为规范。随着社会变迁，人的道德行为也需要相应调整，因此判断和评价道德素质是复杂而困难的，需要综合考虑传统道德规范和新兴道德特质。因此，在国民道德素质研究中，应注重道德倾向、责任、气质和风气的研究。

角色概念具有多重含义，若从社会结构的角度出发，其涵盖了基于家庭地位的性别角色和基于社会地位的职业角色。人的一生中，在家庭中需扮演各种性别角色，如父亲、儿子、丈夫、妻子等，而进入社会后，又需扮演各种职业角色。尽管在性别角色扮演上可能符合社会期待，但这并不意味着在职业角色扮演上也能达到同样的标准或取得成功。角色成功与失败的情况表明，角色素质的重要性不容忽视。角色素质是人的综合素质的体现，能够将人的素质和行为紧密结合起来，因此具备在动态环境中全面展现人素质的能力。具体而言，角色素质至少包括角色规范、角色认同、角色适应、角色整合诸方面素质。由于角色在社会结构中的特性，其扮演的状态和效果直接关系到社会有机体的正常运转。因此，角色素质在国民的整体素质构成中占据着极其重要的地位。

综上，国民素质由身体素质、智力素质、人格素质、道德素质和角色素质五部分构成。这五大素质之间相互影响，并随着社会进步，其关联性愈发紧密。例如，社会分工的深化要求人们提高智力素质和身体素质，人才的流动和职业的变更要求人们有较强的角色整合及调适能力。此外，增强心理承受力、提升职业道德同样不可或缺。健康观念的演变使得人格障碍和心理不适被视为不健康状态，而理想人格的塑造与社会的道德风尚紧密相连，道德品质的形成则与个体的受教育程度，即智力素质息息相关。在道德建设的道路上，传统道德所面临的挑战并非在于其是否得到了弘扬，而是人们如何面对冲突，如何提升认知水平、选择方式与适应能力。这要求人们不仅具备科学知识和教养，还需培养对己对人的责任感，以及对社会发展的参与精神。

### 3. 国民素质的具体表现

科学素质是国民素质的重要组成部分。要具备基本科学素质，公民必须掌握基础的科学技术知识，熟悉基本的科学研究方法，确立科学的思维方式，推崇科学精神，并具备将这些知识与方法应用于解决实际问题和参与社会公共事务的能力。第十二次中国公民科学素质抽样调查结果显示，2022 年我国公民具备基本科学素质的比例达 12.93%，比 2020 年的 10.56% 提高了 2.37 个百分点，在我国超过三分之二的省区市，这一数字超过 10%。尽管有所进步，但与发达国家相比仍存在显著差距，《光明日报》2016 年 8 月刊文中的数据表明，2015 年前后世界主要发达国家具备基本科学素质的公民比例大约是 20%~30%。

此外，文化素质也是国民素质的重要组成部分。具备深厚文化底蕴和高文化素质的公民，能够更好地理解、传承和发展自己的文化传统，更好地参与社会文化建设和交流活动。2021 年教育事业统计数据显示，2021 年我国劳动年龄人口平均受教育年限为 10.9 年，比新中国成立初期的 1.6 年增长了近 6 倍，平均受教育水平相当于从小学二年级提高到了高中二年级，但是与世界上高收入国家、经合组织国家相比还有差距，特别是在少数发达国家，其人均受教育年限长期以来一直保持在 13 年以上的水平。这种差距使我国在国际竞争中处于相对弱势地位。

除了上述科学素质、文化素质，国民素质还体现在道德素质、健康素质、创新素质等多个方面。但从总体上来看，目前我国国民素质和社会文明程度相较于发达国家仍存在一定的差距，特别是在社会秩序和社会风气方面尚未形成广泛的社会共识。我国作为拥有五千年文明历史的礼仪之邦，诚实守信、尊老爱幼、乐于助人等优秀传统美德应得到广泛传承和弘扬。然而，在现实生活中，既能看到令人感动的道德模范，也不乏随地吐痰、乱扔垃圾、排队加塞、恶意碰瓷等道德缺失和文明失范的现象。近年来，一些社会事件和话题的持续发酵，不断引起公众对于公序良俗的深刻关注和热烈讨论。因此，必须深刻反思，加强社会文明建设，提升国民素质，以营造和谐稳定的社会环境。相信随着《全民科学素质行动规划纲要（2021~2035 年）》和《中国教育现代化 2035》的深入实施，我国国民综合素质将实现大幅跃升，从而进一步增强国际竞争优势。

# 三　国民素质提升与社会发展的关系

## （一）国民素质提升对社会发展的作用

国民素质在现代国际竞争中占据重要地位，是衡量一个国家综合国力和国际竞争力的重要软实力指标。提高国民素质、塑造高素质个体，是推动社会进步、提升国民整体素质和实现和谐共进的根本途径。《中华人民共和国国民经济和社会发展第十四个五年规划和 2035 年远景目标纲要》明确指出，应将提升国民素质置于至关重要的地位，构建高质量的教育体系和全方位全周期的健康体系，优化人口结构，拓展人口质量红利，提升人力资本水平和人的全面发展能力。在全球化背景下，国民素质的高低直接影响到一个国家在国际舞台上的地位和形象，是国家精神文明建设和民族声望的重要体现。

首先，国民素质的提升可以促进经济增长和社会进步。研究分析显示，国民素质与经济发展正相关，国民素质越高，经济发展越好，拟合度高达 0.9177，每提高 1 点国民素质指标，经济发展指标将提升 0.0265。可能的原因在于高素质的劳动力更有可能获得高薪工作和更好的就业机会，从而提高个人和家庭收入水平。同时，高素质的民众也更倾向于积极参与社会事务，推动社会创新和发展。其次，国民素质的提升可以改善公共健康和社会福利。《中国民政统计年鉴》显示，近年来我国城乡居民基本公共服务水平不断提高，社会保障体系不断完善，民生福祉得到了显著改善。这些成果的取得与国民素质的提升密切相关。原因可能在于高素质的民众更注重健康生活方式,更愿意参与健康教育和预防措施,从而提高整个社会的健康水平。同时,高素质的民众也更倾向于支持和参与社会福利政策的制定和实施,促进社会公平和包容性。最后,国民素质的提升可以促进社会稳定和谐。高素质的民众更具备批判性思维和解决问题的能力,更能够理解和尊重他人的观点和权益,从而减少社会冲突和歧视。同时,高素质的民众也更愿意参与社会公益活动和志愿服务,促进社会凝聚力增强和社会共同发展。

## (二) 国民素质与社会发展关系

中国进入 21 世纪,社会的发展经历了前所未有的巨变。在这样的时代背景下,人的全面发展再次成为社会的核心议题。社会现代化与持续发展依赖人的积极参与和推动,而社会发展也会塑造和改变人的素质。从人对社会发展的推动作用来看,人的素质提升是社会可持续发展的基石,包括知识、能力、道德等,将推动社会进步。从社会发展对人的改变来看,人的素质的提升是校正偏离行为、引导社会正向发展的主体力量,可以帮助人们适应社会变化,做出符合发展要求的行为选择。因此,人的素质建设是时代要求,必须高度重视,为社会的持续发展提供坚实基础。

### 1. 道德与义务的关系

台湾大学心理学系黄光国教授在探讨道德情操时,引述了近代西方伦理学家对于道德原则的分类,即"消极义务"与"积极义务"。其中,"消极义务"指的是以尊重他人权利为基础的不作为义务,如不得杀人、不得欺骗等;而"积极义务"则是指以对他人的关系为基础的作为义务,如儒家"五伦"所强调的积极义务。黄光国认为,履行"积极义务"的人具备美德和高素质,而坚持"消极义务"是做人的基本条件,违反这两种义务的人既无美德,又表现邪恶,素质低下。这一观点可以通过四个象限的图进行直观展示,如图 1 所示。

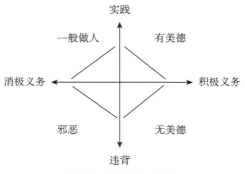

**图 1　道德与义务**

## 2. 国民素质提升与社会发展的关系

将图 1 引申为人的素质高低与社会发展进程中贫富差异之间关系，可见图 2。

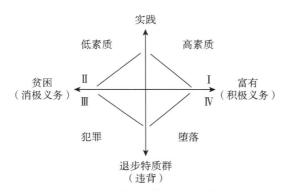

**图 2　道德素质与人的素质进步特征群**

图 2 从社会现代化的视角探讨了人的素质提升。随着社会的现代化，人们的生活水平提高，但贫困也相伴而来，成为现代化的代价。社会物质生活的贫富差异是人的素质提升的物质基础。图 2 将富有与积极义务、贫困与消极义务置于相关位置，表示道德义务与物质基础的相互关系，以及人的现代性和素质水平与物质生活水平的关联。人的富有程度影响其现代性和素质变化。Ⅰ、Ⅱ 象限的社会行为展现进步的素质特征，而 Ⅲ、Ⅳ 象限则表现出退步的素质特征，极端情况可能导致堕落和犯罪。社会现代化不意味着完美无缺，

现代化进程推动人的现代性增长和素质提升，但也可能带来阴暗面和人性堕落。图 2 是对复杂关系的简化，人的素质与社会发展的关系远比此复杂。深入研究人的素质问题，目的是论证并揭示高素质群体的应然状态及其实现路径。

国民素质与社会发展相互联系、相互作用。国民素质的提升推动社会进步，而社会的发展、社会主义现代化建设又助力国民素质的提升。

一方面，国民素质是社会发展的首要因素。人的素质与社会发展紧密相连，犹如细胞与机体的关系，只有当细胞质量得到提升，社会机体才能焕发活力。人的发展不仅是社会发展的手段，同时也是其最终目的。这两者之间既互为目的，又互为手段，体现了深刻的辩证统一。要实现社会治理能力和治理体系的现代化，以及社会主义经济建设、政治建设、文化建设、社会建设、生态文明建设的全面落实，关键在于提高国民素质。当前，中国特色社会主义现代化建设面临一系列重大挑战，如依法治国、廉政建设、社会公平、深化改革、弘扬社会主义核心价值观以及应对生态危机等，其根本都在于人的素质和能力的提升。为了实现中华民族伟大复兴的中国梦，必须重视并努力提高人的素质，促进人的全面发展。

另一方面，社会发展促进国民素质提高。全面落实"五个建设"总体布局，科学揭示了中国特色社会主义是经济建设、政治建设、文化建设、社会建设、生态文明建设全面进步、全面发展的社会，是促进人的全面发展与国民素质均衡提高的社会，即经济建设为国民素质提高奠定物质基础，政治建设为国民素质提高提供制度保障，文化建设为国民素质提高提供精神动力，社会建设为国民素质提高提供社会条件，生态文明建设为国民素质提高提供创造良好的生活环境。

综上所述，国民素质提升与社会发展之间存在着密不可分的关系。只有不断提升国民素质，才能够推动社会的持续发展和进步。

同时，社会的发展也为国民素质的提升提供了必要的条件和保障，使得国民能够更好地适应社会的发展和变化，实现个人和社会的共同进步。国民素质提升与社会发展相互促进，形成良性循环，这种良性循环将不断推动社会的进步和发展，实现国家的繁荣富强和人民的幸福安康。

# 四 公共文明研究与民族性建设思考

## （一）公共文明与民族性变迁的关系

### 1. 公共文明推动民族性变迁

公共文明作为社会进步的重要体现，不仅塑造着人们的生活方式，而且深刻影响着民族性的变迁。在全球化的大背景下，不同民族之间的交流日益频繁，公共文明作为这种交流的媒介，其重要性愈发凸显。

公共文明的形成和传播，对民族性产生了深远的影响。这种影响并非单向的，而是双向互动的。一方面，公共文明推动着民族性的变迁。以公共场所的礼仪规范为例，随着城市化的快速推进，越来越多的人生活在高楼大厦中，公共空间成为日常生活中不可或缺的一部分。在这样的背景下，公共场所的礼仪规范逐渐成为一种公共文明，它要求人们在公共场所遵守秩序、尊重他人、关爱环境。这种公共文明的形成和传播，无疑对民族性产生了深远影响。它促使人们改变传统的思维方式和生活习惯，逐渐适应现代社会的快节奏和高效率。另一方面，民族性中的某些特质，如"中庸"之道，也在公共文明中得到了体现和传承。研究提出北京市民公共文明呈现的"中庸"特性与中国人性格中的"中庸"倾向相吻合，为深入理解民族性提供了新视角。此外，民族性也影响着公共文明的发展。不同民族具有不同的文化传统和价值观，这些差异在公共文明中得到了体现。例如，在一些注重集体主义的民族中，公共场所的礼仪规范更加强调团结和协作；而在一些注重个人主义的民族中，则更加注重个人自由和权利。这些不同的文化传统和价值观，不仅丰富了公共文明的内涵，也为公共文明的发展提供了源源不断的动力。

2. 公共文明层级性反映民族性变迁

公共文明的研究，无论在现实还是理论层面，均深刻反映了民族性的变迁，同时也是对民族性改造的深化与具体实践。

从方法论看，公共文明层级性预设是基于项目研究对中国文化与中国民族性的理论思考。以北京市民为例，对于北京市民公共行为文明程度的调查研究，必须考虑到中国文化和民族性如何影响现实生活中的人群。

从项目研究视角看，公共文明层级性预设旨在反映公共生活的真实面貌。中国传统文化历史悠久且丰富，对中国人民的行为习惯产生深远影响，这在公共生活中尤为显著。研究发现，北京市民公共文明变化趋势与中国民族性变迁相吻合，呈现由快速提升向稳步提升转变的阶段性特征。在北京市民中，存在"身边文明"与"身边不文明"并存的现象。一方面，市民中存在难以改变的公共行为习惯，这些习惯可能源于传统文化观念或习俗。另一方面，市民也展现出适应现代城市生活的公共素养和良好风貌，这源于现代教育、城市化进程等因素的影响。这种"身边文明"与"身边不文明"并存的现象，反映了公共文明层级性的特点，展示了不同文化、价值观念在公共生活中的交织和碰撞。这既是挑战也是机遇，为观察和思考民族性变迁提供了一个新的窗口。

## （二）公共文明与民族性建设

民族性建设是集体努力的过程，涉及行为习惯、道德观念、文化传承等。公共文明是社会文明的重要组成部分，其提升对民族性建设有推动作用。公共文明研究不仅反映了民族性变迁，也为民族性建设与改造提供了行动化研究范例，对民族性建设具有积极启示作用。公共文明研究重视个体在公共参与中的意识和行为，凸显了行动者的主体性。公共参与是衡量公共文明的关键，体现公民社会责任感和民族精神的传承。通过参与社区活动、志愿服务等，公民提升文明素养，为社会和谐稳定和文化传承做出贡献。民族性建设并非仅仅是对传统文化的保护与传承，它同样是对现代文明价值的实现与提升。在这一进程中，公共文明发挥着至关重要的作用。公民应遵守公共规范、参与公共事务、维护公共利益，以建设更文明、和谐的社会，增强民族自信。应鼓励公民参与公共文明建设，提升文明水平，并重视民族性建设，传承优秀文化，为民族发展注入活力。这样才能实现公共文明与民族性建设的良性互动和共同发展。

此外，公共文明指数测评对个体在公共场所的行为规范给予了高度关注，这在行为规范建设方面为民族性改造提供了有益借鉴。公共文明研究还构建了可量化指数体系，为民族性改造提供了切实可行的操作路径。同时，该研究对公共空间的重要性进行了强调，为民族性改造在公共空间建设与管理方面提供了重要启示，旨在营造文明的公共环境。值得一提的是，公共文明研究还关注公共文明与经济发展之间的关系，为民族性改造提供了新的视角和思考方向。

在未来的民族性建设与改造过程中，应充分借鉴公共文明研究成果，注重公众参与、行为规范建设、公共空间建设与管理以及公共文明与经济发展的协调，以实现民族性的全面进步和发展。


（本文由"北京市民公共行为文明指数调查"课题组根据沙莲香教授的《论中国人的素质构成与社会发展》《北京市民公共行为文明指数研究的主导观念——兼说民族性建设》编辑整理而成。沙莲香，著名社会学家，中国人民大学社会与人口学院社会学系教授、博士生导师，研究领域为社会心理学、中国民族性变迁研究、中国文化与中国人研究等。）

**参考文献**

［1］沙莲香，干春松．国民素质的结构分析［J］.开放时代，1995（03）.

［2］沙莲香．论中国人的素质构成与社会发展［J］.教学与研究，2000（07）.

［3］苏胜毅．马克思主义哲学中国化的民族性及其当代建构［D］.北京：中央民族大学，2019.

［4］王乐．中国化马克思主义的民族性研究［D］.合肥：合肥工业大学，2016.

［5］单义松．马克思主义中国化之民族性问题研究［D］.沈阳：沈阳工业大学，2010.

［6］林世选．国民素质论：和谐社会构建与国民素质研究［M］.北京：中央编译出版社，2009.

［7］沙莲香．"北京市民公共行为"的理论核心和研究思路［J］.北京社会科学，2010（04）：4-7.

［8］张煜．公民公共文明素养研究——以山西临汾为例［D］.临汾：山西师范大学，2019.

［9］Zhang，Y.，Zuo，B. Social Identity TheoryandI's Development［J］. *Advances in Psychological Science*，2006，14（3）.

［10］Brown，R. Socialid Entity Theory：Past Achievements，Current Problems and Future Challenges［J］. *Euroean Journal of Social Psychology*，2000，30（6）.

［11］沙莲香，孙庆忠．见证与诠释：中国民族性变迁30年——沙莲香教授访谈录［J］.中国农业大学学报（社会科学版），2013，30（01）.

［12］鲍宗豪．市民文明素质评价研究——以对北京东城区市民文明素质的评价为例［J］.湖南社会科学，2008（04）.

［13］吴昊．坚守与革新：全球化视域思想政治教育的时代课题［J］.中学政治教学参考，2022（27）.

［14］单培勇，汤清焕．关于国民素质问题研究述评［J］.河南师范大学学报（哲学社会科学版），2009，36（04）.

［15］杨柳．论新时期国民素质研究理论创新［D］.新乡：河南师范大学，2014.

［16］陈伟．中国梦视域下国民文明素质问题研究［D］.新乡：河南师范大学，2016.

［17］中华人民共和国中央人民政府．我国公民具备科学素质的比例达12.93%

[EB/OL]．［2023－09－01］．https：//www. gov. cn/yaowen/liebiao/202309/content_6901485. htm.

[18] 蔡克文．习近平总书记关于新时代提升国民素质逻辑动因论［J］.攀登，2023，42（02）.

[19] 中华人民共和国中央人民政府．2021 年全国教育事业统计主要结果［EB/OL］．［2024－0351］．https：//www. gov. cn/xinwen/2022－03/01/content_5676225. htm.

[20] 中华人民共和国中央人民政府．规划纲要草案：提升国民素质促进人的全面发展［EB/OL］．［2024－03－08］．https：//www. gov. cn/xinwen/2021－03/05/content_5590630. htm.

[21] 赵颖．我国国民素质与经济增长关系的实证研究［D］.武汉：武汉大学，2018.

[22] 中华人民共和国民政部．2022 年民政事业发展统计公报［EB/OL］．［2024－03－11］．https：//www. mca. gov. cn/n156/n2679/c1662004999979995221/attr/306352. pdf.

[23] 新华网．提升国民素质重在以"文"化人［EB/OL］．［2015－12－07］．http：//www. xinhuanet. com/politics/2015－12/07/c_128505420. htm.

[24] 冯石岗，贾建梅，郭学军．国民素质与社会发展的互动关系［J］.社会科学论坛，2003（12）.

[25] 中国共产党新闻网．提升人的素质促进社会发展［EB/OL］．［2014－11－20］．http：//theory. people. com. cn/n/2014/1120/c40534－26062650. html.

[26] 单培勇，马丽．胡锦涛的社会发展与国民素质提高内在关系及逻辑特征［C］.2014 年 3 月现代教育教学探索学术交流会论文集，中国北京，2014.

[27] 周秀平．北京市民公共文明：中国民族性研究行动化［J］.中国农业大学学报（社会科学版），2013，30（03）.

# 传统美德伦理的当代境遇与意义

万俊人

美德伦理指生活在某一特殊道德文化共同体中的个人，在承诺并实践其独特的"特性角色"过程中所获得的卓越成就及其展示的优异品质。传统美德伦理在当代遭遇挑战，主要表现为：（1）现代社会的结构化转型所带来的日趋公共化趋势，动摇了传统美德伦理赖以存在的社会根基；（2）现代社会普遍平等的价值导向冲击甚至否定了美德伦理自身所内含的价值等级秩序与精英主义美德价值理想；（3）现代社会日趋强烈的平面化、格式化、标准化需求，对传统美德伦理追求卓越的价值导向提出的挑战；（4）日趋强劲的社会分层流动、结构开放和文化反传统等趋势，使传统美德伦理的根基大大削弱；（5）社会发展的日趋技术化导致现代社会对技术的依赖越来越大，对文化的、隐性的软实力越来越缺少信赖。传统美德伦理在当代的境遇并不意味着我们因此必定会对其失去信心；传统美德伦理在现代社会中依然有生机：第一，结构性转型导致现代社会缺乏足够的中层和基层的生活发展空间，因此必然要大力建构中层和基层的生活世界，传统美德伦理会因此而重获生机。第二，传统美德伦理有其不可替代的特性，只要人之为人并保持人性和人道，传统美德伦理的作用就不可替代。第三，现代社会的道德平面化呼唤道德精英和道德理想主义的引领。

# 一　传统美德伦理的当代境遇

"美德伦理"（the Ethic of Virtue）这一古老的道德文明样式，作为人类生活最基本的价值目标和意义向度，伴随着人类走过了几千年的风雨历程，几乎可以称得上是传统道德文化和伦理学观念系统中最古老而经典的伦理观念图式和道德实践图式，同时也是传统文化之生存和演进过程中最重要而深刻的构成要素。

从本质上说，美德伦理是一种经典而完备的道德目的论，它坚持以人类个体之主体目的为中心的道德特殊主义价值目的论立场，同时又坚持基于这种道德特殊主义价值目的论立场的文化共同体（或文化社群）的伦理语境主义理路。具体地说，美德伦理反对"现代性"的"普遍理性主义规范伦理"诉求，主张基于人格主体之"特性角色"的人性化美德诉求，强调个人美德实践的道德文化共同体背景或文化传统脉络，以及对各种差异性文化传统或道德谱系的"历史叙事"。因此，所谓美德伦理，是指生活在某一特殊道德文化共同体中的个人，在承诺并实践其独特的"特性角色"的过程中，所获得的卓越成就及其显示的优异品质。

在现代社会结构化转型的大背景之下，传统美德伦理遭遇挑战，主要表现为以下几个方面。

其一，现代社会结构化转型带来的公共化趋势，动摇了传统美德伦理赖以存在的社会文化根基。现代社会结构化转型的日趋公共化使得人们越来越依赖于普遍有效的规则与秩序，社会公共化程度越高，隐私的保护就越难，随着诸如微博、微信等网络新工具的兴起，舆论控制的难度空前增大，公共化的社会要求把一切都公之于众，社会的公开透明化给带有私人性和特殊性的事件、观念和文化的生长带来巨大的压力。

在传统美德伦理的价值观念体系中，以五伦为核心的各种人伦关系拥有各自的道德要求和规则，即父有父德、夫有夫德、妻有妻德，等等。这种人伦关系秩序本身暗含着社会的等级差异和不同的伦理资源配置，父就是父、子就是子。这与现代社会普遍平等的价值观直接冲突，因为现代社会公共化要求的普遍平等价值观认为，父母和子女应该是平等的。在西方国家，社会公共化要求的普遍平等价值观更是深入人心，即便是父母子女之间的借贷等行为也要签订正式契约。之所以亲人之间也需要这样的规则，是因为规则背后隐含的是责任。

规则对每一个行为者来说都是一种约束，约束就是一种责任、一种负担。"责任"一词在拉丁文中的原义就是"扁担"。"负担"（burden）乃是责任的原义。所以，规则约束对每一个个体而言都具有负担的意味。比如，开车要遵守交通规则，要有基本的道德自觉，不能闯红灯，等等，都要求当事人承担一定的负担和责任。规则秩序的本意也是如此。许多自由主义思想家很乐观地认为，现代社会具有前所未有的开放度、透明度，会给我们每个人带来更多的自由空间；但事实并非如此，甚至恰恰相反。实际上，对私人生活而言，社会越开放、越透明，每个个体客观上所受到的约束就越大。以微信为代表的网络应用工具，通过其传播快、影响大、覆盖广等方面的优势，颠覆了传统信息传播方式，在一定程度上改变了社会的信息舆论环境。这给私人生活带来了全方位的挑战，使个体的言行时刻处于无所不在的网络舆论监督之下，在这种压力之下的私人生活显然不是越来越自由，而是越来越受到约束。这种社会结构性转型所带来的公共化趋势是不可逆的，这种不可逆的趋势从基础上动摇了美德伦理赖以存在的根基，这种危机与境遇是传统美德伦理首先面临的一种基础性危机。

其二，现代社会普遍平等的追求和价值导向，从根本上否定和冲击了传统美德伦理所内含的优越价值等级秩序，这实际上是一种价值或者意义的危机。现代社会普遍平等价值观的基本含义是机会均等、人格尊严平等、身份平等。这种平等不因出身、年龄、性别、财富状况、健康程度等条件的不同而有所改变。尤其是在西方国家，这种平等的价值导向是绝对至上的。

中国传统美德伦理有一个基本的前提，就是它与人伦秩序、等级直接相关，是有明确等级秩序的。在父子之间，父亲代表绝对价值，儿子代表相对价值，所以父亲做了错事，儿子也不能控告。《论语·子路第十三》记载："叶公语孔子曰：吾党有直躬者，其父攘羊，而子证之。孔子曰：吾党之直者，异于是，父为子隐，子为父隐，直在其中矣。"现代人对此很难有理性的理解，但在中国儒家传统文化中，这样的情形不仅是允许的，而且是合理的。因为传统美德伦理内在的等级秩序使其自然而然、毋庸置疑。如果儿子去告发父亲，就有悖于中国传统文化价值中孝的伦理价值观念。因为在中国传统文化价值等级中，孝是第一价值，"百善孝为先"，认为在各种美德中，孝是人类社会的"第一美德"（First Virtue）。

当然，我们也不能因此就简单地说，"子为父隐"就是把父亲推至没有是非观念的绝对化境地，儿子也可以在私下指出父亲的过错，耐心加以道德规劝，甚至可以顶替父亲承认过错，但是不可以去主动告发。

余英时先生在《从价值系统看中国文化的现代意义》一书中提出了三个重要观点：欧美国家的法律也规定，伦理亲缘间不能够相互为证，这并不是怕他们串通，而是不希望父子之间的亲情受到摧残。因为如果父子之间伦常亲情崩溃，人间温暖消失，法制再严明也没有意义，此其一。儒家所推广的人伦秩序、价值自觉是发自内心而非从外强加的，和这个推广程序相应的原则便是礼。以礼来调节法，强调个人内省，既可使犯事者受羞耻心的警示而不再犯，又可使有意犯罪的人因生羞耻之心而不触犯法纪，此其二。社会不能没有法律，但法律不能真正解决问题。要人不犯法，全凭人的自觉，此其三。所以孔子认为父子之间互相替对方隐瞒过错才合于道义，是有一定道理的。

儒家之所以认为这种处理方法比较合适，源于儒家学说的等级秩序合礼化的道德文化信念。中国传统美德伦理是在此基础之上建立起来的美德，而且是具有等级秩序的美德。这与柏拉图所设想的美德伦理有所不同。柏拉图认为，公民的美德就是节制，而且有节制的美德就已足够，即城邦的公民要有节制的美德，不必要求公民有更高的美德。同时，柏拉图认为智者必须要有智慧的美德，因为智者要统治和管理国家，需要高超卓越的管理技术和哲学智慧（所谓"哲学王"主张）。

毋庸讳言，中国传统美德伦理与现代社会有些格格不入，因而导致它在现代文化价值观念发生革命性变化的新形势下显得不合时宜，所以其意义就变得难以理解，甚至是不可理解。目前国内学术界有关"父为子隐，子为父隐"之对错好坏的争论，要放在具体的社会历史语境中来理解。如果脱离传统文化的历史语境，这一命题当然是不对的；但在传统社会的道德伦理语境中，它并非没有合理性。

儒家有"父为子隐，子为父隐"经典道德案例；与之类似，在古希腊哲学家苏格拉底那里也有一个类似的道德案例，但表现出了取向相异、旨趣不同的道德理性传统。苏格拉底相信游叙弗伦坚持讼父杀人是有理由的。"游叙弗伦事件"是这样的：苏格拉底和游叙弗伦相遇在王宫前廊，二人均有法律事务在身。苏格拉底作为被告，是由于迈雷托士告他轻慢神灵；而游叙弗伦作为原告，是要告他自己的父亲杀人。苏格拉底和游叙弗伦都相信，游叙弗伦之所以做出控告父亲的选择，是因为他对于敬神与慢神具有确切的理解。于是，苏格拉底便向游叙弗伦质询有关敬神与慢神即虔敬与不敬的知识。苏格拉底首先反驳了游叙弗伦用举例代替定义的企图。承认讼父杀人是虔敬的，并不能说明虔敬是什么，关键在于"虔敬的本质，一切虔敬的事之所以为虔敬的特性本身"；于是游叙弗伦提出一个界说："神之所喜者是虔敬，所不喜者是不虔敬。"苏格拉底建议修正为：凡神之所共喜者为虔敬，所共恶者为不敬。

在苏格拉底的伦理思想框架内，游叙弗伦事件是可以得到基本合理的解释的。苏格拉底和游叙弗伦有一个先在的共识，即存在着神且人必须敬神（虔敬），任何不敬的行为都是有罪的。根据苏格拉底的伦理思想，虔敬作为一种美德，它也必定是知识，作为知识的虔敬规定一切虔敬的行为之所以虔敬的特性，判断一个人的行为是否虔敬，只要看该行为是否符合虔敬的定义即可。由于苏格拉底相信游叙弗伦讼父杀人是虔敬的，因此他与游叙弗伦的对话就是通过对这一结论的反思获得有关虔敬的知识的，即寻找道德评价的大前提。只有在这个大前提下，游叙弗伦讼父杀人才可能真正得到解释：讼父杀人是虔敬的，理由如此这般，且人应做虔敬之事，故游叙弗伦的选择是正当的。

上述道德案例中，孔子和苏格拉底所持的是两种不同的道德体系，所依赖的道德本体是不一样的：苏格拉底基于理，而儒家基于情。但无论如何，现代社会的变化给传统美德伦理带来的挑战是根本性的，时过境迁，今天来解释"子为父隐"的行为怎么也解释不过去；今天的社会要求，无论是谁犯了错误，哪怕是自己的父亲或儿子，都要说出来，不然就涉嫌隐瞒或包庇。从这个角度来看，传统美德伦理在现代社会生活中无法彰显，因为没有原来传统美德伦理所依托的那种道德礼教文化和社会政治文化条件了。

其三，现代社会日趋强烈的平面化、格式化、标准化需求，对传统美德伦理追求卓越和完美成就的价值导向提出严峻的挑战。从某种意义上说，现代社会像王蒙所说的那样要"躲避崇高"、守住底线即可。关于"底线伦理"的概念，国内最早是由何怀宏教授提出来的，其"底线伦理"概念的灵感源自罗尔斯。罗尔斯有一个很关键的概念：最低或最起码的要求（Minimal Requirement）。"最起码的要求"就是底线。因此，底线伦理也就是一种不可让渡的最后伦理底线。只要每一个人能够达到最起码的要求——不伤人不做坏事即可，不必要求做更多、更好的好事。何怀宏教授 1994 年出版的《良心论——传统良知的社会转化》将我们关注的焦点从君子良知道德转向基本的社会底线伦理。

关于什么是底线伦理？何怀宏提出："更完整地说，我探讨的是一种普遍主义的底线伦理学，也就是一种试图阐述现代社会所有成员都应遵守的基本义务之内容、范围和根据的伦理学。""底线"是一个比喻，一是说这里所讲的"伦理"并非人生的全部，只是基础，但这种基础又拥有一种相对于价值理想的优先性；二是说它还是一种最起码的行为界限，人不能够完全为所欲为，而是总要有所不为。"普遍"的含义，一是说它无一例外地要求所有人；二是说它寻求所有人的赞同、共识。而要如此，这种道德当然又必须是最基本和最起码的，所以"普遍"与"底线"两者总是互相联系的。

我认为，孔子所说的"己所不欲，勿施于人"的忠恕之道，是对这一底线伦理的一个最好概括：你不想被偷、被骗、被抢、被杀、被强制和被伤害，那么你也不能如此对别人做这些事。也就是说，底线伦理是指维护一个社会正常秩序所必需的、社会所有成员无论何种身份地位都必须遵守的行为规范。何怀宏认为，"道德底线虽然只是一种基础性的东西，却具有一种逻辑的优先性"，也就是说，作为社会的一员，即便我思慕和追求一种道德的崇高和圣洁，我也须从基本的义务走向崇高，从履行自己的应分走向圣洁，"一个人，作为社会的一个成员，不管在自己的一生中怀抱什么样的个人或社会的理想，追求什么样的价值目标，有一些基本的行为准则和规范是无论如何必须共同遵循的。否则，社会就可能崩溃"。何怀宏教授曾批评牟宗三的"良知嵌陷说"。牟宗三先生继承了王阳明的心学，认为道德有赖于人的心理和道德良知的自觉。何怀宏教授则认为，这种主张在现代社会行不通。

不过，何怀宏教授所提及的关于底线伦理的案例却很容易受到攻击。例如，在他举的排队上车的案例中，乘坐公交车可以设想几种可能：第一种可能，先来后上，大家都很君子，相互礼让，但这会造成一个实际问题，导致秩序混乱，因为每一个人都让另外一个人先上，结果大家都上不了车。当然，我们在现实生活中很少看到这样的情况，因为现在社会上的君子少了，少有这种相互礼让的情况；第二种可能是后来先上。实际生活中虽然存在这样的情况，但也是少数，一些不顾脸面、缺乏教养和公德的人总喜欢"加塞"插队。但是，如果每一个后来的人都要先上车，就会出现拥挤，秩序大乱，结果造成谁也上不了车的坏情况。所以，唯一的办法是先来先上、后来后上。何怀宏教授认为这就是底线伦理的情形。然而，进一步思考就会发现，如果只是先来先上、后来后上，那么，这样的情况下并没有道德伦理发生。道德伦理的发生恰恰是在于先来后上，先坐下来的人给后来者尤其是给长者、妇女、儿童、残障人士让座时发生的。可见，这样的案例很容易受到攻击，很难作为证明"底线伦理"正当合理的道德例证。

何怀宏教授所列举的其他例子也存在类似问题，这并非其逻辑不周延，而是因为"底线伦理"这个概念本身太脆弱、太"稀薄"，以致难以获得较为充分有力的理论支撑。因为所谓的底线伦理就是起码要求，而起码要求其实还不是一个充分的伦理问题，而是一个法律和政治问题。对于道德的定位，应介乎法律和宗教信仰之间。法律就是底线，所谓底线就是不可让渡的最后标准（Final Standard）。比如说，开车不能逆行、不能闯红灯，否则极易酿成交通事故。所以，法律管的恰恰就是底线的、起码的要求。在法律领域之外，是道德开始接管的领域，如私人事务中的谈情说爱、信仰等非公共的领域。人类生活中有大量的内容、方面和层次恰恰处在非公共领域，非公共领域的问题法律不能管，也不应该管，否则就是侵犯人权。

需要注意的是，有两个概念与此相关，要严格区分："Human

Rights"和"Political Power"。"Political Power"（即政治权力）的天然本性是公共的，不能私有化。任何公共权力的私有化——更不用说资本化——就是腐败，所以"Political Power"一定是公共的，必须公开化，不能私有化。反过来说，腐败就是公共权力的私有化、资本化。反之，"Human Rights"（即人权）则不能公共化，因为把个人基本权利公共化的做法可能侵犯人权，不能随意将它公共化、一般化。目前大量存在的情况就是这类人权公共化的人权侵犯现象。比如，职员的感情生活，上司不应该干涉；子女的恋爱、专业选择、报考大学等，父母不应干涉。美国或者欧洲的父母只是鼓励孩子，最多应孩子之请而提出一些建议，而不会限定孩子报考什么大学、何种专业。而中国的多数父母却无时无刻不在干涉子女，父母和子女双方也都对此习以为常，以为天经地义。子女认为理应听从父母，实际上其人权已受到侵犯而不自知；同样，父母过多干预孩子的生活学习而不知其干涉之害，反而认为这样做是应当的。可见，对"Human Rights"和"Political Power"两个概念之间的界限必须严格区分。法律所管的只是人们行为中具有公共意义的那些行为和观念，私人领域的事务则应由道德管理，而大量的日常生活和私人生活，属于道德关切的范围。

道德应该管理法律不应管的私人生活领域，但与此同时，道德亦有其不能管理的领域，那就是宗教信仰。比如，人的生死问题就只能诉诸宗教，只要人自身无法逾越生和死的界限，宗教就有存在的理由。因为活着的人无法知道死后的世界是否有天国、灵魂和来世，死去的人又无法告知活着的人死后的世界究竟如何。宗教的产生本身就是基于人类面临的这样一系列问题。比如，早期埃及人崇拜太阳、月亮以及工艺神灵，这些信仰促生了一个新的社会阶层，即最早的僧侣阶层，他们是最早的宗教人士，也是最早的"知识分子"，因为他们获得并掌握着有关信仰、精神和文化的解释权和话语权。世界上还存在着大量的道德伦理解释不了的领域和现象，维特根斯坦提醒我们，要对这类难以言说的事情或现象保持一种必要的崇敬和沉默。

由上述分析可知，伦理学的活动区域应该在介乎宗教和法律之间的中间地带。所谓底线伦理实际上就是道德与法律的接合部。目前，我们面临的最大挑战是：究竟什么是我们的伦理底线？或者反过来说，我们应该且能够坚守的伦理底线究竟何在？实际上，对于中国当代社会来说，我们的伦理底线正在不断后退，甚至出现"无止境后退"的可怕迹象。例如，许多触及伦理底线的事件往往被给予无限度的"同情的理解"，似乎什么都变得"是可以理解的"。社会道德呈现出一种无止境下沉的趋势，伦理底线也就随之不断后撤，直至丧失其必要的"根据地"。

当代中国道德文化建设最紧迫的任务就是如何尽快有效地实现"道德止跌"，使我们社会的伦理底线不再难以预期，毫无根基，飘忽不定，甚至不断受到新的威胁而呈现总体的无止境下滑趋势。当然，必须明确，由于现代社会强调文化价值的平面化、标准化，所以底线伦理的提出，也是适应了现代人的思维习惯，只是要建筑一个坚实的、真正具有普遍伦理意义的伦理底线，事实上即便不是不可能，也远比提出一种底线伦理要艰难得多。

其四，现代中国社会日趋强劲的社会分层、流动、开放和反传统趋势，尤其是现代科技主义主导下的普遍理性主义，使得美德伦理赖以生长繁荣的土壤和根基被大大削弱。这是美德伦理所面临的又一个外部挑战或危机。一方面，现代社会的流动、人口迁徙、开放和超越传统被看作社会进步的标志，每一个现代国家或正处在现代化进程中的国家，都允许其国民有自由择业、自由流动迁徙的权利，每一个个体都可以自由选择自己的生活地点。中国目前的社会人口流动，虽然规模巨大，但并不充分。由于户籍制度过于刚性，人流动了，户口却未必能够随之而动，因而存在着大量农民工进城而户口、家庭却难以一起流动的现象。这就自然而然地引发了一系列问题，如空巢老人、留守儿童以及家庭亲情认同缺失、儿童关怀教养缺失等。

目前，大量与父母"失散"的儿童和家庭已成为当代中国社会最难消解的伦理之痛。在社会转型进程中，很多家庭因此承受着巨大的痛苦，子女很小就与父母分离，年迈的老人又没有足够的能力（尤其是绝对必要的体能）再带养幼小的孩子，有时候不得不任由他们自己独自去寻找父母，这会给贩卖人口这类犯罪行为提供可乘之机。这些儿童一旦和父母失散，即便若干年后子女和父母能够幸运团聚，还是会产生一系列伦理问题。因为在很多情况下，人伦的自然秩序是不可改变的，也正是这一自然基础给美德伦理留下了无穷的生长空间。如若改变这种伦理自然秩序，人们实际上就可能既无法认识自我，也无法认识他人，更难以把握和理解人与人之间深厚复杂的伦理关系。

社会分层同人口迁徙一样，也是很多社会问题产生的原因。过去，我们曾习惯于阶级划分和阶级斗争的政治哲学，但阶级之间还是要打交道的，仍然是一种彼此接触的分层；而现代社会的分层却是一个阶层跟另一个阶层的隔离，不同阶层之间似乎没有任何关联，仿佛生活在完全不同的世界中，尤其是现代都市中的社会分层更是如此。这是现代人物质生活水平大大提高，幸福感却下降的一个重要原因。

现代人的问题是，人们总感觉自己生活的世界充斥着各种不舒服、不适应的因素，因而产生了各种奇怪的、莫名其妙的焦虑，既说不出来，又不知道原因，更找不到合理的解释，因此也就成为无法消解的焦虑。与之相对，在传统美德伦理生活中，人们的关系是确定的，一个人的生活在哪个方面出了问题、带来什么样的影响、应该用什么样的方式医治，节点和层次都比较清楚。古代的私塾教育，从人生之始就对孩子的人伦意识进行有针对性的教育，为其成年后的健康发展和幸福做了很好的铺垫，这是传统美德伦理的魅力所在。传统美德伦理非常清晰地规定了每一个人的角色、身份，以及由此内生的、与每一个人的特定角色和身份相适应的德行要求。

现代社会在某种程度上已经无法如此规范秩序。现代人过度强调权力和金钱这两种资源的价值和意义，以致人们常常仅仅依靠对这两种资源的占有程度来塑造自己的话语、表达自己的诉求。传统美德伦理中人伦秩序井然、和谐向善的行为取向受到金钱取向和权力取向的冲击，这对我们的道德文明建设产生了不良影响。当然，这是由于各种社会因素的影响所导致的，但或多或少也能反过来说明，传统美德伦理有一个很重要的机理，就是它产生文化影响的环境是相对稳定的，人们对自己和相互之间的道德伦理要求是有着清晰理解和认知的。现代的规范伦理之所以能够应付现代社会的变化，就是凭借着基本的底线伦理规则，只要达到底线伦理规则的要求，其他的就可以不管不论，这容易产生道德文化遗漏和伦理漏洞。

其五，由于社会发展的日趋技术化，现代人和现代社会对技术条件的依赖越来越强，对文化的、隐性的东西越来越缺乏信任，道德文化被不断边缘化，现代人越来越不相信道德伦理。究其原因，首先是由于传统美德在现代社会的作用越来越弱化。其次是现代所谓普遍主义规范伦理本身越来越接近或退化到法律领域的边缘，以致道德仿佛已经没有了独立存在的理由。目前，我们的很多道德事务被有意无意地转换成政治事务和法律事务，道德及其解决方式的简单化又在不断削弱道德的社会文化功能和效应，社会道德水准的下降，导致道德伦理的地位和作用不断减弱，其文化身份变得越来越模糊不清，甚至微不足道。

这一危机与其说是传统美德伦理的境遇和危机，不如说是整个现代道德文化所面对的危机。尼采曾经高喊，在现代社会，上帝已死，一切皆有可能。职是之故，尼采呼吁人们孤独奋斗，努力模仿、追逐，并使自己成为英雄。崇尚精英贵族，自我奋斗，自我成就，已然是现代人残留的唯一希望。所以他希望每个人都能成为超人，不要相信平庸的道德，不要受所谓普遍道德的约束。真正的伟大一定是特殊的，平庸者不可能成就伟大。这就像现代人的许多观念充满逻辑矛盾一样：现代人追求时髦，但什么是时髦？任何时髦恰恰是最普遍的"不时髦"。比如说，某知名服装节预示明年流行紫色，等到来年开春一看，满眼皆是紫色，人人身着紫色，结果是，时尚的个性追逐导致个性差异的消弭，毫无时尚可言。在现代社会里，一个人想要坚持自己的特殊个性变得比过去任何时候都要困难，因为社会的同质化作用空前膨胀，任何个性暴露之时，瞬间就被众人拷贝和追随，结果便是千篇一律。在现代社会里，最难的是成为自己，使自己与众不同。这是现代道德文化面临危机的重要原因之一。

# 二　传统美德伦理的意义

虽然传统美德伦理在现代社会中遭遇危机，但危机同时也是转机和机遇。我们要积极地看待传统美德伦理所遇到的困难。上述传统美德伦理在当代的境遇并非意味着，我们从此就对传统美德伦理的生存和复兴失去信心；恰恰相反，传统美德伦理对现代社会依然有着无法取代的独特意义和价值。在某种意义上说，传统美德伦理在现代社会有着越来越大的价值。20 世纪下半叶，美国出版了两本极为重要的伦理学著作：罗尔斯的《正义论》（1971 年）和麦金泰尔的《追寻美德》（1981 年）。这两本书不仅对美国产生了普遍而深远的影响，而且也对全球哲学伦理学和人文社会科学产生了广泛而深刻的影响。

1971 年罗尔斯的《正义论》出版，其影响之大有如石破天惊，因为该书创造性地复兴了普遍理性主义规范伦理，使哲学伦理学重新从分析哲学和元伦理学，也就是从逻辑、语言、形式的纯理论分析中，回归人们的社会生活和日常生活世界。《正义论》出版十年后，麦金泰尔《追寻美德》的出版又产生巨大影响，成为美国许多大学的教科书。麦金泰尔在书中提出了一个尖锐的问题，他开篇就说"启蒙时代"所制定的"现代社会的道德谋划"已被证明彻底失败。所谓"现代社会的道德谋划"，也被称为"现代性的道德谋划"，是指近代启蒙运动以降，西方哲学和思想界一直努力建构的、基于所谓"普遍理性"之上的普遍理性主义规范伦理。该伦理宣称，必须建立一个对社会所有人、所有区域，在所有的时空架构下都行之有效的普遍伦理；而近代以来的社会现实和道德文化后果已然证明，这样的伦理学谋划实际上已经失败，事实上也不可能实现。因此，我们不得不再一次回归古典、回归传统，即回到以亚里士多德为代表的古典美德伦理学传统。

显然，麦金泰尔的美德伦理与罗尔斯的社会正义伦理是直接相对的。前者代表着一种现代性批判反思的努力，而后者则被看作现代自由主义的新版（现代性）伦理学。很多经济学家和社会科学家认为，新自由主义包括新自由主义的经济学、法学、政治学和伦理学，是经历过多次西方金融危机的检验并根据解决这些金融危机的经验而不断修正过了的新型自由主义的最新理论版本。许多中国学者特别是经济学者相信，中国应该学习这些最新的西方经济学和社会科学理论；而以林毅夫教授为代表的另一些中国学人则认为，从来没有哪一种经济理论能适合于所有国家和地区。一种真正有效的经济学理论应该是适合于其所面对的经济环境和从事经济活动的主体（人群）及其心理文化传统与独特的历史、地理特点，就像亚当·斯密的《国富论》经典地反映了18世纪英国商品经济和西欧市场经济的独特经验和历史语境一样。我们现在的伦理学也正面临着类似的问题。麦金泰尔认为，现代社会把传统美德伦理丢掉了，这是导致整个现代社会道德处于危机之中的根本原因。既然"现代性的道德谋划"已然失败，就需要道德重建，唯一可行可期的重建方式就是重新找回传统美德伦理。麦金泰尔相信，重构传统美德伦理是现代社会摆脱道德危机、重建适合于现代社会道德文化传统的唯一出路。我们当然不必拘泥于麦金泰尔的见解，但需要高度重视其理论建议，就中国道德文化传统和当代中国社会的道德现实而论，麦金泰尔的建议尤有价值。

我以为，传统美德伦理之于现代中国社会乃至整个现代社会的意义，集中表现在以下几个方面。

首先，现代社会面临的最大困境就是，其总体结构性的社会转型带来了宏大的社会结构性改变，进而导致了现代社会缺乏足够的中层与基层之生活发展空间，给私人道德生活带来了巨大的压力和挑战。因此，现代社会必须严格保护并大力充实社会中层和基层的生活空间；若如此，则美德伦理必定因此而重获生机。具体地说，现代中国社会的结构化转型所带来的一个最直接的问题就是家庭的日益萎缩甚至瓦解。所以，现在的家庭基本上都是核心家庭，不像原来的"三世同堂""四世同堂"的大家庭甚至超大家庭或群居家族。何为"核心家庭"？父母加孩子两代人，关系简单，规模小。与此同时，"单亲家庭"还在日益增多，家庭结构成为最不稳定的社会"细胞"。这导致了家庭生活不稳，家教家风失去根基，整个社会教育趋向于单一的校园化。

在传统社会里，美德伦理因稳定的家庭生活而能够通行，孩子幼年阶段的教育首先通过家教得到具体落实，然后借助于私塾教育和熟人环境（家族共同体和村落群体）而得以渐次有序地展开、深化。然而，现在的城市孩子完全不是接受这样的教育模式，乡村的孩子则因为城市化进程所导致的乡村人口"空洞化""空巢化"而陷入更糟的境地。按照费孝通先生的说法，就是现代社会的孩子一开始便不得不生活在"陌生人的世界"。因为这些孩子三岁起就被送到幼儿园开始过公共生活，对于每一个"入托"的孩子来说，幼儿园就是他们离开父母和长辈后不得不独立面对的"陌生人的世界"，他们所接受的教育几乎无须从美德伦理开始，而是从公共规则及其遵守开始。

面对现代社会中层结构和基层结构日益弱化的趋势，人们如果只关注社会宏大结构的建构和宏大文化道德叙事，整个社会的道德文化建设特别是公民自身的道德品德培养，势必也会因此而"空洞化"。因此，现代社会必须大力加强其中层结构和基层结构的建设。倘若能够如此，则传统美德伦理也会由此而重获生机。因为传统美德伦理得以生存和生长的一个基本条件，就是凭借各种不同类型的社群或共同体而得以生长和繁荣，没有这些赖以寄生的社会实体，所谓美德伦理就会成为空中楼阁或心理想象。顺便指出，现在欧美人的家庭观念重新变得越来越重，人们对待婚姻和家庭的态度也变得越来越严肃认真。我们过去曾经引以为豪的东西，如传统美德伦理和儒家传统文化中强调的家庭本位、道德伦理优先……似乎慢慢在消亡。所以我相信，批判性地继承传统美德伦理，对于现代中国社会是一种十分必要且及时的自我医治、自我调适、甚至是一种道德文化意义上的自我救赎。

其次，美德伦理自身也有其不可消解、不可抹杀的文化价值特性。易言之，美德伦理有其永恒持久的文化生命力，只要我们还必须持守我们自身人之为人的本质，并且保持我们的人性人道，只要我们不想放弃对人类生活的温情和温度的期待，传统美德伦理的作用就是不可替代的。这在过去往往被人们所忽视。

美德伦理的这一意义可以从传统美德伦理所倡导的家风家教对现代人基本美德之教化的重要性来加以佐证。家、家族既是人类生产、繁衍的母体，也是社会组织结构的基本"细胞"，还是人类生命个体与社会组织生活之间的关键"链接"，因而有着无可替代的地位。作为人类生产繁衍的核心单元，家、家族有其自然血亲属性，但人类的生产繁衍绝非纯粹自然的生命事件，它关乎人性、人道、人伦。作为"社会细胞"，家庭也绝非仅仅是社会组织的开端，更是社会文明教养、德行培育和文化传承的第一驿站。故此，家教、家风、家学、家传才具有优先、初始、前提预制的特殊文明暨文化意义。顾名思义，所谓家教即家庭教育或教养。所谓家风即作为伦理亲缘共同体的家庭（家族）在长期的家庭生活传承中，逐渐形成和积淀起来的日常生活方式、家庭文化风范和家族伦理品格。无论中西古今，家教都是人类教育和教化的重要组成部分，而且是最初始、最基本、最具内在价值体认和生命认同之连贯性的教育和教化。

与普通的知识教育不同，家教更注重人文礼俗和道德伦理的教养，是一种真正纯粹的德行生命养育。《说文解字》云："育，养子使作善也。"家教是家风形成的基础，家风是家教效应即家庭或家族道德伦理风范和文明教养水准的外在显现，家训则是维护家风的基本规范体系。各家自有各家的规矩训诫，各家的家教方式、程度和效果亦有不同，故而各家的家风也会相互见异，但家教家风的内涵却互有重叠。一般来说，勤俭治家、诚实为人、宽厚处事、崇学尊礼、温良恭俭让等，当是诸家治持教养的基本美德伦理。

家教家风与整个社会教育和社会风气有着密切关联。毋庸赘述传统社会家教之于民智开启（比如蒙学）和民风淳化的历史经验，仅就现代社会而言，家教不单依旧是整个社会教育体系的第一环节，还可为现代公民道德教育奠基。所以，人们常把家教看作是养成人格美德的摇篮，将家风视为民风国风的第一风向标。历史和现实的经验教训还告诉我们，当一个社会或国家遭遇道德文化挑战，民智待开、民风待举之时，家教和家风的地位和作用便更为凸显，更值得社会关注、激励、期待。易言之，作为"社会细胞"的家庭之家教家风的改进强化，必定会大大改善和强健整个社会肌体的活力。

现代社会结构转型的公共化秩序不单单是宏观制度系统的强化和成熟，更根本的还需要公民传统美德的内在支撑。麦金泰尔认为，对于一个缺少正义美德的人来说，普遍的正义规范约束效果等于零。社会公共性确实具有其宏观结构的外在普遍性特征，但人格典范、道德先进和品格卓越同样是公共文化价值的精神根基，更是引领公共社会生活的内在价值力量。就此而言，传统美德伦理所倡导的家庭教养依然不可或缺，正如历史传统对于我们理解现代社会不可缺少一样，传统美德伦理也在现代社会中拥有不可或缺的重要意义。

再次，现代社会的道德平面化呼唤着道德精英的引导。现代社会强调民主伦理、普遍的政治民主和市场经济使得伦理平面化、一律化，而且底线不断受到挑战。但与此同时，在现代社会中，其实人们仍然需要并欣赏一种优雅高贵的生活，需要"道德绅士"和"文化精英"——真正的"文化精英"必须具有很高的道德修养。从某种意义上讲，当代中国社会正是由于缺少了"道德绅士"和"文化精英"，在一定程度上导致了社会趋于平面化。

历史的经验告诉我们，一个社会的"道德绅士"和"文化精英"或"社会精英"，其实是引领人类群体不断寻求更高文明、更高文化精神境界所必需的。现代性社会的平等要求反对政治贵族，但不等于要完全否定道德文化精英。在现代人看来，知识分子跟别的阶层好像没什么差别，很多人将之归因于知识分子收入太低，其实并不尽然。美国大学教授的平均工资其实并不丰厚，但在美国做大学教授却非常体面，这并不是依靠金钱来评判，而是体现了一种精神上的高贵。这不仅仅是传统美德伦理所追求的卓越、优异完美品格的体现，也应该是现代人的理想追求。因为在人类文明发展的长河中，总有一些人必须站在前面引路，人类社会需要引路者和开拓者。谁能成为我们的开拓者、先行者？美德伦理恰好能够回答这些问题。对于道德来说，应该需要英雄、需要道德精英和模范来示范引领。因为道德作为一种特殊的人文价值，不仅仅是一种知识存在，它的传播除了教化和意识形态宣传之外，一个很重要的作用就是为人类开辟理想的生活境界。

每一个社会都必须树立自己的道德典范、人格典范，传统美德伦理的意义正在于此。在这点上，传统美德伦理的意义实际上源自我们这个时代的急切期待。就伦理学学科而言，传统美德伦理不仅仅是现代社会所急需的，也是伦理学自身获得重新发展、重新开始的一个崭新起点。因此我确信，在不久的将来，美德伦理一定会展示出她不同凡响的独特意义和价值。

（本文原载《南京大学学报》（哲学·人文科学·社会科学）2017 年第 3 期。万俊人，清华大学哲学系教授，主要研究领域为伦理学与政治哲学。）

# 新时代公民道德建设的公共政策价值导向

孙春晨

2019 年 10 月，中共中央、国务院印发《新时代公民道德建设实施纲要》（以下简称"《新纲要》"），这是中国特色社会主义进入新时代后推动全民道德素质和社会文明程度达到新高度的纲领性文件，相较于 2001 年的《公民道德建设实施纲要》，《新纲要》适应新时代经济社会发展的需要，突出问题意识、体现时代特征，从总体要求、重点任务、道德教育、道德实践、网络空间道德、制度保障和组织领导七个方面提出了一系列新举措。特别值得关注的是，在制度保障方面，《新纲要》提出了彰显公共政策价值导向、促进公共政策与道德建设良性互动的具体指导意见，指出了明确的行动方向；《新纲要》将公民道德建设与人们的生产生活和现实利益紧密地结合起来，揭示了夯实民生基础对新时代公民道德建设的重要性。从彰显公共政策价值导向的视角阐述公民道德建设的制度保障路径，这是《新纲要》中一个具有创新意义的行动方案，这个行动方案将公民道德建设提升到推进国家治理体系和治理能力现代化的高度。公共政策不仅涉及诸多的重大民生问题，如就业、收入分配、社会保障、住房、医疗等，而且直接影响着人们的价值取向和道德判断①。通过实施制度性的公共政策满足人民的美好生活需要，既为公民道

---

① 林世选．国民素质论：和谐社会构建与国民素质研究［M］.北京：中央编译出版社，2009.

德建设打牢民生基础，又对公民选择价值观念和道德行为产生直接的影响。因此，制定与执行符合公平正义道德要求的公共政策，符合人们的道德期待，对提升公民道德水准和改善社会道德风尚具有重要的制度保障作用。

# 一　公共政策与公民道德建设的关系

公共政策与公民道德建设之间的关系可以从两个方面来理解：一是公共政策自身具有鲜明的伦理特性，内在地蕴含着道德价值，公共政策的制定与执行构成了公民道德建设的社会伦理环境；二是公共政策对人们的价值取向和道德判断产生直接的影响，公共政策所体现的价值观念和道德规范对人们的道德行为选择具有引导功能。

## （一）公共性是公共政策的基本伦理属性

公共政策，顾名思义，即为公共利益而制定的政策。"公共政策归根到底是解决稀缺的公共资源与不断增长的公众需求之间矛盾的具体制度设计和安排，其实质就是以公共组织为主导，围绕利用公共权力、配置公共资源、解决公共问题、维护公共利益等所展开的一系列谋划和行动的总和"①。由于公共政策既与每一个公民的权益相关，又涉及对公共利益的配置和安排，因此，任何一项公共政策都不可能是"价值中立"的，它必然会包含一定的价值观念。公共政策以伦理意义上的公共性为逻辑前提，以实现公共利益为伦理目标，它的本质属性是为社会公共利益服务。作为公共政策的基本伦理属性，公共性或公共利益内在于公共政策之中。公共政策如果缺乏公共性或没有体现公共利益，就会沦为某些个人和集团谋取私利的工具。在民主和法治昌明的社会中，公共政策的公共性或公共利益一般体现为公民或共同体的共享利益以及社会的共同利益，是在

---

① 严强．国家治理现代化与公共政策研究范式的选择［J］．江海学刊，2014（01）．

"非排他性"的共同生活空间中达成的伦理共识。公共政策的伦理特性，既表现为最大限度地满足多数人的公共利益，又表现为最大可能地保护包括弱势群体在内的少数人的公共利益。公共政策一定是面向全体公民的正当利益诉求，正因为如此，公共政策才具有伦理意义上的正当性和合理性，才能获得人民的认同和接受。公共政策本质上是政治活动和行政权力的产物，这就使得公共政策带有了浓厚的政治伦理色彩。"无论在什么地方，只要人们因为获得或需求资源但资源不足而发生斗争，就会有政治；同样，无论什么时候，只要对决定报酬与剥夺的分配价值标准有争执，也会有政治。正是这种斗争的过程和结果引导我们去研究公共政策"①。公共政策一般由政府制定和执行，制定公共政策的目的就是从政治伦理和政治文明的高度协调和平衡社会生活中的公众利益，政府如何运用公共权力制定具有道义性和正当性的公共政策，以保证其社会治理行为在合伦理的维度上展开，是对公共权力掌握者是否具有敏锐的伦理智慧的严峻考验。人们对某项公共政策持有认同和肯定的态度，也就表明此项公共政策具有道义性和正当性，能够公正地处理公共利益关系链条中公民权利与义务的复杂关系。公共政策作为政府治理社会的工具，在处理不同社会群体和不同经济主体的利益关系上发挥着重要的行政伦理功能。公共政策在调节和平衡各利益主体之间矛盾、维护社会公共利益的过程中，阐释着有关公共利益的价值观念和道德主张，它代表了公共行政的伦理价值追求。因此，从根本上说，公共政策的行政目标是解决公共问题，公共政策一般由政府列入决策议程并落实到社会治理行动中，而一定的价值观念和道德主张始终如影随形般地贯穿于公共政策制定和执行的全过程。从推进国家治理现代化的高度看，对已有的公共政策制度的伦理分析，其目的是发现公共政策内含的价值导向是否与社会主义核心价值观相背离，

---

① 拉雷·N.格斯顿.公共政策的制定——程序和原理［M］.朱子文译.重庆：重庆出版社，2001.

是否对公民道德建设产生消极的影响，在找出问题后予以修正，强化公共政策的伦理正当性和道德合法性，凸显公共政策在价值观念上的正确导向性，以适应新时代社会文明发展和公民道德建设的现实需要。因此，在制定、修改、调整和评估社会公共政策过程中，应以社会主义核心价值观为指导，把核心价值观的道德要求融入各种社会公共政策之中，为新时代公民道德建设提供优良的社会伦理环境。

### （二）公共政策对人们的价值取向和道德判断产生直接影响

从唯物史观的立场看，公共政策的价值导向既不可能先天形成，也不可能一经形成就永恒不变，它必然要经历一个历史发展和变迁的过程。我国改革开放 40 多年来，公共政策的价值导向就伴随着不同时期对效率与公平关系的认识和理解，呈现出阶段性的历史演变过程。

第一个阶段是"效率优先、兼顾公平"的价值导向。改革开放之初，面对当时贫穷落后的国家经济状况，在追求效率与保障公平这两者关系中，贯彻效率优先、以发展生产力为首要目标、尽可能多地增加社会财富的总量，似乎是理所当然的路径选择。当时提出了"效率优先、兼顾公平"的发展口号，在这样的价值导向引导下，全社会的目光都聚焦于 GDP 的增长，公平正义和环境保护被忽略，导致贫富差距加大、利益矛盾突出、生态环境恶化。现在回过头来看，选择"效率优先、兼顾公平"的价值导向有一定的历史意义，但亦有其明显的局限性。

第二个阶段是"注重效率、维护公平"的价值导向。随着国家财富总量的不断累积，面对不断加大的贫富差别，2001 年中共中央印发的《公民道德建设实施纲要》（以下简称《新纲要》）中明确提出，要在全社会形成"注重效率、维护公平"的价值观念。在效率与公平的关系上，将"效率优先"改为"注重效率"，将"兼顾公平"改为"维护公平"，加大了公平的分量，把维护社会公平放到了重要的位置。

　　第三个阶段是"更加注重社会公平"的价值导向。2005 年，在构建社会主义和谐社会的实践过程中，党的十六届五中全会要求完善社会分配制度，"更加注重社会公平"，努力缓解社会成员之间收入分配差距扩大的趋势。建设和谐社会要求坚持以人为本，关注民生，更加注重社会事业建设，让全体人民共享改革发展成果。

　　第四个阶段是"更有效率、更加公平"的价值导向。《中共中央关于制定国民经济和社会发展第十三个五年规划的建议》指出，必须坚持以经济建设为中心，从实际出发，把握发展新特征，加大结构性改革力度，加快转变经济发展方式，实现更高质量、更有效率、更加公平、更可持续的发展。

　　公共政策价值导向与公民道德建设有着紧密的内在联系。公共政策内蕴着一定的价值导向，体现了一个社会所倡导的价值观念，对社会成员选择什么样的价值取向产生重要影响。在公共政策以"效率优先、兼顾公平"为价值导向的社会发展阶段，由于片面追求经济效率和 GDP，由政府主导的公共政策带有明显的物质主义价值观倾向，受此影响，对物质财富的追逐成为社会上流行的价值取向，忽视了人在道德和精神方面的需求与发展，拜金主义、享乐主义和极端个人主义的价值观滋生泛滥，"一切向钱看"大行其道；同时，贫富差别加大、生态环境污染、人际关系冷漠、个体行为失范等现象比较严重。在公共政策"效率优先"价值导向被推向极端时，甚至导致了公共政策的异化现象。所谓公共政策异化，是指公共政策执行的结果与公共政策制定的初衷严重不符，原本以解决民生问题即人的生存权和发展权为宗旨的公共政策，却给人带来了危害，人被公共政策异化，造成了公民对公共政策不满进而指责政府和不信任政府的后果。上述种种问题，就是以经济理性为价值导向的公共政策的副产品，经济理性将公共政策的内容简化为市场价值的计算，"投入最小、产出最大"成为衡量公共政策经济效率高低的唯一价值标准，"效率优先、兼顾公平"的价值导向，一旦落入经济理性的算计，就变成了"效率唯先、不顾公平"，导致公共政策价值导向偏离了伦理正当性的方向，其对公民的价值取向和道德判断以及公民道德建设的直接负面影响是相当巨大的。我国在进入高质量发展阶段后，已经意识到了改革开放初期公共政策价值导向存在的问题，并期望通过推进国家治理体系和治理能力现代化，逐步消除公共政策的异化现象，为公民道德建设创设和谐友善的社会支持条件。

从上述公共政策价值导向的阶段性变革中可以看出，随着经济社会发展程度的提高，公平正义价值观更加受到全社会的重视，但是，更加重视公平正义不等于不要效率或降低效率，而是强调既要经济的高质量发展，又要突出公共政策"以人民为中心"的公平正义价值导向，这是新时代满足人们日益增长的美好生活需要的必然选择。实现社会公平正义是由多种因素决定的，最主要的还是经济社会发展水平。在不同发展水平上，在不同历史时期，不同思想认识、不同阶层的人，对社会公平正义的认识和诉求也会不同①。从提出"更加注重社会公平"到提出"更有效率、更加公平"，反映了我国在社会治理和公共政策价值导向上的新变化与新特点，不只是"更加注重社会公平"，而是明确地提出"更加公平"。站在新时代推进国家治理体系和治理能力现代化的高度看，公共政策绝不只是单一的经济学决策问题，在政治学和道德哲学意义上，公共政策已然上升为政治伦理和政治文明问题，公共政策如何制定和执行，也已成为新时代不可回避的政治伦理的价值导向选择问题，而通过公共政策维护社会的公平正义正是政治伦理价值导向的现实体现。公共政策是对社会公共利益的权威性分配机制，围绕什么样的价值观和伦理观制定公共政策，实际上标定了一定时期经济社会和道德文化发展的价值取向和价值导向。因此，制定和执行公共政策的有关主体，不能受制于公共政策的工具理性，而应当从价值理性的视角

---

① 习近平谈治国理政［M］.北京：外文出版社，2014.

关注公共政策对公民道德建设和社会道德风尚的影响。

## 二　公共政策的公平正义价值导向

关于公平正义（公正）的内涵，古今中外众说纷纭，莫衷一是。从阐释公共政策的伦理价值和道德意义的角度，可以将公平正义（公正）理解为道德权利上的"应得"。在英国学者米尔恩（A. J. M. Milne）看来，"公正如果表现为'给每一个人他所应得的'这种基本的形式，那么它在任何社会共同体中都是一项必不可少的道德原则。它要求每一个成员依其成员的身份，给予伙伴成员们应得的东西，并从他们那里获得他应得的东西"①。如果以公平正义的"应得"意涵来理解公共政策的伦理特性，那么，公民对公共政策的道德要求就是通过正当的和合法的途径获得其"应得"的权益，这样的权益不只是经济权益，广义地说，它还包括政治权益、法律权益和文化权益等由多重生活领域权益构成的公共利益的分配及获得。公平正义为什么应成为公共政策的价值导向？美国政治哲学家罗尔斯（J. Rawls）指出，"正义是社会制度的首要价值，正像真理是思想体系的首要价值一样。……某些法律和制度，不管它们如何有效率和有条理，只要它们不正义，就必须加以改造或废除"②。按照罗尔斯对正义（公平正义）与制度之关系的理解，公共政策作为一种社会制度设计，必须将公平正义作为首要价值，即便某一项公共政策极富效率，但如果它被公众认为是不正义的，那么，这项公共政策就需要依据公平正义的道德要求进行改造，或是直接废弃不用。

一项公共政策是否体现了公平正义的价值导向，可以通过以下三个原则来评价。其一是不偏不倚原则。每一项公共政策的制定，

---

① 米尔恩．人的权利与人的多样性——人权哲学［M］．夏勇等译．北京：中国大百科全书出版社，1995.
② 罗尔斯．正义论［M］．何怀宏等译．北京：中国社会科学出版社，1988.

要对可能涉及的当事人、关系人的利益均应予以全面的、谨慎的和公平的考虑。其二是利益分配普遍原则。一项公共政策应尽可能扩大受益者范围，使利益分配面向更多的公民，绝不能局限于少数人受益。其三是最大限度照顾弱势群体利益原则。一项公共政策在制定时，应充分顾及社会上居于劣势的那部分公民的利益，使得弱势群体能够从中享受到最大限度的利益。以公平正义为价值导向的公共政策是建设一个"好社会"的制度性保障。美国经济学家加尔布雷思（J. K. Galbraith）曾提出一个"好社会"应该达到的基本标准："所有的公民必须享有个人自由、基本的生活水准、种族和民族平等以及过有价值生活的机会"①。这就是说，如果一个社会能够落实个人自由、人与人的普遍平等以及推进个人实现有价值的生活，如果一个社会能够让乐意工作的人都找到工作，并且通过工作改善自己生活，根据自己的能力和抱负可以取得成功，那么，这个社会一定是在制度安排上贯彻了公平正义价值导向的"好社会"。当一个社会不仅被设计得旨在推进它的成员的利益，而且也有效地受着一种公开的正义观管理时，它就是组织良好的社会。

"好社会"是一个这样的社会，在那里，每个人都接受也知道别人接受同样的正义原则；基本的社会制度普遍地满足也普遍为人所知地满足这些原则。在目标互异的个人之间，一种共有的正义观建立起公民友谊的纽带，一种公开的正义观，正是它构成了一个组织良好的人类联合体的基本条件②。一个社会通过建立分配基本权利和义务的公平正义原则，让伦理价值为公共政策奠基，在制度正义的伦理框架中实现公民权利和义务的公平分配，以维护社会的平稳安定与和谐团结。同时，由于在"一种共有的正义观"之下构建起了公民之间的友谊纽带，全体公民有着平等的人格和身份，所有公民都能够自由地追求良善的生活，并主动地培育关心公共事务、遵守

---

① 加尔布雷思. 好社会：人道的记事本［M］. 胡利平译. 南京：译林出版社，1999.
② 罗尔斯. 正义论［M］. 何怀宏等译. 北京：中国社会科学出版社，1988.

公共规范的道德情感。促进社会公平正义、增进人民福祉是公共政策的出发点，实现公平正义是全社会和全体公民共同的道德目标。社会公共政策必须围绕公民的权利诉求这个中心，"逐步建立以权利公平、机会公平、规则公平为主要内容的社会公平保障体系，努力营造公平的社会环境，保证人民平等参与、平等发展权利"①。就目前我国经济社会和文化发展的现状而言，依然存在着大量有违公平正义的现象。随着新时代社会主要矛盾的变化，人民不仅对美好生活抱有更高的道德期待，而且公平正义价值观念日益深入人心，个体的权利意识不断增强，在这样的社会背景下，如果不能逐步地、有效地解决社会有违公平正义的诸多问题，就会影响人民追求美好生活、建构和谐社会秩序以及参与公民道德建设的信心。在推进国家治理体系和治理能力现代化的进程中，公共政策的制度设计是一个重要的切入点，必须落实以公平正义为核心的正确价值导向，"科学制定经济社会政策和改革举措，在涉及就业、就学、住房、医疗、收入分配、社会保障等重大民生问题上，妥善处理各方面利益关系，充分体现维护社会公平正义的要求"②。

## 三　公共政策与公民道德建设良性互动

人民日益增长的美好生活需要和不平衡不充分的发展之间的矛盾是新时代公民道德建设的现实基础。公共政策是化解社会主要矛盾的重要制度性安排；同时，由于公共政策带有价值观上的导向性，因此，公共政策从设计到执行都会对公民道德建设产生或正面或负面的影响。公共政策是否体现人民对公平正义的道德要求、能否在政策目标和价值导向二者之间达成有机统一，成为公共政策与公民道德建设能否实现良性互动的关键所在。

---

① 习近平谈治国理政 [M].北京：外文出版社，2014.
② 新时代公民道德建设实施纲要 [N].光明日报，2019-10-28.

### （一）夯实公民道德建设的民生根基

分享着我国改革开放经济社会发展的成果，绝大多数中国人已经真切地感受到了自身生活状况的显著提高和改善，但与此同时，一个必须正视的现实是，我国社会的贫富差别在加大，人们对社会财富分配不公抱有怨气，在社会生活的诸多领域还存在着大量有违公平正义的现象，尤其是在弱势群体生存和发展权利方面，尚存在维护不够和保障不足的问题，弱势群体需要面对现实生活中未知的各种风险，生存和发展的处境相对艰难。这些问题归根结底都是民生问题，改善民生承载着人民对美好生活的热切期盼，满足人民对改善民生的愿望，有助于凝聚人民参与社会道德建设的强大力量。改善民生是公共政策制度设计的道德愿景。提升新时代公民道德建设的有效性，必须贯彻"以人民为中心"的发展理念，维护和保障公民的根本利益和基本权利，从改善民生做起，为开展公民道德建设奠定坚实的生活根基。尊重公民作为道德建设者的主体地位，重视公民的生活质量、发展潜能和幸福指数，有利于实现人的全面发展的道德目标。通过公共政策改善民生，让公民感受到自身的各方面权利受到切实的保障，必将激发公民参与公民道德建设、培育自身道德品性和承担社会责任的自觉性。公民道德建设不能忽视弱势群体的权利保护和精神诉求，在全国城乡，处于社会弱势群体的公民面临物质生活的民生匮乏，他们游离于社会发展主流之外的生存状态，成为公民道德建设的盲区与不和谐因素。公共政策制度设计在坚持平等对待每一个公民的同时，应向弱势群体有所倾斜，落实补偿性公平正义原则，使得弱势群体在基本人权方面得到特殊的保护。"为了平等地对待所有人，提供真正的同等的机会，社会必须更多地注意那些天赋较低和出生于较不利的社会地位的人们。这个观念就是要按平等的方向补偿由偶然因素造成的倾斜"①。体现公平正

---

① 罗尔斯．正义论［M］．何怀宏等译．北京：中国社会科学出版社，1988．

义的公共政策应当朝向改善社会最不利阶层的生活的方向发展，一个负责任的服务型政府必须重点关注弱势群体的生存和发展的权利，将改善弱势群体的民生视为应尽的政治责任和道德义务，真正将改善民生落到实处，逐步提升弱势群体在精神文化方面的追求，增强他们的生活信心和参与公民道德建设的主动性。

**（二）增强公共政策的公信力**

公共政策的制定与执行是政府社会治理的一种重要方式。从对政府行为评价的道德效应看，一项公共政策的执行效果如何，关乎政府在公众心目中的道德形象、道德声誉，尤其关乎公众对政府的信任度。公信力是相对于公共权力而言的公众信任和接受程度，评价一项公共政策公信力的高与低，可以通过公共政策是否合法、是否科学、是否正当、是否有效等指标来衡量，公共政策的公信力属于社会信任和信用系统，是政治伦理的一种表现形态。公共政策公信力不高或弱化，直接影响人们对政府公共权力和社会治理权威的认同与支持。在公共政策制定与执行过程中，导致公共政策公信力弱化的主要原因包括公共政策程序有违法律法规、公共政策设计缺乏严谨科学的态度、公共政策方案不能充分反映民意、公共政策执行拖沓无力等。在一个社会的文化环境中，如果缺乏对公权力的信任，那么公共政策公信力的弱化也就不可避免，由此而产生的道德问题就是公民之间缺乏相互信任，公民对民族和国家缺乏忠诚的义务。解决公共政策制度设计和制度执行上存在的这些弱化公共政策公信力的问题，既合乎推进国家治理体系和治理能力现代化的总体目标，也是为新时代公民道德建设塑造有利制度环境的客观要求。增强公共政策的公信力是推进公民道德建设的重要一环。各级政府是制定和执行公共政策的核心主体，因而，公共政策的制定与执行属于政府行为。公众对掌握公共权力的政府制定的公共政策通常怀有较高的信任期待，当政府以规范性正式文件形式、通过官方传媒向社会公众发布某项公共政策后，如果该公共政策充分体现了公平正义的价值导向，代表了最广泛的民意，这样的公共政策就有较高的公信力，符合公众的道德心理预期。推进国家治理体系和治理能力现代化要求政府不断提升诚信水平，增强公共政策的公信力，以赢得公民对公权力和公共政策的信任。《新纲要》作为指导公民道德建设的纲领性文件，是解决道德领域问题的顶层设计，它的实施必然要经过"自上而下"的传播、发动和引领的过程，尤其是在崇尚"为政以德"政治伦理文化的中国社会，公众非常关注政府行为和公共政策的公信力以及政府工作人员的诚信度，如果政府及其工作人员不能做到"为政以德"，又如何引导公民参与道德建设呢？只有政府及其工作人员的行为合乎行政伦理，并且公共政策具有公信力，公民才能信任政府，并认同公民道德建设的顶层设计，自觉地按照道德要求规范自身的行为，履行公民的法律义务和道德责任。

## （三）鼓励公民参与公共政策的决策过程

推进公民道德建设需要增强公民意识、培育公共精神。公民的公共精神"是一种对待他人的基本观点或态度，这里的'他人'，不仅是指家人或朋友，而且还指邻居、同事，乃至陌生人；表现为不计个人得失，为了他人的利益能够随时准备参与更多的地方共同体活动；既包括思想，也包括行为"①。公共精神是公民美德的体现，它既表现为精神层面上的利他和公益等道德意愿，更重要的是将这种道德意愿转化为实际的道德行动，积极地服务于公共事务，捍卫伦理共同体成员的权利。培育公共精神是公民道德建设中不可忽视的重要内容，只有在越来越多的公民自觉地参与社区共同体公共事务的前提下，才有可能塑造充满生机和富有包容性与多样性的友善社区共同体。对公共事务的关注和投入是公民美德的重要标志，参与公共政策的决策是公民公共精神的具体实践。公民既是公共政

---

① 保罗·霍普. 个人主义时代之共同体重建 [M].沈毅译. 杭州：浙江大学出版社，2010.

策服务的客体，也是公共政策决策的主体，因为每一项公共政策都与公民的切身权益息息相关。政府作为公共政策的主导者，应当以合法的方式切实保障和落实公民参与公共政策决策的知情权与话语权。实现公共政策决策的"善治"，其先决条件之一是公民享有公共政策的知情权与话语权，而提高公共政策的有效性与合法性，也必然地要求公民享有公共政策的知情权与话语权。"当政策通过公共商讨和辩论的途径制定出来，且参与其中的公民和公民代表超越了单纯的自利和有局限的观点，反映的是公共利益或共同利益的时候，政治决策才是合法的"①。公共政策涉及多方利益，在制定公共政策时，应该给予不同利益相关者充分表达自己对公共政策的态度和观点的机会，通过理性对话和协商的方式，促进和提升政府制定公共政策的科学性和道义性，在公共政策的核心问题上达成基本共识，有效地避免政府的公共政策被少数人、被利益集团操纵或被金钱、被权力控制的现象，确保公共政策最大限度地实现公共利益。

（本文原载《东岳论丛》2020 年第 8 期。孙春晨，中国社会科学院哲学研究所研究员、博士生导师，中国伦理学会会长，《道德与文明》主编，研究领域为伦理学原理和应用伦理学等。）

①　詹姆斯·博曼.公共协商：多元主义、复杂性与民主［M］.黄相怀译.北京：中央编译出版社，2006.

# 制度建设是社会诚信建设的关键

王淑芹

当前，我国应着力推进社会信用体系建设，建立健全覆盖全社会的征信系统，加大对失信行为惩戒力度，创设不敢失信、不能失信的社会环境，增强社会成员的诚信意识，遏制失信蔓延。

我国现有保护诚信行为的外围法惩罚力度普遍偏低。社会成员的诚实守信，既来自人们出于对诚信道德价值原则的认同和信奉而形成的道德信念与良心，也源于法律对虚假失信行为的严厉惩治而形成的道德不可侵犯性。在一定意义上，法律是守护道德的安全门，是阻抑不道德行为的拦截坝。与西方主要发达国家对欺诈失信行为的严惩相比，我国的外围法对欺诈失信行为的惩罚规定，存在着刑罚程度偏低以及后果论定罪问题。欺诈失信成本和风险低下的现实，在客观上就产生了"纵容"非诚信行为的道德悖论。

我国社会征信方面的专门法律制度缺位，导致信用信息无法合法采集和广泛使用，影响对失信者的社会制裁力。市场经济的陌生人社会诚信建设，与传统熟人社会诚信建设的最大不同，是在发挥熟人社会口耳相传诚信信息传递方式的同时，必须要建立健全覆盖全社会的征信系统，使企业和个人的信用信息得以保存和广泛传播。社会征信系统的建立，既需要信息网络平台的技术支持，也需要发展信用记录采集和评价的相关组织机构，更需要促进信用信息合理采集和使用的相关法律制度。因为征信的前提和基础是信用信息能够依法采集和使用。目前我国尚无一部专门针对信用信息采集、使用、披露、保护的全国层面的信用法律。

"诚信无用论"，产生了消极的社会示范效应。"诚信无用论"的存在，是虚假、欺诈、失信等行为未受到法律应有制裁、背离违法受罚法律逻辑所致。欺骗失信牟利行为的横行，意味着法律惩治不力。"谁诚信谁吃亏、谁欺骗失信谁获利"的现象严重扭曲了诚实守信与虚假失信的正常博弈关系，是滋生机会主义"选择性守信"的温床。

我国当前对社会诚信缺失的治理，要在不断加强诚信道德教育的同时，加强社会信用制度建设，建立不能失信、不敢失信的惩戒防范机制，为诚信道德构建制度保护屏障，铲除失信滋生的土壤，积聚道德正能量。

一是要完善惩治虚假失信的外围法。我国需要对现行《刑法》《民法通则》《食品安全法》《合同法》《反不正当竞争法》《消费者权益保护法》等法律中与诚信相关的条款，进行修订和完善，既需要考虑诚信行为的"善意与恶意"的行为性质，也要修改笼统性的法律条款，细化、明确信用、欺诈方面的法律规定，减少"选择性执法"的空间，还需要加大对失信主体民事、行政和刑事责任的一次性直接处罚力度。唯有对各类投机失信行为进行严厉打击，做到失信违法必究，才能弘扬诚信道德风尚。

二是要加快制定信用信息公开法，发挥失信不良记录的惩戒作用。世界各国对失信行为的规制，通常采取两种方式：由法律规定对失信主体进行民事、行政和刑事责任的直接处罚；利用信用信息的共享、传递机制，依靠全社会的力量排挤失信者，对失信者进行间接的持久惩罚。直接处罚是事后规制，间接惩罚是事前规制。两种规制有机结合，构成对诚信的保护网。

我国社会信用体系建设将推行公民个人、法人和社会组织的唯一信用代码制度。实现社会信用主体信息的归集、查询、公示，就是要实行信用记录与评价对失信者的持久社会处罚。这种通过信息传递和公示对失信者实行的长期社会惩罚，首先需要解决征信的合法性问题。制定和颁布信用信息采集和使用的法律制度，是社会信用体系建设推进的基础和前提。换言之，我国实施《社会信用体系建设规划纲要（2014～2020年）》，首先需要解决征信的法律制度缺位问题。

三是要建立信用记录归集制度，有效消除信用信息"壁垒"和"孤岛"现象。信用信息公开是一种世界潮流和国际惯例，需要打破目前各系统和部门信用信息的分割、分散、封闭格局，建议组建全国性的信用信息征集机构，专门负责征集、保存社会成员和组织的信用信息。明确要求公安、法院、工商、税务等相关政府部门所辖信用信息向社会公开，发挥银行、保险、社区等社会组织机构的作用，及时提供相关人员真实的信用记录。我国在征信平台的建设上，应该尽快实现四大系统信息平台的对接与整合，即金融系统的个人和企业信贷的信用信息平台，工商管理的个人和企业纳税、合同履约、产品质量、行政处罚等信用信息平台，公安系统的个人与企业的法律惩罚信用信息平台，保险、电信、水电、房租等系统的缴费信用信息平台。运用信用记录和评价，不断削弱不良信用记录者的社会化生存资格而遏制欺诈失信行为的发生。

四是要建立信用记录广泛使用制度，增强社会成员的诚信意识。人们养成诚实守信的品行，不光是道德教育的作用，在很大程度上，更是社会生活教育的结果。我国需要推行信用记录的广泛使用制度，建立过去、现在与将来诚信记录与利益联动的一线贯通机制，使自然人、企业、社会组织涉及诚信的行为留有痕迹，让失信记录见阳光，使失信者无处躲藏，真正建立不敢失信、不能失信的惩戒防范机制，形成守信联奖、失信联惩的信用信息共享机制。

毋庸置疑，要激发社会成员诚实守信的道德愿望、增强人们诚实守信的驱动力和道德意志，就必须要把诚信记录内嵌于社会组织和个人的各种社会利益活动中，真正形成"处处用信用、时时讲信用”的社会氛围。

（本文原载新华网·时政，2015 年 1 月 7 日发表。王淑芹，首都师范大学马克思主义学院教授、博士生导师，教育部长江学者特聘教授，北京市习近平新时代中国特色社会主义思想研究中心研究员，研究领域为伦理学、社会诚信建设等。）

# 完善网络文明建设的基础性保障制度

方 禹

近年来，随着移动互联网飞速发展，网络环境发生较大变化，网络传播格局不断重塑，网络生产、生活更为丰富，人们对网络信息获取依赖度显著提升。国家互联网信息办公室适应新形势发展需要，把握新情况，破解新问题，开展了一系列制度建设和创新工作，及时制定修订相关规章规范性文件。2022 年 6 月 27 日，国家互联网信息办公室在《互联网用户账号名称管理规定》（2015 年发布，以下称"原规定"）的基础上，制定发布《互联网用户账号信息管理规定》（国家互联网信息办公室令第 10 号，以下称《账号规定》），于 2022 年 8 月 1 日施行。《账号规定》的出台，将为促进形成良好网络生态以及网络文明建设发挥十分重要的基础性法治保障作用。

## 一 凸显精细化治理，促进平台经济健康发展

互联网用户账号是平台构成的最小单位，账号活动"聚沙成塔"，构成平台整体生态。账号的不规范行为甚至违法行为，对平台正常经营活动具有负面影响。特别是一些舆论属性和社会动员能力较强的账号，可能利用平台谋取不正当利益，给平台经济发展带来严重危害。

2022 年 4 月 29 日，中共中央政治局召开会议，对平台经济发展提出要求，"要促进平台经济健康发展，完成平台经济专项整改，实

施常态化监管，出台支持平台经济规范健康发展的具体措施"。《账号规定》着眼大局、精准施策，准确把握"账号"这一最小单位，对"互联网用户注册、使用和互联网信息服务提供者管理用户账号信息"等进行规范，维护人民群众合法权益，明确平台管理要求，必将成为促进平台经济长远健康发展的重要基础制度之一。

## 二 聚焦"第一窗口"，加强网络诚信建设基础规范

习近平总书记在致首届中国网络文明大会的贺信中指出："各级党委和政府要担当责任，网络平台、社会组织、广大网民等要发挥积极作用，共同推进文明办网、文明用网、文明上网，以时代新风塑造和净化网络空间，共建网上美好精神家园。"网络的虚拟性能够为人们提供更为丰富的网络生活，在自我呈现、公共表达等方面具有更灵活的空间。同时，网络的虚拟性来源于真实空间的现实基础，也能够对线下活动产生较大影响。

随着人们在网络空间活动日益丰富，对网络信息获取的依赖度逐步提升，信息的真实性、可靠性愈发重要。广大人民群众对网络谣言、网络诈骗、恶意营销、流量造假等网络乱象反应强烈。网民在提高辨识力的同时，也迫切需要有效机制以便信息甄别。其中，账号信息是辨识机制的"第一窗口"。互联网信息发布者的身份性质等，在很大程度上影响了公众对其发布信息的真实性、科学性判断。原规定主要针对"互联网用户账号名称"进行规范，重点规制互联网用户账号名称中存在违法信息的现象，但对用户判断账号发布信息真实性的辅助作用有限。特别是一些违法账号利用账号名称及头像、简介等信息，冒充权威机关、媒体，或者从事电信网络诈骗，网民因无其他信息辅助验证，容易轻信其身份，并进一步误信此类账号发布的相关信息。

《账号规定》修订后，将规范对象由"账号名称"调整为"账号信息"，即"互联网用户在互联网信息服务中注册、使用的名称、头像、封面、简介、签名、认证信息等用于标识用户账号的信息"，能够从多角度呈现互联网信息发布者的身份性质，为网民辨别信息真伪提供更为有效的依据。从整体意义上看，《账号规定》有效把握了网络诚信体系建设的关键一环，能够持续、长远释放制度价值。

# 三 夯实主体责任，全面规范账号信息管理

《账号规定》从"账号信息注册和使用""账号信息管理"两个重要环节提出了系统的管理要求。

一是划定"底线""红线"。账号信息不得违反《网络信息内容生态治理规定》第六条、第七条规定，即不得出现违法信息，防范和抵制不良信息。同时，严禁在账号信息中假冒、仿冒、捏造党政军机关、人民团体和社会组织、国家（地区）及国际组织、权威媒体、国家行政区域/机构所在地、标志性建筑物等名称、标识，严禁以损害公共利益或者谋取不正当利益等为目的，故意夹带二维码、网址、邮箱、联系方式等，防止公众受骗或产生误解。互联网信息服务提供者应当建立机制，发现不符合规定要求的，应当暂停提供服务并通知用户限期改正；拒不改正的，应当终止提供服务。其中，对于账号信息中含有"中国""中华""中央""全国""国家"等内容，或者含有党旗、党徽、国旗、国歌、国徽等党和国家象征和标志的，《账号规定》要求互联网信息服务提供者依照法律、行政法规和国家有关规定从严核验。

二是加强真实身份信息核验。按照《网络安全法》的要求，网络运营者为用户办理网络接入、域名注册服务、办理固定电话、移动电话等入网手续，或者为用户提供信息发布、即时通信等服务，应当要求用户提供真实身份信息。《账号规定》落实《网络安全法》

规定，要求互联网信息服务提供者对申请注册相关账号信息的用户进行基于移动电话号码、身份证件号码或者统一社会信用代码等方式的真实身份信息认证。用户不提供真实身份信息或者冒用身份信息注册的，不得为其提供服务。同时，要求互联网信息服务提供者应当建立账号信息动态核验制度，对存量账号信息采取必要核验措施，以确保管理的完整性、有效性。

三是加强信息展示，便于公众监督。对于具有专业属性的账号信息服务，《账号规定》要求，互联网用户申请注册提供互联网新闻信息服务、网络出版服务等依法需要取得行政许可的互联网信息服务的账号，或者申请注册从事经济、教育、医疗卫生、司法等领域信息内容生产的账号，互联网信息服务提供者应当要求核验其服务资质、职业资格、专业背景等相关材料，并在账号信息中加注专门标识；为了支持网民为公共利益开展监督，《账号规定》要求互联网信息服务提供者在互联网用户账号信息页面展示合理范围内的互联网用户账号的 IP 地址归属地信息；对于公众账号，《账号规定》进一步要求互联网信息服务提供者在互联网账号信息页面，展示公众账号的运营主体、注册运营地址、内容生产类别、统一社会信用代码、有效联系方式、IP 地址归属地等信息。

## 四　注重监督追责，促进制度落地见效

《账号规定》规定了监督检查机制和法律责任，在规范互联网信息服务提供者注册、使用互联网用户账号信息及其管理工作的同时，有效提升对违法行为的制度威慑。一方面，《账号规定》明确网信部门会同有关主管部门建立健全信息共享、会商通报、联合执法、案件督办等工作机制，明确省级以上网信部门可以要求存在较大网络信息安全风险的互联网信息服务提供者，采取暂停信息更新、用户账号注册或者其他相关服务等措施。另一方面，《账号规定》在法律

责任设置上确定了两条路径，一条路径是适用有关法律、行政法规予以处罚，如《网络安全法》对违法信息规定了高额罚款、暂停业务、关闭网站、吊销许可等处罚措施。另一路径是按照规章立法权限，规定了警告、通报批评、一万元以上十万元以下罚款。此外，《账号规定》明确了违反治安管理行为或者构成犯罪的，应当移送相关部门处理，追究相应法律责任。

总体来看，《账号规定》充分聚焦平台经济规范发展的痛点问题，深刻把握网络传播的客观规律，有效确立了规制账号信息相关网络乱象的管理措施，对进一步加强网络法治建设、构建清朗网络空间具有重要意义。《账号规定》出台后，需要各方主体认真贯彻执行，为网络文明构建、网络诚信体系建设、数字经济高质量发展贡献力量。

（本文原载中国网信网，2022 年 6 月 30 日发表，https://www.cac.gov.cn/2022-06/30/c_1658208139636254.htm。方禹，中国信息通信研究院互联网法律研究中心原主任，研究领域为个人信息保护、大数据、数据治理等。）

# 公民道德建设的法治保障

曹　刚

　　《新时代公民道德建设实施纲要》在第一部分"总体要求"中提出，坚持以社会主义核心价值观为引领，将国家、社会、个人层面的价值要求贯穿到道德建设各方面，以主流价值建构道德规范、强化道德认同、指引道德实践，引导人们明大德、守公德、严私德。在"总体要求"中还指出：坚持发挥社会主义法治的促进和保障作用，以法治承载道德理念、鲜明道德导向、弘扬美德义行，把社会主义道德要求体现到立法、执法、司法、守法之中，以法治的力量引导人们向上向善。可见，新时代公民道德建设要求把社会主义核心价值观贯穿到道德建设各方面，而社会主义道德要求又要体现到立法、执法、司法、守法之中，以法治的力量引导人们向上向善。从上述论述中，我们看到了保障新时代公民道德建设实施的关键是要把社会主义核心价值观融入法治实践中去。事实上，这和由中共中央办公厅、国务院办公厅于2016年12月25日印发并实施的《关于进一步把社会主义核心价值观融入法治建设的指导意见》的精神也是一致的。

## 一　社会主义核心价值观融入法治建设的合理视角

　　国家治理现代化是考察把社会主义核心价值观融入法治建设从而为公民道德建设提供保障的合理视角。这既是我们选取研究这个问题的更为根本、更具统合性和更具现实意义的角度的问题，同时也回答了把社会主义核心价值观融入法治建设对于新时代公民道德实施何以必要的问题。

国家治理现代化是当代中国整体战略的核心。习近平总书记和党中央提出的一系列治国方略都是以国家治理的现代化为核心的。中国共产党第十九届中央委员会第四次全体会议指出，中国特色社会主义制度是党和人民在长期实践探索中形成的科学制度体系，我国国家治理一切工作和活动都依照中国特色社会主义制度展开，我国国家治理体系和治理能力是中国特色社会主义制度及其执行能力的集中体现。由此，国家治理体系和治理能力现代化自然是考察新时代公民道德建设的合理视角。

社会主义核心价值观是国家治理体系和治理能力现代化所要追求的最根本目标，也是新时代公民道德建设实施的根本遵循。社会主义核心价值观为国家治理提供正确的方向、思想引领和价值支撑。富强、民主、文明、和谐作为国家层面的价值要求，应体现在国家的制度设计之中，因为它们回答了建设什么样的国家的问题；自由、平等、公正、法治作为社会层面的价值要求，应体现在社会治理的各个环节中，因为它们回答了建设什么样的社会的问题；而爱国、敬业、诚信、友善作为公民层面的要求，应该体现在公民日常行为和活动之中，因为它们回答了培育什么样的公民的问题。可见，国家治理体系和治理能力现代化所要追求的最根本目标，无外乎就是好国家、好社会和好公民，其落脚点是好公民。好公民的基本内涵自然是具有新时代公民道德的公民。

法治是新时代公民道德建设的重要载体和实现方式。《新时代公民道德建设实施纲要》的第二部分"重点任务"中提出，社会主义核心价值观是当代中国精神的集中体现，是凝聚中国力量的思想道德基础。要持续深化社会主义核心价值观宣传教育，增进认知认同、树立鲜明导向、强化示范带动，引导人们把社会主义核心价值观作为明德修身、立德树人的根本遵循。坚持贯穿结合融入、落细落小落实，把社会主义核心价值观要求融入日常生活，使之成为人们日用而不觉的道德规范和行为准则。坚持德法兼治，以道德滋养法治精神，以法治体现道德理念，全面贯彻实施宪法，推动社会主义核心价值观融入法治建设，将社会主义核心价值观要求全面体现到中国特色社会主义法律体系中，体现到法律法规立改废释、公共政策制定修订、社会治理改进完善中，为弘扬主流价值提供良好社会环境和制度保障。《新时代公民道德建设实施纲要》第六部分"发挥制度保障作用"中提出"强化法律法规保障"。法律是成文的道德，道德是内心的法律。要发挥法治对道德建设的保障和促进作用，把道德导向贯穿法治建设全过程，立法、执法、司法、守法各环节都要体现社会主义道德要求。总之，把社会主义核心价值观融入法治建设，既能保证社会主义法治建设不偏离方向，更好地发挥和实现法治的功能，又能促进新时代公民道德建设的实施，最终实现国家治理体系和治理能力现代化的总目标。

## 二 社会主义核心价值观融入法治实践的可能性

要把社会主义核心价值观融入法治实践，首先要回答这种"融入"是否可能的问题，这包括三个方面。

一是关于"法治"的价值规定性的问题。法治是不是社会主义核心价值观的合适载体呢？回答是肯定的。因为法治本身就是值得珍视的好东西。事实上，法治本身已成为社会主义核心价值观的有机组成部分。如果说，在法哲学上，"恶法非法"还是"恶法亦法"是一个争论不休的话题，那么，"法治"作为一种美好的政治理想，已在法律中注入了价值的因素，法治之"法"较之一般之"法律"有了内在的价值规定性。所以，法治本是良法之治。这是讨论社会主义核心价值观融入法治建设的基本前提。

　　二是关于"法治"的价值内涵的问题。"法治"这个载体是否足以承载社会主义核心价值观呢？如上所述，法治虽说是具有内在价值规定性的美好事物，但我们却可以根据所包含的价值的数量和质量，把法治本身区别为不同类型。法治类型的最基本分类是形式法治和实质法治。形式法治所承载的价值是基本的、单薄的和有限的，实质法治则承诺了更多的价值追求。社会主义法治是一种实质法治，起码包含了三个价值维度。第一，美好生活是社会主义法治的终极价值追求。事实上，美好生活是古今中外的人们所普遍追求的终极目的。由于美好生活的价值源头内在于人的生活本身的二重规定性，是具有绝对性和自足性的至善，由此，必然成为社会主义法治建设的终极价值理念。第二，共生、共赢和共享的社会合作关系是社会主义法治的根本价值追求。人的社会性决定了人们都只能在合作连带关系的前提下，展开各种有助于人的生存和发展的活动。共生、共赢和共享是三种最重要的连带关系，它们不只是一个人类学的事实，因为它们能为关系中的个体带来普遍的好处，所以还是一种共同善。所有的共同体，包括国家，都会采取各种治理方式来维护和实现这种共同善，法治是现代国家治理的最重要和最主要的一种治理方式。由此，共同善是法治的根本价值追求。第三，人的尊严是社会主义法治的基本善。社会主义法治不只是怀抱对美好生活的终极向往，也不只是聚焦于共生、共赢、共享的理想社会的图景，它也坚守"把人当人"的人格尊严的道德底线。如上所述，社会主义法治由三个价值维度编织而成，自然是承载社会主义核心价值观的合适载体。

　　三是关于"法治"载体的"容量"问题。任何一种载体的承载力都是有限度的，不能把什么好东西都往里面装。那么，"法治"这个价值观的载体的限度在哪里呢？显然，社会主义核心价值观是可以融入法治建设之中的。但这并不意味着由核心价值观所衍生出来的所有价值都可以以法治为载体。由于法治的强制性、程序性和稳定性等特征，其容量是有分别和有限度的，那些崇高的美德更多地通过审美的方式追求，难以直接融入法治之中。我们对此要有自觉意识，缺乏限度意识会导致在社会主义核心价值观的融入过程中，既损害法治的建设，又损害公民道德建设的实施。

# 三　社会主义核心价值观融入法治建设的途径

这是如何"融入"的问题，即"融入"的途径和机制问题。法治实践的立法、执法、司法和守法过程，无疑是社会主义核心价值观的播种、开花和结果的过程，自然是"融入"的主要途径。

"融入"的首要环节是立法，因为如果核心价值观没有入法，人们就无法期待其有效地融入执法、司法和守法之中。我们认为，在立法过程中，只要坚持民主、科学和公正的原则，立法的过程以及结果必然会包含社会主义核心价值观的内容。这里要关注的是重点领域的立法"融入"问题。根据当代中国社会发展的现实情况，尤其是国家治理体系和治理能力现代化过程中所碰到的那些需要解决的重大且急迫的以及具有普遍性的公民道德问题，优先进行"融入"的重点立法，包括社会诚信、社会公平、社会文明、生态文明等重点领域立法。

社会主义核心价值观的"运送"环节是执法和司法。执法与司法是联结立法和守法的环节，是法治的关键和决定性环节。在这个环节要解决的"融入"问题也有三个。一是严格执法和司法的问题。立法的"融入"是对社会主义核心价值观的确认和法定化过程。这一标准作为评价一个事件和一种行为的唯一标准，既是法律标准，也是价值观的标准，因此，严格司法和执法从最根本的意义上维护了社会主义核心价值观。二是执法与司法中的法律解释和个别衡平"融入"社会主义核心价值观。严格司法和执法预设的前提是现行法律反映和确认了社会主义核心价值观，但现实的法制却不存在或不完全具备这一前提条件。一是现行法律可能没有完整和准确地反映和确认社会主义核心价值观；二是社会主义核心价值观的内容是随着社会的发展而不断发生变化的，但立法具有程序性、稳定性、滞后性等特征，它不可能对这种变化做出快速反应，于是，这一反应便主要大量地通过执法者和法官的法律解释和个别衡平来体现，因为法律解释和个别衡平的过程同时也是价值判断的过程，法官和执法者就有可能也有必要由此"融入"社会主义核心价值观。当然，这样做是需要谨慎的、有节制的，如何确保其中的"度"，是一个难题。三是法律效果和社会效果、政治效果相统一的问题。坚持"三个效果"的统一是"融入"的内在要求。法律效果是严格适用和执行法律规定达到的作用和效果，譬如实现了法律的确定性、统一性、秩序性和连贯性等。但有时候，好的法律效果不一定带来好的社会效果和政治效果，如彭宇案。这时就要求法官和执法者在执法和司法中，必须充分考虑社情民意、社会的可接受度、公认的主流价值观以及基本的政治底线，并在社会主义核心价值观的统领下，平衡和统一三者。

全民守法。社会主义法治过程的最后一个环节是守法，正是通过全民守法将社会主义核心价值观融入人们的日常生活。就"融入"而言，全民守法的重点不在"全民"，而在全民对守法的"觉解"（冯友兰语）。根据对守法的觉解程度，我们可把守法分为三个阶段，即守法的自在阶段、自为阶段和自由阶段。在守法的自在阶段，守法的主体表现为他律水平；在守法的自为阶段，主体守法不再是出于习惯或害怕，而是出于法律意识和责任意识基础上的主体自觉；在守法的自由阶段，守法主体表现为自由的特征。自由意味着个性化的个体德性和普遍的法律要求的高度统一，它力求在社会法律必然性与自我实现和完善的追求的结合点上，把握自身发展和行为选择的方向，为完善自我和社会法治进步进行创造性努力。社会主义核心价值观在守法环节的"融入"要立足第二阶段，趋向第三阶段。

（本文原载《道德与文明》2020年第1期。曹刚，山西大学特聘教授、博士生导师，中国人民大学哲学院教授，教育部人文社会科学重点研究基地中国人民大学伦理学与道德理论研究中心主任，中国伦理学会副会长，研究领域为法伦理学、应用伦理学等。）

# 国家治理语境中的新时代公民道德建设工程

张　霄

2019 年 10 月，中共十九届四中全会审议通过了《中共中央关于坚持和完善中国特色社会主义制度、推进国家治理体系和治理能力现代化若干重大问题的决定》（以下简称《决定》）。《决定》从国家治理的全局出发对十三个重大领域的制度体系建设和治理能力提升做了重要部署。《决定》的第七部分统筹了文化领域的制度建设问题，在"坚持以社会主义核心价值观引领文化建设制度"这一节专门提出了"实施公民道德建设工程"工作要求。这是中央文件首次把公民道德建设工程纳入国家治理体系统筹部署，对新时代公民道德建设有着重要的指导意义。就在同一个月，中共中央、国务院发布了《新时代公民道德建设实施纲要》（以下简称《纲要》）。《纲要》对公民道德建设的重大意义、总体要求、重点任务、实施要点、工作思路、具体办法做了细致而周到的部署，凸显了新时代公民道德建设的国家治理语境。本文认为，要深入理解这一语境，需要领会新时代公民道德建设"治理转向"的重要意义，需要认识到新时代公民道德建设是一项大系统工程，需要理解"职业-企业"伦理为什么是新时代公民道德建设的关键领域。

# 一 新时代公民道德建设"治理转向"的重大意义

领会新时代公民道德建设"治理转向"的重大意义，需要对改革开放以来国家思想道德建设的历史有深入的理解。只有具备这个历史视野，才能充分认识公民道德建设作为思想道德建设的重要组成部分对社会主义现代化长远发展来说究竟意味着什么，才能充分理解为什么会在这个时期提出对公民道德建设"治理转向"的工作要求。我们也应当知道，"思想道德建设"这个术语是中国共产党在推进社会主义精神文明建设过程中提出的概念。因此，思想道德建设不仅是改善社会道德风气或提升个人道德素质的局部社会事件或个人事务，还是关系到国家长治久安的重大政治工程。这是中国共产党领导国家在推进思想道德建设工作中一贯的态度。历史地看，虽然思想道德建设这个术语是改革开放以后提出来的，但在革命战争年代和社会主义建设的早期阶段，中国共产党的思想道德建设就已经卓有成效了。可以毫不夸张地说，思想道德建设在统一思想、坚定理想信念、凝聚集体力量、严肃纪律方面所发挥的巨大作用，是中国共产党带领全国各族人民取得革命胜利、在艰苦卓绝的条件下获得一个又一个社会主义现代化建设成果的制胜法宝。党的十二大报告中将这个法宝概括为"革命的理想、道德和纪律"，也就是如今人们耳熟能详的革命传统道德。

近百年来，中国共产党在不同的历史时期推行的思想道德建设之所以能取得巨大的成效，关键有两条：一是思想道德建设总是和现实的斗争需要和建设需要紧密结合，力求做到审时度势、实事求是地应对现实问题；二是思想道德建设总是和国家在不同历史时期制定的战略方针、发展规划紧密结合，力求做到在长期愿景中谋进步、在全盘统筹中办实事。这是一种把理想和现实高度结合起来的建设方针。所以，要理解在某个时间节点上的思想道德建设举措，如《纲要》的颁布，既要从一个具有连续性的历史时期透视思想道德建设所应对的重大现实问题，也要领会这个历史时期国家大政方针政策的走向对思想道德建设的指导。正是在这个意义上，本文从改革开放以来国家思想道德建设的发展历史的角度解读新时代公民道德建设"治理转向"的重大意义。

改革开放以来，国家有意识地在新时期推进思想道德建设的方针是从提出"社会主义精神文明"这个概念开始的。1979 年 9 月 29 日，叶剑英《在庆祝中华人民共和国成立三十周年大会上的讲话》中第一次明确提出了"社会主义精神文明"的概念："我们要在建设高度物质文明的同时，提高全民族的教育科学文化水平和健康水平，树立崇高的革命理想和革命道德风尚，发展高尚的丰富多彩的文化生活，建设高度的社会主义精神文明。"1979～2019 年这 40 年间，国家思想道德建设的历史大致经历了三个发展阶段。1979～1992 年，思想道德建设的主题是在政治领域坚持"政治正确"。这主要体现在精神文明建设要坚持"三个必须"："必须是推动社会主义现代化建设的精神文明建设，必须是促进全面改革和实行对外开放的精神文明建设，必须是坚持四项基本原则的精神文明建设。"由于精神文明建设又分为"思想道德建设"和"科学文化建设"，而蕴含并主要体现为道德内容的"思想建设决定着我们的精神文明的社会主义性质"，因此在这一时期，思想道德建设就代表着"政治正确"，其根本任务是巩固社会主义原则在政治领域的指导地位。1986 年中共十二届六中全会制定并颁布的《关于社会主义精神文明建设指导方针的决议》是这一时期的标志性文件。这部文件也是社会主义精神文明建设领域的第一部纲领性文件。当然，这一阶段思想道德建设主题之所以是"政治正确"，有其社会原因。中共十一届三中全会以后，党和国家的工作中心从"以阶级斗争为纲"转向"以经济建设为中心"，但直到党的十四大确定建立社会主义市场经济体制之前，国家在经济领域实行价格双轨制，造成社会上一度流行市场经济就是"一切向钱看"的口号，拜金主义、享乐主义夹杂着崇洋媚外的心理，在社会上形成了很不好的风气。与此相伴生，政治领域也出现了一股资产阶级自由化思潮，通过在市场经济与西方自由民主政治之间建立或明或暗的联系提出政治改革要求。据此就不难理解，这一阶段思想道德建设的主题为什么会是"政治正确"。但坚持"政治正确"并不妨碍国家从两个文明"两手抓、两手都要硬"的战略高度布局思想道德建设。因此，"政治正确"当中既含有对现实问题的应对策略，同时也考虑到了思想道德建设在国家整体发展战略中的长期性和重要作用。

1992~2012年，思想道德建设的主题是"适应经济"，即建立一套与社会主义市场经济相适应的社会主义思想道德体系。1996年中共十四届六中全会通过的《中共中央关于加强社会主义精神文明建设若干重要问题的决议》中对这个思想道德体系做了明确的表述。一年之后，党中央专门成立了"精神文明建设指导委员会"这个中央级议事机构在中央宣传部设立合署办公的办公室（简称"中央文明办"）。这个中央机构加上省、市、县三级文明办的纵向设置，基本上形成了一个由中央统一部署、各级文明办负责落实、从中央到基层社会全覆盖的、专门推进精神文明建设的文明办系统，而思想道德建设是这个系统的工作重点。文明办系统的建立对思想道德建设来说至关重要。从此，思想道德建设有了专门的行政力量负责实施，相比之前首推"宣教"工作的侧重点，"建设"的意味越来越得到凸显。2001年，中央又提出了"以德治国"方略并颁布了《公民道德建设实施纲要》。这两件事是这一阶段思想道德建设领域的标志性事件。它的标志性意义主要有三条。其一，从治国理政的高度强调了法治与德治的相互配合对国家治理的重大意义，深化了人们对社会总体规范系统及其治理手段的整体理解，使思想道德建设成为国家治理的内在要求；其二，《公民道德建设实施纲要》是"以德治国"方略的具体落实，也是思想道德建设领域第一个"建设实施"文件，为思想道德建设指明了方向、目标、内容、路径、方法、抓手等；其三，由此，思想道德建设具备了作为指导方针的"以德治国"理念、作为实施办法的《公民道德建设实施纲要》、作为办事力量的文明办系统三大条件，落实了做什么、怎么做、谁来做的三项任务，初步形成了一个思想道德建设的"工程系统"，为思想道德建设的"治理转向"奠定了基础。《公民道德建设实施纲要》在其中就扮演着"怎么做"的角色。所以，这个"治理转向"其实就是对公民道德建设提出的内在要求。

2012~2019 年，思想道德建设的主题是"引领治理"。这个主题有两个关键词：一个是"引领"，一个是"治理"。一方面，这里的"治理"是说思想道德建设发生了"治理转向"，有全面融入国家治理体系与治理能力现代化建设的发展趋势。除了《决定》中提及要把思想道德建设纳入国家文化治理体系之外，另一个标志性事件是《决定》颁布前三个月中央在深改委第九次会议上审议通过的《国家科技伦理委员会组建方案》。这个方案首次提出了要"构建覆盖全面、导向明确、规范有序、协调一致的科技伦理治理体系"。它标志着一种治理模式的打开方式：作为国家文化治理体系的重要组成部分，思想道德建设应全面融入国家治理体系，成为提升各方面治理能力的强大软实力，而对这项事业的落实和实施就是新时代公民道德建设工程的主要内容。另一方面，"引领"在这里说的是社会主义核心价值观的作用。社会主义核心价值观是思想道德建设的灵魂，是在做什么（以德治国）、怎么做（实施公民道德）、谁来做（文明办系统）之前起着引领作用的"为什么做"。当社会主义核心价值观把这个由自身引领的思想道德建设体系带入国家治理的时候，就形成了系统化的国家伦理治理体系。① 从改革开放以来思想道德建设的历史来看，这里是个转折点。由此开始，思想道德建设从"适应

---

① 习近平总书记在十八届中央政治局第十三次集体学习时的讲话中指出："培育和弘扬核心价值观，有效整合社会意识，是社会系统得以正常运转、社会秩序得以有效维护的重要途径，也是国家治理体系和治理能力的重要方面。"

经济"的"适应"阶段转向"引领治理"的"引领"阶段。这种转向意味着，国家是在一种积极的文化自觉中推进治理体系与治理能力现代化过程的。通过前期一系列的铺垫和准备工作，这种文化自觉会像人体的血液一样通过制度体系的血管流遍国家治理体系的全身。公民道德建设就是这个血液循环系统的心脏，负责让文化自觉的血液在体系的全身流淌。

## 二　新时代公民道德建设是一项大系统治理工程

国家治理体系中的公民道德建设是一项新时代的大系统治理工程。这意味着我们应站在社会工程学的角度理解公民道德的"建设问题"，研究关于公民道德的"建设理论"。这是一个在观念上很容易分清，但在研究和实际工作中又很容易忽视的问题。因为人们往往习惯于把"认识"公民道德的理论简单套用到对公民道德如何"改造"的理解之中，从而把在认识领域厘清的问题又在实践领域还原了回去。实际上，道德建设理论比道德理论要宏大得多，建设公民道德这个工程所涉及的学科知识来看，就不是道德理论所能涵盖的。且不说与各个专业治理领域相关的应用伦理学研究及其职业伦理问题需要涉及除道德理论之外庞大的跨学科知识群，就是一些与治理问题高度相关的基础理论学科如道德心理学和道德社会学，如果没有心理学和社会学的专业知识背景，道德理论也是无法独立成型的。从这个意义上讲，要在国家治理体系中推进新时代公民道德建设工程，就要研究公民道德建设的"工程理论"。

从工程理论的角度来看，公民道德建设应当具有一个完整的工程链：工程目标—工程要素—工程设计—工程结构—工程运行—工程维护①。工程目标就是公民道德建设的目的。这个目的既是实施工

---

① 这个操作链参考了殷瑞钰院士对工程方法论的探讨，参见殷瑞钰．关于工程方法论研究的初步构想［J］.自然辩证法研究，2014（10）。

程的动机，也是评价和检验工程运行绩效的标准。工程要素是指可以用来从事道德建设的社会组织、人力资源、技术手段、法律法规、公共政策、规章制度、风俗习惯等，是可以纳入工程设计加以利用的工程构件或零件。工程设计是按工程目标的要求把各种工程要素组建成一定结构的理念和工作思路。工程设计不光指一个成型系统的准确结构，还包括建成这个结构的实施方案和步骤。而被实现了的工程设计就是工程结构。这是一个形成过程。在这个过程中，道德建设举措所能体现的系统功能将不断涌现，直至工程的运行。到了工程运行阶段，我们不仅要按照工程预期目标对工程运行情况进行测试，还要根据运行中所出现的问题及时进行调整。最后，一个运行良好的公民道德建设工程还需不断得到维护以保障自身的可持续性，如在机构、人员、技术、研究、制度等各方面的投入。在这个工程方法论的指导下，我们设计了一个公民道德建设工程的"3×5"结构，即在政治国家、经济市场、社区社会中建立"政治-行政"伦理、"职业-企业"伦理、"社会-社区"伦理三级构架，搭载社会道德调查模块、社会道德评价模块、社会道德协调模块、社会道德培训模块、社会道德智库模块五大系统，输出超越型和谐（Transcendence in Harmonization）、道德赋能（Moral Empowerment）、定义同一性（Defining Identity）三种系统性道德建设功能。

　　"政治-行政"伦理、"职业-企业"伦理、"社会-社区"伦理是从国家与社会的三种伦理关系出发架构的。"政治-行政"伦理是国家与社会总体的伦理关系，是政治伦理部署行政伦理、引导社会治理的政治社会化方式。通过这种方式，国家的政治力量和行政力量可以在伦理上保持一致，促进政治力量流通的顺畅、高效与稳定。这其中，"权力"是"政治-行政"伦理的治理对象。"职业-企业"伦理是国家与"作为市场的社会"之间的伦理关系，是国家通过职业（行业）伦理引导以企业自治为主的企业伦理发展的经济伦理化方式。通过这种方式，企业发展目标与经济社会发展的总体目标可以在伦理上保持一致，推动市场经济健康、有序的发展。其中，"资本"是"职业-企业"伦理的治理对象。"社会-社区"伦理是国家与"作为社区的社会"之间的伦理关系，是国家引导社会组织、社区组织和社区居民形成多元治理共同体的社会化自治方式。通过这种方式，社会公共伦理要求将与公民日常道德保持一致，有利于社会公德的繁荣与兴盛。这其中，"言语"是"社会-社区"伦理的治理对象。这三层伦理是公民道德建设工程的骨架。在这副骨架上搭载前述五大模块之后，工程系统便有了肌肉组织，系统结构才趋于完整。

社会道德调查系统有两大模块：一个是信息采集，一个是数据分析。信息采集就是用社会学的调查方法收集道德观念信息供分析、研究、实验、评价等相关活动使用。信息采集应在一定研究框架内进行，服务于特定的工作任务，应充分考虑道德观念的信息化转化问题，做好研究设计；信息采集应尽可能使用多种社会调查手段如问卷量表、访谈、口述、软件等，全面、立体地掌握调查对象的相关信息；信息采集应注意调查的可持续性，关注在一定研究周期道德观念的变动情况及其规律性条件。数据分析就是对采集来的数据进行加工、整理和基于数据的实证研究。社会调查中采集的一部分可数据化信息是数据分析的对象。另一些数据可以来自可共享的数据化平台或在一定的研究框架内通过智能抓取技术获得的数据。在后一种情况下，如果道德观念信息以大数据的形式得以呈现，可在此基础上开展较大规模的道德现象研究，包括在算法（Algorithm）设计的程序中研究人工智能的道德化问题（AI and Ethics）。应明确，在社会道德调查系统中开展的活动应在包括但不限于科研伦理、信息伦理、AI 伦理的指导下进行。

社会道德评价系统有两大模块：一个是标准化评价，另一个是舆论评价。所谓标准化评价就是围绕公开发布的道德标准开展评估和评测活动。标准化道德评价可以针对不同对象，如文明办针对城市、村镇、校园、家庭和个人开展的文明城市、文明村镇、文明校园、文明家庭、道德模范的评测和评选活动；另如一些行业协会、科研机构、评价机构针对各类企业开展的企业社会责任（CSR）评价活动等。标准化道德评价活动的关键在标准的设计上，一是要对标准本身的道德内涵有自觉，二是要对标准可能引起的道德效果有预判，三是要把标准和业务结合起来精心设计，避免就道德评道德。所谓舆论评价就是通过影响舆论达到一定道德评价效果的媒介活动。这是社会道德评价系统中极为重要的模块，也是不确定性最大且最难把握的模块。舆论评价要达到好的效果，评价主体应对评价的道德内涵有深入的理解，应充分重视"话语"在舆论评价中的重要性，不断积累自身的传播公信力，善于运用媒介手段深入处理评价对象，并能够对道德评价效果的社会效应有研判。应明确，在社会道德评价系统中开展的活动应在包括但不限于职业伦理、商业伦理、传媒伦理的指导下进行。

社会道德协调系统主要指通过各种伦理委员会咨询、审议、协调、决策和监督各种道德问题。目前，中国的伦理委员会建制有多种形式。如在中央一级指导包括思想道德建设在内的精神文明建设的中央议事机构中央文明委，如在深改委第九次会议上通过的即将组建的国家科技伦理委员会，如医学伦理委员会等专业伦理委员会，如一些企业在内部建立的专业伦理审查组织或合规部门（Compliance Office），等等。这些伦理委员会分属不同的层级、涉及不同的领域、采取了不同的形式、具有不同的职能，总体来说发挥了应有的作用。但总的来说，通过伦理委员会这种灵活、高效、专业、好沟通的组织形式处理道德问题的方式还没有在国家治理体系中发展起来。现有的伦理委员会之间并没有形成一定程度上的协同发展。一些专业领域的伦理委员会还存在职能不清、审查不严的情况，更有一些伦理委员会自身的建设存在不少问题，形同虚设。因此，应进一步推进伦理委员会的专业化、规范化、系统化建设，全面融入国家治理体系，使其助力治理能力不断提升。应明确，在社会道德协调系统中开展的活动应在包括但不限于各类职业伦理的指导下进行。

社会道德培训系统主要有两个模块，一个是国民教育系列中专门化的道德教育，一个是各类教育培训结构或社会组织的内培部门对职业群体的道德培训。目前，中国在国民教育系列中已经建成了以中小学思想品德教育、高中政治（品德）教育、高等院校思想道德教育为主干的道德教育体系，基本形成了"三全育人"的思想道德教育格局。但在职业道德培训这一块，国家、社会和企业的关注还远远不够。这主要是因为很多人并不了解真正的职业道德培训能做什么，误认为职业道德培训就是"动动嘴皮"的道德说教，实际上起不了根本作用。但事实上是，职业道德培训是一项拥有专门技术含量的终身学习项目。对工作环境中伦理问题的敏感性识别、对分析复杂的职场伦理问题所要运用的概念和框架、对看待职业公共性问题不可或缺的视野、对道德判断和评价所运用的推理技巧、对改善人际沟通所需要的道德知识、对自我心智的发展所要掌握的思想方法等，这些都需要专业的职业道德培训来完成。特别是在那些用伦理守则（Code of Ethics）管理组织文化的企业，职业道德培训更是不可或缺。应明确，在社会道德培训系统中开展的活动应在包括但不限于各类职业伦理、教育伦理的指导下进行。

社会道德智库系统是指专门研究公民道德建设如何推进国家治理现代化工程的科研机构。不同的道德智库系统可以根据自身的基础和条件发展不同的研究方向，逐渐形成自己的研究特色和专长，打造自己的研究品牌。但无论研究什么方向，道德智库的研究类型主要应是政策导向型。所谓政策导向型研究，就是研究在实际工作中可推进公民道德建设的治理政策。首先，政策导向型研究以问题为导向。这些问题并不来源于学科知识，而往往是现有的学科知识不能加以概括的新的现实伦理问题。这需要我们采取回到问题本身的研究立场，不能囿于学科视野。其次，政策导向型研究是实质性的跨学科研究，是多学科专家联合开展合作研究的会诊。这些跨学科领域的专家既要有跨学科研究的视野和背景，还要在合作研究中开启"范式"模式，即认同和共享共同价值，探索不同概念和分析框架的共同使用方式，一致遵守科研伦理规范，一致使用良好的沟通与协商方式。最后，这些研究成果都要转化为和落地为治理政策，特别要形成具有可操作性的工作思路和实施方案。应明确，在社会道德培训系统中开展的活动应在包括但不限于科研伦理的指导下进行。

我们设计的公民道德建设工程"3×5"结构形成后，可以发挥三种可预期的治理功能。一是超越型和谐功能会产生"聚升效应"。它是把个体从私人视野向公共视野提升的一种意志过程及其行为表现。它能给治理活动提供统一的动员和组织力量，在重要的和突发性事件中稳定公共秩序，培养公民通过对共同善的思考发展出承担共同责任的语言及行为。二是道德赋能功能会产生"下沉效应"。通过赋予子系统和个人更多的权能，它能激励他们改变影响自身的环境，不断提高对工作和生活的自主性，不断提高伦理"辨识能力"和建立在这种能力基础上的"行为能力"，不断强化基于自主选择的责任意识。三是定义同一性功能会产生"认同效应"。它能强化个体与治理共同体之间的认同关系，激起个体对共同体治理文化的价值认同和情感归属，生发出个体的自我认同（Self-identity）和尊严感（Self-esteem）。伦理系统不但可以塑造这种认同，还可以使其成为"强认同"。

我们设计的这个公民道德建设工程有四个"施工"要点。

第一，工程结构要系统化。我们在文章中提出的系统模块并非全部。特定工程建设者可自主选择需要搭载的模块或开发新模块进行工程设计。如可以用调查系统的"数据分析模块"+评价系统的"标准化评价"模块+协调系统的"审议型伦理委员会"模块+培训系统的"职业道德培训"模块+智库系统的"CSR研究方向"模块，建立某职业（行业）的伦理治理系统工程。但无论搭载什么模块，工程结构一定要有系统性，就是要协调好专业化模块与系统性集成之间的关系。检验工程结构是否达到系统化标准的一个方法就是看系统性功能是否可以涌现。

第二，构建数据基础设施。应当认识到，构建数据基础设施是新时代公民道德建设工程的关键一招。上升到工程级别的公民道德建设，除了大格局的顶层设计之外，还要以了解较大规模社会道德状况为基本前提。如果没有这个前提，所谓的大格局就很可能是"拍脑袋"。对这一前提最精确的把握就是能掌握大量有效的道德观念数据。应当认识到，对于社会工程来说，信息数据目前是反映人类意识领域最"传真"的物理测量工具。虽然我们同时要警惕迷信数据的还原主义立场，但无视数据在反映人类道德现象上所发挥的作用也是不明智的。为了避免重复建设和浪费资源，应当在公民道德建设工程中大力构建数据基础设施。

第三，伦理法则化管理。前文在介绍每个工程系统的段落结尾都指出了相应的伦理要求。为了让这些要求实际地指导建设工作，就需要在国家治理体系的各个层次、领域制定伦理守则并在此基础上进行伦理法则化管理。所谓伦理法则化管理，就是在实际的伦理相关性活动中遵照、实施和执行伦理守则，真正把伦理守则当作对实际行为具有引导和约束作用的规范。伦理法则化管理的前提是要把守则的制定和业务活动紧密结合起来，只有把伦理要求融入业务活动，才能真正发挥守则的作用。同时，在制定守则时应写明守则所追求的价值理念和坚守的伦理原则，写明具体的行为规范条文及其对违规行为的处罚。

第四，实现工程体制化（Engineering Institutionalization）。工程体制化是指公民道德建设工程应无违和地嵌入社会生态系统，社会生态系统对公民道德建设工程并不产生排斥反应。公民道德建设工程在社会生态系统中运转良好并逐渐成为约定成俗的体制化产物，与系统合为一体。社会工程体制化问题是一个非常重要但往往被忽视的问题。特别是像公民道德建设这类与人的思想意识高度相关的社会工程，处理不好体制化问题，就会使项目形同虚设、可有可无、浪费资源甚至起到反作用的烂尾工程或豆腐渣工程。因此，公民道德建设工程应在实施的全过程充分地考虑工程体制化问题，让工程更好地融入社会，产生更多的社会效益。

## 三 "职业-企业"伦理是新时代公民道德建设的关键领域

前文说过，"职业-企业"伦理是国家与"作为市场的社会"之间的伦理关系。我们之所以认为"职业-企业"伦理是新时代公民道德建设的关键领域，主要基于我们对中国社会结构之历史转变的研判。在我们看来，每一种道德理论或道德建设理论都有或隐或显的社会构想及其相应的政治诉求作为蓝图和背景。这些蓝图和背景中自然包含对理想的国家政治的设计与想象。[①] 有些构想和设计被做成了社会理论或国家学说与道德理论相呼应，有些构想和设计被做成现实的政治制度从而直接影响社会道德建设。而有些蓝图还只停留在想象阶段，于是就成了乌托邦。道德理论这个特性对道德建设理论来说就更为重要。如果没有对道德建设赖以生根的社会状况有充分的了解，道德建设根本无从谈起。若依靠政治力量强行推行，大概率事件要么是适得其反，要么是无疾而终。因此，道德建设理论一定要立足于一定的社会理论。正是从这个意义上讲，我们认为，由于国家与"作为市场的社会"之间的关系是当代中国最重要的一种政治活动和社会治理对象，因此，两者之间的伦理关系也必然对

---

① 这种特性反映在伦理学与政治哲学数千年的复杂关系之中。伦理学提供的人性理论及其推理方法给政治哲学提供了目的价值和合理性论证手段。而政治哲学提供的人际结合方式与交往模式设计不断丰富和提升着伦理学视野。在中国，伦理学与政治哲学（政治伦理）的和谐有厚重的文化基础支撑。但在西方，伦理学与政治哲学的关系相对比较紧张，特别是现实主义的政治哲学路径，对伦理学多有排斥。

整个社会的道德状况有着奠基作用。所以，体现这种伦理关系的"职业-企业"伦理必定是道德建设的关键领域。

中国古代社会结构的特征是"家国同构"。社会最基本而且最主要的活动单位是家庭。作为社会最重要也是最主要的组织形式，家庭活动在很大程度上覆盖并主导了社会的政治活动、经济活动、文化活动的主要方面。甚至代表国家的皇族也是通过家族关系宰制国家关系。很显然，在这样的社会结构中，家庭伦理关系就会成为最重要、最主要甚至全部的道德内容。由于国家和家族在组织类型上有着高度的相似性，从而国家道德势必也就是家庭道德的模样，而所有关于道德建设的问题势必也就成了主要是协调家庭伦理关系。所以从这个意义上讲，"齐家"和"治国"在本质上是一回事，只是在难度系数上有所差别。由于在宗法制的背景下，父子关系是家庭伦理关系中最重要的关系，因此，孝德也就是家庭道德乃至整个社会首要的核心价值。在"家国同构"关系的作用下，家庭伦理关系的道德要求自然也就被上升为国家道德。孝德自然也就是国家道德的首要核心价值。只不过它在国家政治中有一个别名叫忠德。所以，这就不难理解，为什么许多古代封建王朝会推行"孝治天下"，即用家庭道德作为推行"以德治国"的方针和主要内容。

自从有了以商品交换为目的的商品经济之后，社会结构发生了根本的现代性变化。各种类型的社会活动开始纷纷脱离家庭进入具有公共性的"社会"。① 这当然有一个漫长的历史过程。但最早从家庭中脱离出来进入公共生活领域的社会活动是经济活动。而经济活动开辟的公共生活领域就是现代意义上的市场。这个领域是近代以来才有的，是在家和国中间"冒"出来的"社会"。古典学者们习惯将其称之为"市民社会"。在市民社会中实行的是商品经济。商品

---

① 严格意义上讲，社会这个概念是现代才出现的，主要指区别于国家和家庭的社会空间领域。由于古代并没有发展出这个独立的领域，因此也就不能说古代有现代意义上的"社会"一说。

经济是一种以交换为目的进行生产的经济形态。它对社会的一个重大影响是，人们不能再像传统社会的自然经济那样自己动手满足需要，而是要通过为别人生产的方式获得原来自给自足的需要。这种经济形式在把越来越多的人通过分工合作联系起来的同时，也把我们赖以生活的全部物品都变成了只有通过交换才能获得的商品，从而让越来越多的人不依赖这个体系就没法过活。因此，这种商品经济不但塑造并主导着现代公共生活领域，还越来越多地把各种社会职能从原来的家庭生活中剥离出来吸入这个领域。这个被称作市场的领域，就是我们用日常生活语言形容的"职场"。不难想象，由于国家从某种意义上讲只不过是从社会中"析出"后反观社会的政治组织，所以国家的一个关键职能就是处理国家与社会之间的关系。由于当前社会最主要的领域是作为公共经济生活的市场，因此，国家与社会最重要的关系，自然就是国家与市场之间的关系。据此，我们认为，由于以"职业－企业"伦理为代表的反映市场经济道德状况的伦理形态对社会道德起着基础性的调节作用，因此它也就是公民道德建设应当重点关注的领域。

如果说"职业－企业"伦理是国家治理语境中新时代公民道德建设工程的关键领域，那么，我们应当从何处着手开始这项工程呢？要深入理解这个问题，就应当认识到，"职业－企业"伦理是围绕着"治理资本"这个核心和重心展开的。因为在市场经济这个公共领域，就是资本以不同形式追求自身利益最大化的角斗场。而各种类型的企业就是资本的定在和实存。驻足哪种产业形态、选择让哪个企业生存或者毁灭，完全取决于这种形态或企业是否能有更高的利润率。这就是"资本逻辑"的蛮荒之力，而治理资本则意味着要"善用"这种蛮荒之力。因此，这里的"治理"有两层含义：一是约束资本不能僭越社会伦理的底线，二是引导资本成为一股推动社会进步的力量。更为重要的是，治理资本还不仅仅是个经济伦理问题或单纯的道德事件。由于资本聚集到一定规模后会实际控制社会大面积领域，甚至取代政府在公共领域的部分决策权和话语权。因此，如果把社会公共领域完全交由资本逻辑去控制，势必造成公共性的私人化问题，即公共需求不再是公共意志的表达，而受私人资本的控制。这样的后果是不堪设想的。因此，从这个意义上讲，"职业-企业"伦理建设同时也是一个重大的国家政治事件，只不过是以经济伦理作为表征的国家政治事件。

限于篇幅，本文无法展开讨论"职业-企业"伦理治理的细节。但我们想在治理的第二层含义上（引导资本成为一股推动社会进步的力量）讨论一个具有建设性的概念：企业社会成就评价（corporate social achievement，CSA）。① 这个概念想要表达的含义是：在一种可进行治理运作的伦理系统中，能够把企业对社会所做的贡献当做衡量和评价企业成就的重要标准。企业在获得这种成就评价的同时也能获得配享的利益。② 从操作层面上看，这个概念如果能转化为一种实施方案投入运行，或将带来如下一种良性循环机制：企业在自身设定的伦理观念的引导下为消费者开发和提供产品和服务。这些产品和服务为企业赢得更多的消费者信任，从而不断累积自己的企业信誉。在资本市场，当这种信誉转变为一种可度量的评价体系之后，企业信誉就转化为一种可投资的社会资本，引导资本投向这些更值得信赖的企业。如果这个闭环可以形成，那么，在这个价值链条上所有的人都将受益。更重要的是，每个人不仅在受益，同时也在做正确的事。

---

① 我在这里借用了阿玛蒂亚·森在《伦理学与经济学》里提到的"社会成就评价"概念。森认为，现代经济学的贫困源于经济学与伦理学和政治哲学的分离。"社会成就评价"就是他提出来想解决这一困局的一个办法。我把不仅把这个概念引入"职业-企业"伦理建设，还把社会成就评价与企业联系起来。森的观点参见〔印〕阿玛蒂亚·森. 伦理学与经济学 [M]. 张宇译. 北京：商务印书馆，2001：10。

② 我曾在《培育商业伦理精神》一文中介绍过历史上的两个成功案例，参见张霄. 培育商业伦理精神 [N]. 光明日报，2018-11-26。

（本文原载《广西大学学报》（哲学社会科学版）2020年第3期。张霄，中国人民大学吴玉章特聘教授，博士生导师，哲学院副院长，伦理学与道德建设研究中心执行主任，教育部青年长江学者，马克思主义理论研究和建设工程专家，研究领域为马克思主义伦理学、政治哲学、应用伦理学等。）

**参考文献**

［1］韦冬主编．中国共产党思想道德建设史［M］．济南：山东人民出版社，2015.

［2］中共中央文献研究室编．三中全会以来重要文献选编（上册）［M］．北京：人民出版社，2011。

［3］中共中央文献研究室编．习近平关于社会主义文化建设论述摘编［M］．北京：中央文献出版社，2017。

# 新时代文明实践中心建设与基层社会共同体建构

萧 放 袁 瑾

党的二十大报告提出新时代新征程"中国共产党的中心任务就是团结带领全国各族人民全面建成社会主义现代化强国、实现第二个百年奋斗目标，以中国式现代化全面推进中华民族伟大复兴"。全面建设社会主义现代化国家，必须坚持中国特色社会主义文化发展道路，这当中首要的是建设具有强大凝聚力和引领力的社会主义意识形态，从而为国家立心、为民族立魂，为基层社会的巩固提供持久而有力的思想凝聚力。牢牢掌握党对意识形态工作领导权、全面提升社会文明程度，需要与时俱进的理论探讨，也需要建构具有广泛覆盖面的社会主义核心价值观实践体系，即推动理想信念教育常态化，围绕举旗帜、聚民心、育新人、兴文化、展形象建设社会主义文化强国。加强新时代全社会精神文明建设，必须坚持以人民为中心的根本立场，必须坚持为了人民、依靠人民的工作理念，当下不断推进深入的新时代文明实践中心建设正是对这一立场方法的积极践行。新时代文明实践中心建设，是党的十九大以来，以习近平同志为核心的党中央为增进与深化社会文明建设，从战略和全局高度做出的决策部署。作为基层群众精神文明的重要阵地，它的主要工作目标是从人的心灵建设开始，以共享和参与的方式创造公共化的意识形态的叙事方式和生产空间，将新的文明理念与人民个体的认同意识直接联通，引导人民不断坚定中国特色社会主义共同理想，用共同的理想信念凝聚起最大的向心力，从而促进当代基层社会共同体的重构。经过近五年的发展，全国各地新时代文明实践中心的框架体系已经建构起来了，如何用好、建强新时代文明实践中心，充分发挥其在高举旗帜、凝聚民心、培育新人方面的标志性作用，已然成为新时代新征程历史使命需要继续探讨、解决的重大问题。破解这些难题，就要看到人民群众在基层精神文明建设中的主体地位和作用。只有尊重人民群众的需要，不断强化基层党组织的主导作用，因地制宜，采取灵活多样的方式方法，巩固壮大奋进新时代的主流思想舆论，夯实基层社会共同体基础，才能真正实现社会主义核心价值观融入社会发展、融入日常生活，以及实现全社会文明程度的提升。"共同体"是社会科学研究中的重要概念，一直受到社会学、政治哲学、公共管理等相关学科的重视，其内涵范畴最早由德国社会学家滕尼斯（Ferdinand Tönnies）提出。滕尼斯认为"共同体"是基于持久、真正的共同生活与共同记忆而自然形成的。传统的共同体类型有血缘共同体、地缘共同体与精神共同体。其中，精神共同体以共同精神为基础联结个体，具有超越血缘、地缘因素的特征，是"真正的人的和最高形式的共同体"。中国传统的熟人社会是既具有一定的地域自足性，也是以礼治、伦理为本位的"精神共同体"。伴随着近代以来中国社会的重大变迁，人们的日常道德生活发生了深刻的变化，原有的熟人社会共同体日渐式微。在基层社会如何激活优秀的传统道德文化基因，如何增进新的文明道德实践，从而以社会主义核心价值观为基础，以培育基层社会公共伦理为目标，实现基层社会共同体的再造，是重要的现实课题。新时代文明实践中心建设，对于中国基层社会共同体的再造与精神认同来说，是一个重要的价值观重塑的历史契机。我们以习近平新时代中国特色社会主义思想为指导，以民族优秀文化传统为根源，吸收当代人类文明有益营养，结合当代社情与政情，从共同价值观念凝聚、文明实践空间重构、实践路径等方面推进基层社会共同体的建构。

# 一　新时代文明实践与共同体价值观的建构

"社会是一个人与人之间、各种目的之间相互发生作用的价值共同体"，共同的价值观是维系基层社会共同体存在与发展的精神纽带。基层社会共同体的持续发展与高效运作有赖于内部价值主体在持续互动、相互关联的基础上结成有机生命体，最终形成观念的统一体。恪守和践行新时代文明核心精神引领下的社会主义核心价值观，是每一个基层社会文明参与者所坚持的公共价值理念。只有共同体内部"每一成员和组织的价值追求落实为公共性的行为实践"时，才能实现个体、共同体的社会性与公共性统一。新时代文明实践中心建设的使命是"不断提升人民思想觉悟、道德水准、文明素养和全社会文明程度"，重塑社会道德，促进习近平新时代中国特色社会主义思想、社会主义核心价值观深入人心、落地生根是其最大的价值旨归。在不断推进基层社会主义精神文明建设过程中，我们要充分发挥社会主义核心价值观在当下多元化道德场景的整合、引领作用，积极调用中华优秀传统文化资源，在个体与国家直接关联中强化社会伦理规范的约束力，并在汲取优秀传统伦理道德观念的价值中强化个体道德的情感体验，促进习近平新时代中国特色社会主义思想的内化，促进基层社会共同体的形成与发展。

# 二　以优秀传统价值观培育道德情感

传统是具有最深厚底蕴的文化力量，以优秀传统价值观唤醒与激发生命个体的道德意识与道德情感，是我们巩固基层社会共同体的有效途径，弘扬中华优秀传统文化精神也是新时代文明实践在思想道德建设领域的重点内容。孝德文化、睦邻文化、好人精神、勤劳节俭等传统美德，是中国人民在长期生产生活中积淀形成的道德观、社会观的重要体现，同科学社会主义核心价值观具有高度契合性，将之融入新时代中国特色社会主义核心价值观理论宣讲中，能够激发人民群众的文化认同感与亲近感，更加主动地接受科学思想的教育。比如甘肃省金昌市坚持把培育"孝善文化"作为农村精神文明建设和促进乡风文明的重点推进内容。通过打造孝文化长廊、孝善亭、孝道文化墙等景观，设立"孝善基金"，组织开展"婆媳互夸会""好媳妇·好妯娌·好邻里"等活动，挖掘优秀传统文化的时代价值，引领当地社会风气奋发向上、崇德向善，自然而然地将社会主义核心价值观融入颇具地方特色的孝善文化。乡土社会是讲究人情和面子的熟人社会，传统伦理道德在基层社会仍然具有广泛深厚的群众认同基础。浙江省诸暨市立足现代生活需要，敏锐捕捉到了优秀传统文化与现代社会的对接点，设立村级关爱基金，实现了患难相恤、邻里守望的传统美德与现代基金管理制度的有效衔接，让传统的睦邻美德在现代乡村得到继续传承与弘扬。日常生活世界中，人们常常用"好人"来赞扬那些具有正派、公道、守信、仁爱等各种优良品德的人。将"好人"概念运用于社会文明道德建设中，能够直白而又鲜活地表达社会所倡导的、推崇的价值理念。安徽省合肥市近年来落实《公民道德建设实施纲要》，深入开展"合肥好人"精神文明建设；又如贵州省龙里县通过独具地方特色民族绘画反映民族文化、脱贫成效、移风易俗、乡风文明等主题，引领广大农村党员群众从党的政策理论受众者变成了宣传宣讲参与者、志愿者。当党和国家及个体价值同构意识进一步内化为个体道德行动的心灵向导时，文化心理上的归属感体验尤为重要。文化情感的核心在于个体对国家、民族、人群共有社会历史、道德伦理、生活场景等传统文化要素的记忆、认可与追求。以忠义、德孝、节俭、质朴为核心内容的传统价值观，是中国几千年来优秀传统文化的结晶，深植于广大百姓的内心。其中包含着代际传承的生存智慧、社会运行的规范和义务，它们在历史的积淀中固化，具有稳固的象征意义和价值倾向，成为"地方惯例和传统权力"，并以连续的文化观念作为基础深刻地形塑着个体的文化心理与现实行为。在新时代文明实践建设中，我们从今天共同体建设需要出发，激活这样的道德资源，促进它与当代社会主义核心价值观的融合，由此，人们具有良好的道德自觉，能够为当代新文明观的形成与确立奠定坚实基础。

# 三　以国家认同强化社会伦理

作为现实的人，每个人都生活在其所处的社会关系之中，尤其统摄于自身与国家的关系之中。家国情怀、家国一体是中国长久形成的历史品格，家国观念成为中国人血脉中流动的传统。当代国家的意义"早已超越传统文化、地域、时间的约束和局限，逐渐上升到价值层面，本质上国家就是一个价值共同体"。新时代文明实践中心建设的目标在于"凝聚群众、引导群众、以文化人、成风化俗"，随着理论宣传教育的不断下沉，社会成员个体能够与国家意识形态发生日益紧密的直接联系。这就要求我们在培育和践行社会主义核心价值观，推进国家治理体系和治理能力现代化的目标视野下，将党和国家所强调的新时代文明精神与人民群众个体的日常生活相联系，进一步激发浓厚的家国情怀传统，形成以"我们感""家园感""归属感"等为特征的党和国家-个体之间的伦理价值同构与协同创新，不断规范日常道德行为。"人们奋斗所争取的一切，都同他们的利益有关"。唯物主义史观肯定获取利益对于社会进步的推动作用。国家-个人利益公共体的建构是实现国家认同的物质基础与前提条件，并具有深刻的时代内涵。坚持和发展中国特色社会主义，就是要坚持以人民为中心的发展思想，不断促进人的全面发展，把人民对美好生活的向往作为奋斗目标，实现全体人民共同富裕的奋斗目标。中国梦归根到底是人民的梦，只有依靠人民才能实现，而每个人也在这一过程中获得了实现自我、奉献社会、与祖国时代一起成长进步的机会。让社会成员将自身的现实发展、价值实现与国家、民族的伟大奋斗目标联系起来，在对自身的不断反思中，将个体融入整个国家意志叙事框架中。以此为基础建立起来的社会伦理共识能够为公民个体提供"内在价值依据"，成为其日常社会生活的行为准则，引导其"甄别、厘清、判断、选择、追求、实践公民道德目标的行为过程"。从这一目标出发，各地在科学理论宣传教育中"注重对科学理论的消化转化，让身边人说身边事、用百姓话说百姓事、用大白话说天下事，把'大道理'讲活讲深讲透"。将国家政策方针与身边事、身边人，关注的社会热点联系起来，形成"近距离"的情感认知，强化对个体对国家关系的主观认知，从而将国家倡导的新文明理念与人民群众的伦理认知联通，实现主流价值观内化并普及为社会伦理，成为基层社会共同体自觉践行的伦理原则。

## 四　以社会主义核心价值观引导新时代文明实践

文明，是人类不断提升自我的表现，被用以表示国家和社会的开化程度与状况。它不仅仅是对社会进步状态进行单纯描述的概念，同时也是关涉社会主体存在和发展状况的价值概念。我国改革开放40余年，市场经济参与各方在不断追求自身利益最大化的过程中，既促进了社会物质财富的快速积累，也在客观上形成了当下社会利益主体、利益结构多元化与利益关系多层次性的局面。在社会生活中表现为多元道德场景的存在，并进一步诱发社会成员价值观的差异，造成价值观迷茫。当传统伦理价值体系被解构，道德的良知、正义的观念，只能以"碎片"的形态浮游于现实伦理生活之上时，个体便会因为缺乏共识性社会价值观念的支持而陷入个人主义的虚无与对工具理性的盲目崇拜之中。因而迫切需要以习近平新时代中国特色社会主义思想引领基层精神文明、道德价值体系的重塑，为基层社会共同体形成提供核心价值观念，促进社会稳定健康发展。

社会主义核心价值观作为国家主流价值观与新伦理精神，它与人民的根本利益是一致的，是引导人民群众追求美好生活的思想武器。深化社会主义核心价值观的认同，能够"强信心、聚民心、暖人心、筑同心"，引导全体社会成员围绕国家核心利益达成价值共识。价值认同的基础是价值认知，价值认知需要通过具体形式进行内涵的阐发。要利用通俗的语言、活泼的形式，通过适当的时机进行启发与教化，以达到内化于心，外显于行，实现真正的价值共识。新时代文明实践中心建设，需要首先明确新时代的文明实践是以社会主义核心价值观为引领，这是我们文明实践的灵魂。文明实践过程是我们在基层社会铸魂工程，需要有阐述传播社会主义核心价值观的理论人才队伍，作为传道者、辅导人；需要大批各层级的理论传播的志愿人才以适应多领域多行业的具体需要，将主流价值观的传播工作落实落细；同时也需要借助现代数字技术与新媒介渠道，让主流价值观及时、全面、形式多样地进入人们的生活。

只有这样我们才能真正为基层社会精神文明的提升与共同体的筑梦铸魂助力赋能。综上，新时代文明实践中，价值观的重塑是首要的工作，它是当代基层社会共同体建设是否得以构成的精神动力与精神象征。新时代的文明实践以社会主义核心价值观为引领，融合吸收优秀传统价值观营养，将古老的家国情怀导入为当代国家认同，以国家社会个人的伦理自觉与古今的道德情感熔铸为基层社会共同体的精神品格与共同的价值观，从而使古老的乡土文明走入新时代人类文明的大格局和新形态之中，为中华民族的伟大复兴夯实牢固的社会基础。

（本文原载《清华大学学报》（哲学社会科学版）2023 年第 4 期。萧放，北京师范大学社会学院教授、人类学与民俗学系主任，研究领域为历史民俗学、民间文化史、岁时节日与礼仪民俗等；袁瑾，杭州师范大学文化创意与传媒学院副院长、教授，研究领域为民间文艺、艺术社会学、民俗学以及非物质文化遗产保护传承领域等。）

# 唤醒自觉：建设国际一流的
# 和谐宜居之都

廖 菲

公共文明建设理论是目前国内公共管理学界研究比较薄弱且亟待加强的一个主题领域。近些年来，首都精神文明办依托首都地区专家学者，围绕群众对社会文明风尚集中反映的突出问题，对城市公共文明建设这一重大课题进行了理论研究。本文聚焦市民公共行为，系统梳理解读文明行为的理论基础和具体视角，进而搭建出公众行为文明的理论框架，详细回答以下问题：行为的理论视角是什么？公众的文明行为是如何产生和改变的？又应该如何进行干预？

## 一 从公共行为到公共文明

### （一）公共行为

公共行为，作为在公共领域中发生并实现的行动，体现了个体与社会的深刻二重性。皮埃尔·布迪厄的理论架构为我们提供了一个富有洞见的视角，通过场域（field）的概念来探讨外在力量如何形塑社会行动者及其实践。这些实践不仅仅是场域作用的产物，同时也是个体习惯在这一过程中的体现。在此框架下，即使是被外界察觉并评价的个体行为差异，其实质仍深植于社会的土壤之中。这种视角挑战了简单的个体主义或社会结构主义解释，强调个体与社会之间相互依存、不可分割的关系。个体与社会的双重性不仅定义了社会行为的实质，也指引了我们对公共文明现象深入分析的路径。个体主义视角将社会生活视为独立个体间互动的产物，而社会结构主义则强调整体社会的制度与组织对个体行为的决定作用。然而，这两种视角均未能充分认识到个体与社会的相互作用和不可分割性。真正的社会行动者是集生物、文化和社会能动性于一体的具有个人和社会二重性的"开放的个人"，在拥有一定自主性的同时，与他人形成终生的联系。

进一步分析布迪厄的理论，我们发现公共行为文明水平直接受到个体-社会二重性完整度及其内在制约关系有效性的影响。个体不是孤立存在的实体，而是构成社会这个更广泛网络的基本单元。因此，公共文明现象不能被简单归纳为个体道德选择或人格特征的体现，它还深刻受到国民性或民族性特征的影响。以中国社会为例，传统伦理与现实行为之间的距离甚至矛盾，导致了观念与行为不一致的普遍现象。这种"行为和观念上的双重标准"在理想化行为规范与现实生活场域之间的张力中体现得尤为明显。例如，"中国式过马路"的现象，既展现了个体与社会二元性的断裂，也反映了民众如何根据自己的生活经验，在社会规范和社会意识之间进行不断地博弈。

## （二）公共文明

公共空间的构成与运作，根本上取决于个体行为及其相互间的影响。"己"与"他"之间的关系不仅构成了社会生活的基本框架，也反映了个体行为在共享社会空间中的相互依存性。由此，公共领域中看似微小的行为可能具有广泛而深远的社会影响，因为这些行为有能力转化为社会成员普遍接受的生活方式，而非仅仅基于其行为本身的性质进行判断。

公共文明的形成与演进是一个多维过程，涉及文化、社会和历史等多方面的相互作用。这一过程不仅需要从时间、空间以及社会关系的维度进行深入考察，还必须考虑到个体与社会之间复杂的二元关系。因此，公共文明的构建不能局限于意识形态的范畴，而需要通过每一个社会行动者的具体行动来体现。从这个角度来看，公共文明的建设既不是短期内可以完成的任务，也不仅仅依赖于单一的社会运动或特定的社会群体行为。相反，它是一个长期的、需要个体与社会、习惯与场域之间不断博弈的系统性工程。实现更高水平公共文明需要持之以恒的努力，通过人与社会的融合以及文化与社会行动者之间的一致性来实现，和谐宜居城市的构建与"北京精神"的培育，依赖于所有民众共同参与，因此，需要建立健全面向全体市民、旨在促进公共文明发展的常态化长效化的机制，为推动首都精神文明建设不断迈上新台阶、建设国际一流和谐宜居之都提供支撑。

## （三）寓文明于行为

将公共行为作为公共文明研究切入点，一是由于社会的生成和演化源于个体行动，这些行动不仅仅是自发的行为表达，更是经由社会这一象征体系所具备的媒介、工具和参照系功能所实现的互动。社会构建所具备的象征性，意味着任何对社会深层理解和把握，都必须从分析人的个体行为着手。二是由于这类行为发生在公共领域，具有极高的可见性和公开性，不仅能被最广泛地观察到，也最直接地影响人们对社会整体文明水平的感知。三是公共领域作为世界的实体化承载，具有高度的公共性和共享性，在明确了个体与群体界限的同时，构筑了将个体聚集起来的互联空间。因此，在公共领域中的行为不仅被广泛观察，还可能被放大，从而产生广泛的相互影响，这不仅彰显了个体行为对群体的深远的影响，也暗示了群体对个体行为的形塑力量。因此，公共行为文明的探讨必须同时考虑个体的自主性和社会的整体性不仅要关注个体行为的社会根源，也需要理解这些行为如何在宏观环境变化和社会发展中得以形成和变化。

# 二 公共文明行为干预的理论依据

## （一）不文明行为的形成与扩散：基于"破窗理论"与"羊群效应"的分析

### 1. "破窗理论"与不文明行为的形成

美国学者詹姆士·威尔逊（James Q. Wilson）和乔治·凯林（George L. Kelling）在 1982 年发表的具有开创性的论文"Broken Windows"中，借助斯坦福大学心理学家菲利普·津巴多（Philip Zimbardo）的实验，提出了著名的"破窗理论"（Broken Windows Theory）。该理论指出，环境中的不良现象若被忽视，将产生一种暗示性的效应，诱导公众模仿这些行为，进而引发更广泛的社会问题。

从发达国家的实践看，纽约市在 20 世纪七八十年代，以其高犯罪率和不洁的公共环境而闻名。根据破窗理论，1994 年纽约市警察局长启动了以改善地铁公共卫生为核心的环境整治行动，从而有效促进了城市治安和公共环境的显著改善，纽约最终转变为美国公共治理效果最显著的城市之一。日本企业借鉴破窗理论，实施了"红牌作战"管理活动。该活动通过标记不洁或不规范的工作环境和流程，促进了工作场所的整洁和组织效能的提升，彰显了从细节入手改革的强大动能。日本员工在此过程中培养出的细致与耐心的特质也因此闻名全球。

上述实践的成效不仅证明了破窗理论在城市公共文明治理和组织管理中的实际应用价值，也凸显了细节管理在公共文明建设中的核心地位，环境质量不仅是城市公共文明治理的关键，也是构建公共文明建设长效机制的基石。维护和提升城市环境能够有效遏制和预防不文明现象的发生与扩散，进而促进社会整体的文明进步。

### 2. "羊群效应"与不文明行为的扩散

在公共领域中，诸如随地吐痰、乱扔垃圾、闯红灯等看似微不足道的个人行为，常被行为者视为琐碎且无须过分关注的个人习惯。然而，这种表面的轻描淡写掩盖了一个深刻的社会学真理：即便是最微小的个人行为，一旦在公共空间内发生，其影响力便可能被显著放大，触发所谓的"羊群效应"，进而诱导更多公众在无意识中仿效，导致不文明行为的蔓延。由此可见，社会结构既是由个体行为与社会环境相互作用、相互建构的结果，也是个体行为在特定社会场域中被放大并形成集体行为模式的场所。古语有云，"勿以善小而不为，勿以恶小而为之"，这不仅强调了微小善行的积累重要性，同样提醒我们即便是看似无关紧要的不文明行为也不应被忽视。社会中任何一种不文明现象的存在都不应被视作孤立无关的事件。相反，这些现象可能成为一种社会信号，引发模仿行为，甚至在羊群效应的作用下，促使更广泛的集体无意识行为的发生。因此，公共文明的建设与维护，既需要政策层面的宏观治理，也依赖于每个个体对小事的关注和持续的微观努力，个体对日常生活中不良"小习惯"的正视和改进对于提升社会文明水平具有重要推动作用。通过深入理解并积极应对这些"小"习惯背后的社会学机制，在个体层面上培养和强化文明行为的"小节"，将有效促进更广泛的社会空间文明的形成与发展。

### （二）公共行为文明引导机制：基于"情景构建"与"态度行为"理论

#### 1. 情景构建与公共文明行为的引导

公共行为作为个体在公共空间中的行动表现，不仅反映了人际互动的复杂性，也体现了人与环境间相互作用的动态关系。心理学家库尔特·勒温指出，行为是人与环境交互作用的函数，环境中影响个体行为的元素可划分为准物理的、准社会的及准概念的事实，每个层面的变动均能引起行为的相应变化，从而构成了一个互动性和相互依赖的整体系统。尽管人的行为习惯深受其所在国家、地区历史文化、社会习惯的影响，但环境对个体行为同样具有深刻的塑造力量，环境的变化将促使个体行为做出转变，以更好适应新环境，因此在公共文明建设中必须重视环境因素与个体行为的相互影响。从实地观测中可以看到，随着北京城市情境的显著变化，文明有序、和谐安定的城市环境的逐渐形成，诸如随地吐痰、乱扔垃圾、拥挤插队、大声喧哗等不文明现象日渐减少，正是新环境强有力的外部作用，促进了公众在思想和行为上对公共文明的重视，从而快速提升了市民公共行为的文明水平。因此，通过全面培育市民的公共意识和良好的公共行为习惯，积极创建洁净优美的城市环境，能够有效促进人与环境之间的正向互动，最终形成一个高度文明有序的社会。

2. "态度-行为"理论与公共文明行为的改变

态度构成了个体对于特定事物的综合评价，它融合了情感、认知及行为响应的复杂维度。这一过程的复杂性体现在人们态度与行为表现的差异性以及个体态度受外部影响途径的多元性上。在社会学和心理学领域，态度的形成与变化不仅是个体内在心理活动的反映，更是个体在特定社会环境中与他人、群体及物质世界的互动的产物。不可否认，传播作为社会影响力形成和变革的关键渠道，对于个体态度的塑造和转变起着决定性作用。社会传播的力量在于其能够广泛发散信息、形成公众意见从而影响个体的态度和行为模式。这种影响既能够通过媒体的直接信息传播实现，也能够通过社会网络中的人际交流间接产生，在塑造个体对于世界的理解和反应的同时，为社会变革和文明发展提供了动力。因此，深入理解传播在态度形成中的作用，设计有效的社会影响策略，从而培育文明意识、培养文明行为、增强社会凝聚力，是实现社会和谐与文明进步的关键路径。

## （三）公共行为文明的提升路径：基于"自律"、"他律"与"社会认同"理论

### 1. "自律""他律"与公共文明提升的长效机制

在社会学领域，"他律"是个体行为受到外在因素，包括他人、社会规范、制度规则以及法律法规等的检查、约束和监督。此定义中的"他"广泛指代个体之外的任何因素，无论是具体个人、社会职位、身份地位，还是更广义的社会和组织结构。个体行为一旦触犯公共或个人利益，违背社会共识或规则，便可能受到指责、处罚或其他形式的约束。从历史看，人类社会在其不同发展阶段形成并实施了多样化的"他律"规则，以适应时代变迁和社会发展需求，体现了其在维系社会秩序和促进社会进步中持续且重要的作用。在现代社会的语境下，"他律"并非仅仅作为一种外在强制力量，而是转化为促使个体实现自我约束和自我管理的辅助手段。尤其当个体经历自我倦怠或放纵时，"他律"仿佛成为个体背后的"潜在视眼"，提供了一种社会的、威严的监视力量，帮助个体维持自我约束的动力。对北京市民公共行为文明实地观测的结果显示，"他律"仍是城市社会管理和文明建设中不可或缺的组成部分。随着社会自觉性的提升，"他律"和"自律"间的动态平衡及其相互作用，成为现代社会治理和公民行为文明进程中必须不断探索和强化的关键要素。尽管个体和社会的"自律"意识在不断增强，但在实现社会公共文明的目标上，"他律"作为一种重要的社会管理机制，其作用不仅未减弱，反而需要根据社会发展的阶段性需求进行相应的强化和调整。深入理解并有效运用"他律"的原则和机制，对于促进社会的和谐与进步，建设更加文明的公共空间，具有重大的理论价值和实践意义。

"自律"是个体基于内在驱动力对其行为的自我约束和自我检查，旨在确保个人行为与社会法律法规、习俗及期待相符合，是人

作为经过社会化过程形成的社会成员身份的体现。在社会化过程中，个体通过接受教育和公民教育，获得社会公民资格，成长为一个具备辨识和自主能力的社会主体。随着经济社会加速发展，个体在社会中的自我意识和独立性显著增强，这反过来促进了公共参与意识的提升以及自我约束意识和能力的增强。在此背景下，现代社会日益强调自觉与"自律"的重要性，公民不仅被视为法律的服从者，更被期待作为社会进步的积极参与者和推动者。因此，培养公民意识与行动精神，增强民众"自律"性已成为构建和维持现代社会必不可少的环节。这不仅要求每个公民对个人行为负责，也要求社会整体从教育、文化和法律等多方面推动"自律"精神的发展，最终实现个体与社会的和谐发展，推动社会的繁荣与进步。

2. "协同治理理论"与公共文明共创

随着社会的发展，人们逐渐意识到，资源的有限性和问题的复杂性，使得单一部门难以独立承担解决所有社会问题的责任。这一认识促使来自不同地域和领域的政府机构、社会组织及公民个体基于共同目标、采取协作方式应对挑战，协同治理理论由此形成并成为管理学领域前沿理论，其研究与实践也逐步拓展至社会学、经济学等多个学科，为解决现代社会中日益增长的公共问题和冲突提供了新的视角和方法。

协同治理是政府、公民、社会组织及企事业单位等社会系统构成者通过合作和协作方式共同管理社会事务的过程，要求各主体在互相尊重与信任的基础上，形成平等、开放和互惠的合作关系，共同努力实现管理效率和公共利益的最大化。通过促进不同社会主体之间的对话和合作，增强社会凝聚力和社会资本，从而提升社会治理的整体效能和市民参与公共事务的积极性。该理论鼓励公民以更加积极和负责任的态度参与到社会治理中，通过日常实践推动社会文明的进步。

在多元协同之外，广大市民的普遍参与也是决定公共文明建设成效的关键。无论是面对社会管理的创新需求，还是城市公共文明建设的挑战，民众的广泛参与都是不可或缺的。只有当社会大众积极自发地参与公共文明的实践活动，投身于社会公共秩序的维护工作中，公共文明建设才能真正融入日常生活，与社会发展共进共荣。因此，在首都公共文明建设的进程中，我们期待并提倡一种强调民众参与社会协同的多主体共治模式。这种模式不仅是社会治理的创新实践，也体现了现代社会治理理念的深刻转变。它强调了政府与公民、社会组织之间协作与互动的重要性，揭示了在共同的社会文明目标下，多方参与和共治机制的必要性和有效性。这一模式下，政府在制定公共文明建设宏观策略与发展目标的同时，通过营造开放包容、高效便利、安全舒适的公共场所，为社会文明水平的提升提供必要环境。同时，各类社会组织与广大民众群体需要深刻理解公共文明理念并形成共识，积极从日常小事做起，通过个人实践与社区推广，扮演好公共文明的实施者、监督者和保护者。

# 三　公共文明建设与管理的思考

## （一）对策建议

### 1. 以小博大，持之以恒

在当今中国社会经济的迅猛发展背景下，公共文明建设已超越纯粹理念范畴，而强调通过每一个独立个体的行为来体现。单一个体的不文明行为，虽然表面上看似孤立且微不足道，实则产生显著的示范效应，引导甚至促使更多的人在集体无意识的层面上进行效仿，从而导致不文明行为的扩散和问题的累积。因此，公共文明的建设与维护不仅是政府的责任，每一个社会成员的行为和态度都是构成健康社会文明的不可或缺的一部分。无论政府机构还是社会大众，都必须对微不足道的个体行为保持高度警觉，才能有效避免"破窗效应"所引发的连锁反应。正所谓"千里之堤，溃于蚁穴"，不加以控制和纠正的小范围问题可能最终导致整个社会文明基础的崩溃。只有在把握好"大方向"的同时，重视"小问题"的反弹回潮，坚持长期、动态治理，着眼"关键小事"，引导全民参与，通过引导个体行为唤醒集体自觉，才能持续巩固公共文明建设成果，不断提升公共文明水平，为构建和谐社会提供长期动力。

2. 重点治理，整体均衡

重点领域不文明行为的频发不仅影响某一区域的公共秩序，还可能通过"羊群效应"扩散至周边区域，对城市公共文明的整体发展构成威胁，因此需要给予充分重视，对问题明显、集中的地区实施重点治理，在防止负面影响蔓延的同时，缩小不同地区公共行为文明程度的差异，促进城市公共文明均衡和谐发展。

一是聚焦交通拥堵现象。《2023 年中国主要城市通勤监测报告》显示，北京单程通勤人均耗时 47 分钟，60 分钟以上通勤人口占比28%，位居全国第一且远超同类城市，IBM 公司一度将北京列于全球"交通痛苦榜"第三位。可见，无论在中国超一线城市还是在世界大都市中，北京都是人均上班单程所需时间最多的城市，交通拥堵问题突出，已经引起世界各国关注。在此背景下，应以道路交通作为公共秩序文明建设的突破口，借鉴日本的"红牌作战"管理模式，加大交通秩序治理力度，全面提升公共秩序文明，促进首都整体性公共文明提升。

二是聚焦路口公共秩序问题。由于北京人流量、车流量都非常大，路口秩序问题较其他城市更为突出。连续 4 年的重点路口观察发现，重点路口公共秩序方面较城市其他地区问题更为突出。以行人闯红灯现象发生率为例，重点路口行人闯红灯现象发生率比城市均值高出了 3.47 个百分点，是全市均值的 4.1 倍；而非机动车闯红灯现象发生率比城市均值高出 1.06 个百分点，是城市均值的 1.75 倍。

三是聚焦城市公共秩序文明水平的区域差异。研究发现，公共秩序状况在不同地区存在较大差异，如一些地区行人闯红灯现象的发生率是城市均值的 7~10 倍、非机动车闯红灯现象发生率是城市均值 4~6 倍。相比之下，北京站、天安门周边等公共设施完善、管理严格的地区，不文明现象发生率则远低于城市平均水平。可见，区域特性如公共设施的完善程度、管理的严格性以及人口和交通流量的大小，都直接影响着公共秩序的维护水平。因此，政策制定者和管理者必须在深入了解公共秩序不均衡根源的基础上，对问题突出的重点区域进行"一地一策"精准治理，通过提升公共设施建设、加强行为规范宣传教育、实施更为严格的管理措施等综合性策略，满足城市发展和居民生活质量的双重需求，推动公共秩序文明的整体进步与均衡发展，实现公共行为文明指数的稳定提升。

四是聚焦路口交通协管效率的提升。在高密度的人流和车流交织的路口，尽管协管员致力于疏导交通，但由于人手有限，各协管员在进行交通疏导时往往只能关注特定方向的行人和非机动车辆，而无法有效管理逆向而行的交通参与者。这一结构性的盲区，不仅降低了路口管理的效率，也增加了交通事故的风险，这种疏漏所带来的问题在人流和车流密集的区域更为突出。因此，需要合理增加路口协管员的配置数量，以确保能够全方位覆盖路口每个方向，从而弥补现有监管盲区，提升路口公共秩序管理效率。同时，建议利用现代信息技术手段积极探索更为高效的交通管理技术和方法，辅助协管员工作，提高路口交通疏导准确性和实时性。

### 3. 完善公共设施，助推公共文明

在当代城市社会中，公共空间的设计与配置直接影响着市民的行为模式与文明程度。基于对城市公共设施人性化与科学化设置的期待，许多市民常将公共空间内的不文明现象，如随意丢弃垃圾、不遵守交通规则等归因于公共设施的不合理设置。对民众不文明行为的干预实验结果显示，约 22% 的参与者将自己的不文明行为归咎于诸如缺乏垃圾箱、不合理的红绿灯时间分配等因素。此外，约 11% 的受访者认为，通过改善公共设施可以有效提升公民的文明行

为水平。通过对台北市 101 地区信义商圈和中国人民大学西门附近人行道设置的对比观察显示，科学、人性化的公共空间设计不仅能够提高通行效率、减少行人与车辆的潜在冲突，也能有效促进公民行为文明的提升。对天安门地区和北京站地区的实地观测结果同样显示，尽管人流量巨大，但得益于周到的公共设施设置和有效的监管措施，公共秩序良好，展现了较高的公共文明水平。因此，科学、人性、完善的公共设施设置对于促进公民行为文明至关重要。通过完善公共设施的设计与管理，能够有效激发市民文明意识，实现公共文明水平的整体提升。这为城市规划者和政策制定者提供了重要的策略方向，即通过优化公共空间设计与配置，促进更加和谐与文明的社会环境。

4. 强化"他律"，培养"自律"，唤醒"自觉"

随着社会的进步与变迁，公共行为文明指数的稳步提升凸显了建立和完善长效机制的必要性。在此过程中，"他律"的强化、"自律"的培养以及"自觉"的唤醒构成了一种有效的长效机制模型。

课题组在 2009~2012 年进行的行为干预实验结果显示，92%的北京民众倾向于将城市公共文明建设的责任归到外部主体身上，依赖"他律"来监管和指导行为，而期待通过自我管理和"自律"来实现文明行为的比例仅有 8%。这一结果不仅表明了民众对政府的城市公共文明建设与管理高期待，也说明强化"他律"仍然是当下公共文明建设的主要路径与手段。当问及人们不文明行为的成因时，有 58%的受访者将其归因于"习以为常，无意识中的行为"。可见多数民众未能充分认识到个人行为与社会公共文明之间的关联，将不符合社会规范、影响城市公共文明，甚至是他人的不文明行为仅仅视作一种个人习惯、一种无意识举动，缺乏对不文明行为社会影响的深刻理解。这种缺乏深刻自我反省的态度，说明当前社会在提升民众"自律"性方面面临的挑战。

同时，行为干预实验结果也为强化"他律"提供了实证支持。

实验结果显示，从即时反映看，51%的参与者对自己行为被干预持积极态度，40%持中性态度，9%表现出负面态度，而在事后追访中，86%的被干预者表示接受干预，这一比例显著高于初次干预时的即时反应，尤其是即时反应为中性的参与者在事后均表达了对干预的积极接受，仅有11%的参与者在追访中表示不接受干预，表明通过恰当的引导，即使是最初表现出中立或消极态度的个体也有可能转变为积极的行为改正者。

此外，尽管88%的参与者不倾向于主动干预他人的不文明行为，但70%的参与者认为干预是适当且可接受的。从上述数据可以看出，尽管不同个体对自我行为的自觉认识存在差异，但大多数人对外界对自身不文明行为的干预持开放态度，能够接受并利用这种"他律"机制作为自我改进的契机。

社会对"他律"的广泛接受表明，通过合理的外部干预和社会支持，可以有效地促进个体行为的正向变化，为构建更加和谐文明的社会环境提供良好外部环境。但更重要的是，需要通过全面加强对"自律"能力的培养，唤醒其"自觉"意识。这不仅是新时代公共文明建设面临的新课题和挑战，也是实现社会和谐与进步的根本路径。未来的公共文明建设工作必须聚焦于如何促进"他律"与"自律"的有效互动，实现从外部约束到内在驱动的转变，从而构建更加文明和谐的社会环境。

5. 加强宣传，增强社会影响

在高度信息化的当代社会中，传播的全时全域特性为公共文明建设提供了新的机遇与挑战。人际传播、组织传播、大众媒介传播、网络传播等多样化的传播渠道构成了复杂的信息流动网络。在公共文明建设领域，政府和社会各界通过上述渠道传播公共文明的价值观念，旨在培育和提升公众的文明意识。大众媒介与网络传播作为两个主要窗口，各自扮演着不同的角色。大众媒介主要发挥"守门人"功能，通过编辑和筛选决定公众接收信息的内容、时间和方式，从而在公共文明的推广中发挥着引导和教育的作用。网络传播则赋予了公众更大的自主性，每个人都可以成为信息的传播者或创造者，这种去中心化的特性使个体在传播过程中具有了更广泛的参与度和影响力。以公共文明为例，政府可以通过大众媒介将传播公共文明建设的方针、目标活动有机融入公共空间环境，民众则可以通过网络上传自己对公共文明的感受，通过舆论力量宣传文明榜样、监督不文明行为。数据显示，自 2017 年以来，北京市广播电视局立足 2 万余家制作机构、137 家网络视听节目持证机构和丰富智力资源，形成了"政府引导、媒体主导、多方参与"的公益广告生产、传播新生态，共征集公益广告 4544 个，扶持精品 738 个，既展示了传统大众媒介的引导作用、提高了公共文明建设信息的覆盖率和参与度，也体现了网络传播在促进公民主动参与中的动力，促进了公众对公共文明问题的深度关注和积极反思。

随着数字技术和媒体融合的发展，信息传播在形式上更加生动形象、精准高效，更加契合移动化、社交化、视频化的传播环境，在内容上将更契合多元化的群体画像，但无论传播主体、传播形式如何变化，其最终目标都是为了引导社会民众、社会组织关注城市公共文明建设中的突出问题，积极提供解决思路或方法，最终实现公共文明建设的全员动员、全员参与、全员行动，共创公共文明。

当前，公共文明宣传目的不再限于通过传播改变人们的认知和观念，而更加注重通过"参与"和"互动"直接带动行动，宣传方式也需要在保留传统优势基础上进行创新，充分适应公众对文明与不文明现象认知方式、渠道的新变化，以真实、贴切、简单、幽默的方式构建文明引导的视觉化空间，在愉悦的视听过程中激发公众的参与意识和互动精神，使民众自觉地接受文明引导与宣教、反思不文明行为与问题，最终实现文明行为的内化与实践，积极参与到对公共文明的良好空间场域的构建和维护中。

### 6. 社会参与，共创文明

当代社会的运行，是建立在对参与意识、监督意识、责任意识和法治意识的深刻认知之上。这些意识不仅构成了社会的核心价值观，而且是形成现代社会契约精神的基本要素，与公众在监督、责任、法治及参与方面的积极行动密切相关。在公共领域，每位公民都应勇于承担起监督不文明行为并劝阻其发生的责任与义务。这种主动性不仅体现了公民的责任感，也是维护公共秩序文明不可或缺的一环。只有当大多数公民积极参与到公共秩序的维护工作中，公共文明程度才能得到实质性提高。这一点同样适用于社会管理的创新需求和城市公共文明建设的实际需要。广泛的社会民众参与，需要他们的自觉参与和积极行动，是推动公共文明建设迈上新台阶、建设国际一流和谐宜居之都的关键。因此，激发最广泛社会民众的参与意识，不仅是构建更加文明的公共空间的必要条件，也是推动社会整体进步和发展的基础动力。

### （二）未来展望

为促进首都公共文明建设理论研究的深化，未来研究可聚焦于以下关键领域，以理论与实践的有机结合，推动公共文明建设向更高目标迈进。

一是提升理论研究的科学性与系统性，重视对公共行为文明理论研究成果的综合整理和创新发展，探索构建完整、系统的公共行为文明理论框架，为不断开创新时代首都精神文明建设工作新局面提供理论支撑和指导。

二是加强理论研究成果的转化与应用，通过定期整理和发布优秀的理论研究成果和研究亮点，增强理论成果的社会关注度及应用价值，在增强理论研究成果的实用性和影响力的同时，为政策制定者和实践者提供科学的决策依据和实践指南，促进理论研究与公共政策的有效对接。

三是开展跨学科的公共文明理论研究，鼓励并促进不同学科间的交流与合作，特别是将社会心理学、行为经济学与公共管理学等学科结合，通过打破学科壁垒促进理论创新，拓展实践方向，更好地应对公共文明领域发展的新情况、新问题。

这些策略的实施，可以为首都乃至全国的公共文明建设提供更加科学、系统和创新的理论支持。

（廖菲，中国人民大学社会学院社会学系副教授，研究领域为社会心理学、传播社会学等。）

## 参考文献

［1］廖菲.对公共文明建设与管理的思考：基于北京市民公共行为文明现场观察的研究［J］.江西青年职业学院学报，2014，24（01）.

［2］廖菲.人文奥运与市民素质——对北京民众公共行为的实地观察［J］.北京社会科学，2007（01）.

［3］廖菲.公共文明与情境构建［J］.北京社会科学，2010（04）.

［4］廖菲，符隆文，尤思远.北京与台北公共文明比较研究［J］.道德与文明，2013（06）.

［5］牛文元主编.中国新型城市化报告（2010）［R］.北京：科学出版社，2010.

［6］汪晖，陈燕谷主编.文化与公共性［M］.北京：三联书店，2005.

［7］库尔特·勒温.拓扑心理学原理［M］.高觉敷译.北京：商务印书馆，2003.

［8］诺贝特·埃利亚斯.文明的进程：文明的社会起源和心理起源的研究［M］.王佩莉译.北京：生活·读书·新知三联书店，1998：46.

［9］文崇一，萧新煌主编.中国人：观念与行为［M］.南京：江苏教育出版社，2006.

# 文明实践篇

# 努力建设社会风气和道德风尚首善之城

滕盛萍

## 一 大力弘扬主流价值，凝聚新时代首都发展的强大精神动能

社会主义核心价值观是当代中国精神的集中体现，是汇聚人心、凝聚民力的强大力量。我们通过广泛开展主题宣传教育活动，将社会主义核心价值观融入学校教育、家庭教育和社会教育全过程，使之家喻户晓、深入人心。深入推进新时代公民道德建设，创新实施"'京'彩文化 青春绽放"行动计划，以培育和践行社会主义核心价值观为出发点，推出信仰行、红色行、古都行、文艺行、志愿行、园区行6大机制和14个具体项目，形成以首都文化建设赋能时代新人培养的示范性实践。充分发挥先进典型示范引领作用，连续11年开展"北京榜样"主题活动，通过层层选树、周周张榜，坚持从街乡镇、社区村和基层单位做起，持续发现宣传群众身边的好人好事，组织"学榜样我行动""为榜样圆梦"，组建礼遇榜样联盟，不断把榜样力量转化为广大市民群体的自觉实践，得到了社会各界和广大市民的高度认同和广泛响应，市民群众举荐的身边榜样累计达48万人，带动形成了"最美警察""扶贫之星""京城的哥"等23个榜样子品牌，体现了广泛的参与性和群众性。在北京榜样的引领带动下，首都崇德向善的氛围更加浓厚，群体效应不断放大，全市先后

有 6 人当选时代楷模，22 人获全国道德模范，571 人荣登"中国好人榜"，"北京榜样"已经成为首都地区培育和践行社会主义核心价值观的重要载体和品牌。加强青少年思想政治引领和价值观塑造，注重以文化人、以文培元、以文增智，引导青少年"扣好人生第一粒扣子"。开展"清明祭英烈""童心向党""向国旗敬礼"等系列活动，使红色基因融入血脉。开展"中华美德故事汇""最美读书声"等活动，通过探寻中华优秀传统文化的奥妙，滋润孩子身心，使之成为传承中华文化的少年使者，展现新时代好少年的文化自信与使命担当。开展"新时代好少年"选树宣传活动，先后有 7 人荣获全国"新时代好少年"称号，18 人获全国未成年人思想道德建设先进工作者。

# 二　改进创新文明创建，不断满足市民群众的美好生活期待

群众性精神文明创建活动是提升市民文明素质和城市文明程度的有效途径。我们坚持以群众满意为根本标准，紧紧抓住全国文明城区创建这个龙头，一体推动文明村镇、文明单位、文明家庭、文明校园创建水平提升。坚持高位推进，首都文明委制定《关于深化文明城区创建的三年行动计划（2021～2023 年）》等一揽子政策，压实创建主体责任、首都精神文明办统筹协调责任和市级部门齐抓共管责任。市委领导高度重视文明城区创建工作，多次指示批示，并通过市委月度工作点评会、创城工作月度调度会，推进创城重点工作落实。各区主要领导直接挂帅，成立创城指挥部，设置常态化创建机构，形成"一把手"牵头、班子成员"一岗双责"、宣传部（文明办）组织协调、各部门全力协同、各层级密切联动的工作格局。完善工作机制，建立了"创城+热线+网格"联动机制，将文明城区创建与接诉即办、网格化管理相对接，实现文明城区实地检查

结果与首都环境办月考核成绩、文明城区问卷调查结果与 12345 市民诉求办结满意度的数据共享、标准共遵、成果共用，提升问题整改效能和为民服务能力。完善常态督导检查培训机制，优化实地考察、问卷调查、材料自查方式，及时向各区反馈问题清单，同时抄送市级相关部门，并持续跟进问题整改情况，2023 年全市问题整改率达 98.92%。狠抓问题整改，聚焦老旧小区、背街小巷、农贸市场等与群众生活密切相关的点位，压茬滚动推进"堆物堆料""非法小广告""乱停车""门前三包"等整治行动，并定期开展"回头看"，确保整治成效。群众对创建成效满意度由 2020 年的 91.7% 上升至 2024 年一季度的 99.47%。北京市文明城区创建在中央文明办 2022 年度测评中继续走在全国前列，取得新进展、实现新突破，4 个全国文明城区、5 个提名城区进入全国前 10 名，且名列前茅。

# 三 深化拓展文明实践，努力打造市民群众共同的精神家园

建设新时代文明实践中心是党中央做出的一项重要决策，是宣传思想工作盘活基层、打牢基础的重要举措，是打通宣传群众、教育群众、关心群众、服务群众的"最后一公里"的重要抓手。我们注重顶层设计，坚持城区、郊区一体化推进，不断健全完善组织领导体制和运行机制，持续推动市级资源下沉基层，打造了新时代文明实践中心建设的"北京样本"。夯实基层阵地。深入构建了文明实践中心、所、站三级组织体系，在 16 区和经济技术开发区建立了 17 个新时代文明实践中心、街乡镇一级 362 个实践所、社区村一级 7072 个实践站，在全国率先实现城乡全覆盖。全面融合贯通新时代文明实践中心、融媒体中心和政务服务中心，整合各方资源，广泛开展丰富多彩的文明实践活动。评选出覆盖理论宣讲、文体卫等领域的 100 多家市级文明实践基地和 1100 多家区级文明实践基地，为

基层开展文明实践活动提供了强有力的支持，新时代文明实践中心已成为市民群众参与精神文明建设的重要平台。传播创新思想。紧紧抓住推动党的科学理论"飞入寻常百姓家"这个新时代文明实践的首要任务，加强党的创新理论"故事化"宣讲，组织全市 6300 多支百姓宣讲队伍，全天候活跃在居民大院、群众议事厅，将理论课堂搬进农家小院、田间地头。涌现出"新时代学习路""马院进社区""青年马克思主义读书会""红色直播间""村庄大喇叭""支书讲堂""理论轻骑兵"等一批理论传播品牌。服务市民群众。新时代文明实践中心建设是践行群众路线的有力举措。我们设立"新时代文明实践推动日"，持续开展"我们群众办实事"活动，深入了解群众需求，针对群众需求"菜单"，分类梳理出理论宣讲、文化文艺、医疗健身等普惠性志愿服务项目 12000 多个，推出"点亮百姓微心愿""文明实践大集""夕阳再晨"科技助老等精细化服务项目，有效解决了市民群众急难愁盼问题，形成了东城社工、西城大妈、朝阳群众等一批"一区一品"的志愿服务品牌。

# 四　持续引领文明风尚，深入推进公共文明融入首都城市治理

文明之风，如春风化雨，润物无声。弘扬文明之风，就是要让文明成为一种习惯、一种风尚，让每个人都成为文明的传播者和践行者。我们抓住《北京市文明行为促进条例》实施的有利契机，坚持把培育市民文明行为作为工作重点，充分发挥全市 9000 余名公共文明引导员的作用，通过持续开展环境、秩序、旅游、观赏、网络等文明引导行动，不断拓展服务领域和服务内容，为推动城市精细化治理做出了重要贡献。打造活动品牌，结合全市开展的蓝天行动，打造了"V 蓝北京"环保品牌，开展了"垃圾减量、垃圾分类"宣传实践活动、"夏季空调调高一度"专项引导行动。推进"光盘行

动"，发布"公筷公勺"公约，使光盘成为文明新时尚。针对交通路口乱象，组织开展"文明驾车　礼让行人"专项整治行动，通过严格执法、文明劝导、舆论曝光、两公两车带头，全市各类交通参与者礼让守序意识得到明显提升，"文明驾车　礼让行人"专项行动被列为北京冬奥文化遗产重要内容，成为继"排队乘车"之后双奥之城的又一品牌。此外，还出台了《北京市关于加强网络文明建设的若干措施》，推动治理、净化网络空间。在全市上下共同努力下，2023年北京市民公共行为文明指数达到90.73分，实现连续18年攀升。创新志愿服务，高质量做好冬奥会、中国国际服务贸易交易会、"一带一路"国际合作高峰论坛、北京文化论坛等重大活动志愿服务保障，向世界展示了青春靓丽、热情友好、蓬勃向上的中国青年形象。组织开展"爱满京城"学雷锋志愿服务主题宣传实践活动，组织以"志愿蓝""柠檬黄""平安红"等为代表的首都志愿者，走上街头、深入社区、下沉乡村，广泛开展关爱他人、关爱社会、关爱自然的志愿服务，"学习雷锋、奉献他人、提升自己"的志愿服务理念深入人心，浸润市民心灵，滋养城市文明。目前，全市实名注册志愿者人数突破461.3万人，注册志愿服务组织7.7万个，志愿者大军已成为首都精神文明建设的积极力量。

（滕盛萍，北京市委宣传部副部长、首都精神文明建设委员会办公室主任，政协北京市第十四届委员会常务委员。）

# 北京市文明行为促进工作发展报告

　　党的十八大以来，以习近平同志为核心的党中央把精神文明建设放在统筹推进"五位一体"总体布局和协调推进"四个全面"战略布局的重要位置，不断将精神文明建设推向更高水平。习近平总书记多次视察北京并发表重要讲话，对做好首都工作作出一系列重要指示，系统阐述了关系首都发展的方向性、根本性问题，深刻回答了"建设一个什么样的首都，怎样建设首都"这一重要时代课题，为首都精神文明建设提供了根本遵循。

　　站在新的历史起点，北京以习近平新时代中国特色社会主义思想为指引，始终秉持"建首善自京师始"的自觉，大力培育和践行社会主义核心价值观，推动形成适应新时代要求的思想观念、精神面貌、文明风尚、行为规范。2020年6月，《北京市文明行为促进条例》（以下简称《条例》）颁布实施，强化德法共济、标本兼治，促进社会文明进步，充分发挥法治对精神文明建设的支撑保障作用，推进首都精神文明建设进入新阶段。

　　《条例》颁布实施两年来，北京深入学习贯彻习近平新时代中国特色社会主义思想，坚持党建引领，以培育和践行社会主义核心价值观为根本任务，深入实施公民道德建设工程，围绕讲文明、有公德、守秩序、树新风，广泛开展《条例》普法宣传教育，扎实推进文明行为和文明风尚行动，推动实现城市治理更加精细、城市服务更加优质、城市秩序更加井然、城市环境更加优美、城市文明更加鲜亮。全市各级各单位运用法治思维和法治方式促进文明行为意识不断增强，首都市民文明行为自觉程度进一步提升，"热情开朗、大气开放、积极向上、乐于助人"的优秀品质进一步彰显。2021 年北京市民公共行为文明指数测评显示，北京城市文明指数首次迈上 90分高位，保持了十六连升的良好势头。

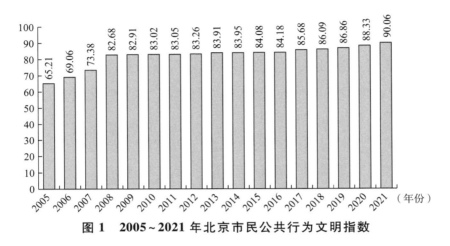

**图 1　2005～2021 年北京市民公共行为文明指数**

# 一　文明行为促进工作扎实深入

《条例》颁布后，首都文明委印发《〈北京市文明行为促进条例〉宣传贯彻实施方案》。全市从倡导、规范和治理三个层面入手，通过宣传动员、文明倡导、文明实践、文明创建、专项治理等路径，把文明行为促进工作全面融入城市治理，将文明理念深度融入市民生活，不断提高城市文明程度和市民文明素养。

## （一）广泛开展《条例》宣传

贯彻落实《条例》，学懂弄通是前提。北京按照"解读""贯彻""常态化"三个阶段组织宣传教育，运用讲座、文字、图表、视频等多种传播形式形成立体化、广覆盖宣传态势，营造"学文明条例，守文明规则，建美丽北京"的浓厚氛围。

宣讲解读进基层。把《条例》纳入全市普法宣传，列为各级机关中心组学习内容，纳入干部培训必修课。全市组建由党员领导干部、专家学者、"百姓名嘴"组成的宣讲队伍，采取集中研讨、专家辅导、专题座谈等形式，推进《条例》进社区、进机关、进学校、进场馆、进公交、进景区。首都精神文明办专门召开《条例》施行座谈会，集中举办百余场《条例》解读讲座，广泛开展《条例》宣讲培训。全市各级各类机构利用多种渠道组织《条例》专题学习：市直机关工委利用北京机关党建微信公众号和杂志宣传阵地宣传解读《条例》，推动文明行为进机关；市教委、市公安交管局、市水务局、市广播电视局等单位组织开展"文明+法""文明交通""水"讲堂第一课进校园以及"视听零距离"进社区等活动；市规划自然资源委组织问卷和知识竞赛；市高级人民法院举办"百姓身边的民法典"百场巡回普法活动，受众达 266 万余人次；全市图书馆、博物馆、科技馆、文化馆、美术馆等定期向公众推出形式多样的文明礼仪讲座，印发文明规范手册；国家博物馆、国家大剧院等常年开展"文明观赏"大讲堂，引导广大市民讲公德、守秩序。

新闻宣传声势大。人民日报、新华社、中央广播电视总台等中央主流媒体对《条例》进行广泛报道，发布《文明行为塑就城市"金名片"》通稿，制作《让文明行为创造生活新常态》专题节目，播出《北京 6 月起依法治理不文明行为》报道等，在全国形成引领示范效应。市属各媒体开设"文明创建随手拍""不文明行为曝光台""厉行节俭、反对浪费""礼让斑马线、文明过马路""文明行为大家谈"等专题专栏，构建常态化宣传阵地。《北京日报》在宣传《条例》的同时，推出记者调查《"高抛"成顽疾 难度在取证》《"膀爷"等不文明现象再现！》《"降噪令"后，公园清静了吗》等报道，对不文明行为进行曝光。北京广播电视台在《向前一步》栏目推出"文明养犬""文明交通"等专题节目，倡导文明理念和风尚，掀起《条例》学习宣传热潮。

网络传播广覆盖。在重点新闻网站和各大门户网站、"两微一端"、市属媒体新媒体、各区融媒体中心等平台，设置首页推荐、专题网页、原创作品等形式，对《条例》进行宣传。新华社客户端推出《一分部署 九分落实树新风》短视频。《北京青年报》客户端编创《文明行为七字歌》和《不文明行为治理三句半》，并制成动漫作品。《新京报》"动新闻"推出《〈条例〉正式实行 来听大爷唱详情》动漫片，人民网、新华网、央视网等门户网站和移动客户端广泛转载推送。腾讯网通过小视频、H5、文明说唱歌曲等形式宣传《条例》。各区融媒体中心利用"云传播"、卡通图画等形式图解《条例》。市科协、市委网信办等建立每月"科学"流言榜，发布内容涉及科技前沿、食品安全、交通、环境、健康生活等领域，用科学的方法澄清流言、消除误解。市文化和旅游局利用北京数字文化馆官网及微博、抖音、快手等多个平台，多渠道宣传文明理念。首都文明网矩阵制作了《北京"文明"范儿学起来！》等动漫视频、宣传图册，进行多渠道传播。据不完全统计，各大门户网站及"两微一端"发布《条例》相关信息和短视频等，累计点击量近 1.5 亿次。

社会宣传多形式。全市印发《条例》单行本百万册，印制张贴《条例》宣传海报 2 万张。在歌华有线电视开机页面、回看、点播、综艺频道投放"践行文明条例 共建美丽北京"公益广告，覆盖 500 万户次。征集拍摄、制作短视频 300 余条，在"文明北京"新媒体平台、楼宇电视、电梯媒体等持续刊播，覆盖人群达 15.6 亿人次。中国铁路北京局集团公司利用北京地区六大站电子显示屏，持续播放弘扬社会主义核心价值观的宣传视频，在"五一""十一"等旅游黄金周重点播放文明旅游、垃圾分类等宣传片。北京公交在 1 路、BRT4、有轨电车等 40 余条线路 1800 余部车辆建设文化车厢，在300 余处重点站台、1000 余部车身上开展创城公益宣传。北京地铁 1号线、八通线、6 号线、10 号线推出文明主题地铁列车，打造流动的文明风景线。北京经济技术开发区以"亦善亦美"每月一品活动统筹整合区内资源力量，开展形式多样、内涵丰富的文明宣传教育。各社区通过文化小广场、"文明礼仪伴我行"讲堂等，增进市民文明意识，引导市民养成文明习惯。

## （二）积极培育文明风尚

良好社会风尚是城市文明的重要标志。北京通过榜样示范、文明引导，树立绿色低碳、文明旅游、诚实守信、文明上网、文明出行等文明新风，倡导市民养成良好行为习惯和健康生活方式。

北京榜样引领社会风尚。近年来，市委宣传部、首都精神文明办开展了"北京榜样"主题活动，市民举荐身边榜样达48万人，进入"榜样库"的候选人近1.6万人，选为周榜、月榜和年榜人物突破1600人。杨孟飞等4人荣获第八届"全国道德模范"称号，北京市全国道德模范达到21人。《条例》实施后，持续推出"国企楷模""最美警察""青年榜样""支援合作先锋""政务服务之星""京城的哥"等行业先进典范，广泛推荐身边好人，累计571人荣登"中国好人榜"。运用新闻报道、文艺作品等多种形式，广泛宣扬榜样、模范的先进事迹。组织开展先进模范"走进百所高校、走近百万大学生"基层巡讲，邀请"北京榜样"参加建党百年、冬奥会等重大活动。让不同行业、不同群体都能学有榜样、行有示范，形成见贤思齐、争当先进的生动局面。

绿色健康生活方式日渐养成。首都精神文明办联合市生态环境局、市发改委、市商务局、市城市管理委、市民政局等部门联合开展"V蓝北京""夏季空调调高一度""光盘行动""垃圾分类""文明祭扫"等引导行动。评选"绿色生活好市民""优秀环保公益组织"，网络征集举办"变废炫宝"作品秀，培育市民低碳生活习惯。组织开展"光盘行动"，制定发布包含社会餐饮门店、机关食堂、乡村民宿等9大类不同场景的《"制止餐饮浪费 践行光盘行动"指引》，培育市民节俭节约美德。市生态环境局联合市委宣传部（首都精神文明办）、市发展改革委等部门发布《北京市"美丽中国，我是行动者"提升公民生态文明意识行动计划（2021~2025年）实施方案》，举办北京生态环境文化周系列活动，倡导社会各界及公众身体力行，选择简约适度、绿色低碳的生活方式。中直管理局推进"厉行勤俭节约、反对餐饮浪费"工作，在食堂设置监督员，坚持"小库存、多循环"，机关食堂人均食材消耗量比之前降低约15%，残食量减少三分之一。紧抓清明节、寒衣节等时节，推出出行问路指南，劝阻焚香烧纸，禁燃鞭炮，把文明祭扫理念带到居民身边。市妇联通过开展寻找"首都最美家庭"活动，在广大妇女和家庭中倡导文明健康生活方式。全市各单位把握重要时间节点，通过发布倡议书、制播主题公益广告、举办北京国际公益广告大会等线上线下系列主题互动宣传，引导市民养成文明健康、绿色环保的生活方式。

文明旅游行动持续深化。首都精神文明办持续与市文化和旅游局、市政府外办、市园林绿化局、市公园管理中心等部门密切配合、通力协作，广泛开展以"文明旅游我最美"为主题的文明旅游宣传教育和创建活动。坚持定期召开联席会议，持续举办旅游行业负责人及一线员工的培训。加强景点区域或沿线商家管理，组织开展诚信教育，为旅游者提供更多优质服务。完善公园景区服务设施，在人流量大的AAA级以上公园景区普遍设立志愿服务工作站，为游客提供便民服务，引导游客养成文明旅游习惯。市文化市场执法总队建立健全《北京"一日游"重点旅行社信息数据总库》，联合多部门深入开展打击非法"一日游"专项行动，有效净化旅游市场环境秩序，"一日游"市场秩序呈现稳中向好的态势。

社会诚信建设制度化。首都精神文明办联合市经济和信息化局等部门持续开展"诚实做人、守信做事"主题活动。每年举办"诚信北京"3·15晚会，定期举办"信用北京论坛"，开展信用主题宣传月活动，培育社会诚信文明意识。着力构筑覆盖事前、事中、事后环节的"3+3+3"信用监管"北京模式"。打造"信用+医疗"服务品牌，提供"先诊疗后付费，信用保险风险兜底"的信用就医服务。推动信用数据统一归集至大数据平台，目前已归集53个部门的1838项近9亿条信用数据，向各区各部门共享信用数据2.3亿条，向"信用中国"网站全量报送"双公示"信息155万条，带动广大市民诚信做人、诚信立业。

乡风文明建设扎实推进。市委农工委市农业农村局始终聚焦"乡风文明"，广泛征集并深入挖掘、提炼、宣传文化文明典型，2021年全市共有1个乡镇、11个村被评为"全国乡村治理示范村镇"，1个乡村典型案例入选"全国文明乡风"典型案例、《乡村振兴实践案例选编》。编印《2021年北京市村级"文化文明"工作典型案例选编》，印发各涉农区农业农村部门交流互鉴，进一步提升乡风文明，促进乡村文化振兴。市统计局的"乡村振兴满意度"调查显示，首都村民对"乡风文明"满意度最高，达到了92.5%。

网络文明引导持续开展。首都精神文明办协同市委网信办等部门深入开展文明办网、文明上网主题活动，净化网络环境。综合运用"两微一端"和移动多媒体等新技术新手段，大力弘扬社会主义核心价值观，抵制各种错误思潮影响，积极引导广大网民恪守网络道德。首都精神文明办与市委网信办联合印发《北京市关于加强网络文明建设的若干措施》。市广播电视局组织开展"北京新视听"网络视听文化活动，着力推动网络剧、网络电影、网络综艺等优秀网络原创视听节目规划创作。市委网信办持续推进争做中国好网民工程，举办"京·彩"北京文化网络传播活动和网络正能量评选活动，组织开展"互联护苗"青少年网络专项行动，精心打造"京彩好评""燕鸣"原创网评阵地，营造网络正面舆论氛围，构建清朗网络空间。

公共文明引导常态化。北京建有一支拥有近万名常态化、专业化公共文明引导志愿者队伍，在全市2000多个公交地铁站台、500

个路口、100 多家公园，开展文明宣传、安全值守、老幼帮扶、应急救护、交通引导等常态化礼仪示范、秩序维护活动。在全国"两会"、春运、中高考、旅游高峰期间，协助各相关单位做好专项文明引导。在建党百年、冬奥会、服贸会等重大活动的重点地区开展文明引导、应急保障等服务。积极参与了地铁公交站台排队线施划、市郊铁路文明创建、"一盔一带""零酒驾""垃圾分类""文明游园"、疫情防控等文明劝导或创建活动，引导市民养成良好公共文明习惯。

### （三）扎实推进文明实践

文明实践是文明行为促进工作的中心环节。北京积极贯彻落实党中央关于建设新时代文明实践的重要部署，加强文明实践工作的顶层设计和总体谋划，建好用好新时代文明实践中心。现有 17 个新时代文明实践中心、362 个文明实践所、7072 个文明实践站。

深入基层开展理论宣讲。北京充分依托新时代文明实践中心、所、站，讲好中国故事、中国共产党故事、习近平总书记故事。用好香山革命纪念馆、中国共产党早期北京革命活动纪念馆等红色文化资源，大力推广红色经典出版物、影视剧等，让群众深刻感悟建党百年的光辉历程。深入村庄、社区组织开展群众性剪报、收藏"四史"报纸和实物等活动，展现中国共产党百年奋斗历程，展示十八大以来的辉煌成就。依托首都高校和科研院所，建立由 400 名学者组成的专家宣讲库，指导和协调基层进行"点单"宣讲。全市组建 340 多支街乡镇级、6000 多支社区（村）级百姓宣讲队伍，全天候活跃在居民大院、群众议事厅，推动社会主义核心价值观入脑入心见行动。

服务保障国家重大活动。北京是庆祝中国共产党成立 100 周年大会、冬奥会等党和国家重大活动举办地，首都精神文明办动员数百万志愿者和广大市民积极参与、全力以赴做好服务保障。在庆祝中国共产党成立 100 周年系列活动中，组织开展"庆建党百年华诞展首都最美风采"教育实践活动，构建体系全覆盖、方案全流程、细节全要素、调动动态化的观众组织工作体系，统筹协调做好庆祝大会、文艺演出、主题展览等活动的观众组织引导工作，确保各项活动热烈喜庆、井然有序。积极落实《北京2022年冬奥会和冬残奥会社会文明行动计划》，开展"我期盼我自豪""我敬业我担当""我参与我奉献""我融入我快乐""我自觉我文明"五大文明引导行动，引导市民积极参与"人人都是东道主"主题宣讲、"冬奥有我"窗口文明服务和"文明有礼"观赛宣传等文明提升活动，树立"双奥之城"文明形象。北京冬奥会、冬残奥会期间，1.8万名赛会志愿者累计服务时长394万个小时，20万人次城市志愿者在758个志愿服务站点，组织开展人员引导、信息咨询、语言服务等9类服务，让世界感受中国温度，书写了"双奥之城"志愿服务工作新华章。

全力投入疫情防控。新冠疫情发生以来，北京充分发挥精神文明建设密切联系群众的独特优势，切实把疫情防控与文明行为促进工作紧密结合，积极构筑起联防联控、群防群治的人民防线。及时发出"文明健康 有你有我"倡议书，制作推介"接种疫苗、戴口罩、一米线、公勺公筷、文明健康"等公益广告，倡导全体市民群众积极养成良好生活方式，做好个人卫生防护。在疫情防控期间，全市动员引导200余万志愿者积极参与防控志愿服务活动，特别是动员组织志愿者为抗疫一线医务人员、警察及其家庭提供代买、送货、子女教育等方面的服务。"北京榜样"群体积极参与疫情防控工作，积极宣传防控知识，参与排查劝导，引领齐心抗疫的强大力量。市公共文明引导员在1700多个社区（村）开展证件核验、体温测量、登记排查、喷洒消毒等疫情防控工作达36万人次。市卫生健康委成立86支志愿服务队，开展健康大讲堂、义诊咨询送健康、心理健康直通车等志愿服务活动。全市在职党员和退休党员把疫情防控作为践行初心使命的"主战场"，有序参与防疫志愿服务工作，真正做到关键时刻靠得住、豁得出、顶得上、战得胜，为打赢疫情防控战贡献新时代文明实践志愿服务力量。

切实解决群众实际困难。积极推动新时代文明实践与"接诉即办"机制对接，通过文明实践中心与政务服务中心深度融合，全时段接收群众诉求和反馈服务。全市各文明实践中心、所（站）采取"民情前哨""未诉先办"等形式，进院入户、走近群众，做到"群众有反映、我们有行动，群众未反映、我们已行动"。发动首都百所高校与文明实践中心（所、站）结对共建，通过"一米阳光""文明实践大集""文艺轻骑兵"等志愿服务或文明实践项目，把党的关怀和温暖送到市民身边。市委社会工委市民政局指导，北京广播电视台录制《多彩社区行》节目，用社区居民的身边人、身边事，展现首都市民良好的文明行为和精神风貌。2019 年以来，市委社会工委市民政局、市委组织部等 14 个部门联合举办社区邻里节，至今已连续举办 3 届，全市 16 个区和经济技术开发区的 3000 多个社区累计组织开展活动 3 万余场，参与居民 600 多万人次，营造出邻里守望相助、共建美好家园的和谐氛围。

助力提升城市治理水平。全市各部门各单位组织党员、共青团员及志愿者在服务国家战略、推动城市治理转型升级等领域大显身手，使得文明实践与城市治理相互促进、相得益彰。市交通委统筹道路停车改革，城六区和通州区共新增 1.8 万个道路停车位、2.3 万个路外公共停车场有偿错时共享停车位，有效缓解了居住停车难问题，停车秩序明显好转。1.2 万余部公交车装配无障碍设施，建成 600 余条无障碍线路，解决老人和残障人士的出行困难。市文化和旅游局指导首都图书馆、市文化馆开展"认知图书馆"系列主题读者活动和全民艺术普及月活动，仅 2021 年就服务近 1608 万人次。市总工会与北京链家等企业机构合作，建设近 9000 家饮水、充电、热饭等设施一应俱全的户外劳动者暖心驿站，面向社会大众特别是环卫工人等户外劳动者免费开放。

志愿服务生活化常态化。全市各类志愿者、志愿服务组织快速增长，实名注册人数突破 449 万人，注册志愿服务组织 8.1 万个，16 个区和经济开发区、362 个街乡镇实现了志愿服务组织全覆盖，形成了"市、区、街乡镇"三级组织体系。全市发布各类志愿项目 52.4 万个，形成了"志愿北京""公共文明引导"等 50 多个市级示范项目，"柠檬黄""志愿蓝""平安红"等为代表的首都志愿者，遍布城乡基层。针对基层多样化需求，在市级层面构建专业志愿服务"精品超市"，通过"点单、派单"菜单式服务为市民赋能解忧。首都精神文明办会同团市委等部门实施"五大青年行动"，推动共青团员参与社区志愿服务。市委教育工委组织 30 多所首都高校师生开展爱心支教、公益课堂等活动，推动"双减"政策落实。市科协组建 99 支志愿服务队广泛开展科普宣讲和实践，为市民群众提供多种帮助。持续深化全市公共文化机构志愿服务常态化，为首都市民和游客提供优质服务。市文化和旅游局指导市文化馆在志愿者上岗培训中设置文明礼仪培训、服务技巧等课程。大力推进"志愿北京 阳光助残"志愿服务，依托全市 405 家"温馨家园"，建立起"助残志愿者之家"。搞好老龄化社会需求对接，广泛开展"青春伴夕阳"项目，组织常态化助老活动 7000 多场，参与人数达 21 万人次。

## （四）深化拓展文明城区创建

精神文明创建活动和文明行为促进工作相辅相成。北京市紧紧围绕"四个中心"城市战略定位，充分发挥文明城区创建龙头作用，以三年一届的全国级、首都级两级联创为抓手，统筹推进文明城区、文明村镇、文明单位、文明家庭、文明校园五大创建活动。制定三年行动计划，组织思想道德引领、文明行为养成、社区综合治理等八大行动，建立调度、检查、督导、约谈、通报、培训六大机制，全要素开展实地测评、问卷调查、材料自查，实现"检查——反馈——整改——复查"闭环管理。将未诉先办与接诉即办相结合，推出"创城+热线+网格"联动创建，开展非法小广告、堆物堆料、车辆乱停放、"门前三包"等专项治理，以重点整治带动整体提升。

我市现有全国文明城区 6 个、提名城区 7 个，全国文明村镇 72 个，全国文明单位 276 个，全国文明家庭 22 户，全国文明校园 15 所，成为文明创建的排头兵。丰富多彩的创建活动，让市民群众在参与创建中自我教育自我提高，让市民群众在感受创建成果中增进获得感、幸福感、安全感。

东城区构建全时、全域、全民、全面"四全"创建体系。突出思想引领，实施文明养成等七大行动，推出"3+7"工作机制，创新开展文明行为促进季、"文明城区随手拍"等特色活动，推出"红牌黄牌"、文明创建年榜、群众志愿监督团等举措，确保文明创建工作常抓常管、见真见效。充分发挥区文明委的统合作用和"东城社工""小巷管家"的示范作用，切实为群众办实事，让群众从"袖手看"到"拍手赞"，再到"动手干"，推动"文明指数"转化为人民群众的"幸福指数"。

西城区创新"创城+网格+热线"的工作机制。针对老旧小区、背街小巷、交通路口等点位，开展精准治理，将发现的问题纳入区级接诉即办系统，提升问题主动处置效能。开展门前三包"百日提升促进行动"，以"日常巡查+动态管控"的方式，严查严管店外经营、乱堆乱放等环境秩序问题。以文明交通志愿服务等创建活动为抓手，引导区域内各级文明单位积极履行社会责任。常态化开展月末清洁日、移风易俗、文化活动等新时代文明实践推动日主题活动，加强舆论引导，做好文明创建网上网下宣传。做到文明创建在日常，文明实践在平常，推动整改在经常。

朝阳区建立"三全""四管""五查""六专"创城推进机制。通过全区统筹、全域创建、全面建设，将全区各职能部门与 43 个街乡的工作"一盘棋"推进；通过管行业、管生产、管群体、管地域，将文明行为促进纳入全区各单位日常工作中；通过专项督查、定期明查、常态自查、交叉互查、三方暗查发现问题；通过专题研究、专业队伍、专有台账、专门方案、专责自查、专项行动，建立发现问题在属地、解决问题在部门的联动机制。

海淀区让科技赋能文明城区创建。立足于区域科技创新优势，先后启动并完成城市管理、小区治理、公共安全、生态环保、城市交通五大领域 50 余个"城市大脑"场景建设，把实施城市智能化、精细化管理作为创新城市治理方式、提高文明城区创建水平的重要途径。将文明城区创建与"街乡吹哨、部门报到""接诉即办"等重点工作相融合，形成具有海淀特色的"大城管"工作体系，汇聚人眼、电子眼、天眼、值守应急信息、公众信息、数据信息"六位一体"信息源，实现"发现即处理、处理即考核"流程再造。

丰台区着力营造浓厚的社会宣传氛围。组建律师宣讲团走进学校、社区、企业，运用典型案例，向群众生动解读《条例》条款，并发放宣传折页 8 万份。在主要道路、交通枢纽等位置建设景观小品、文明宣传栏、文化墙等阵地，展示社会主义核心价值观公益广告，将辖区 6500 余处宣传栏纳入台账管理，打造"文明风景线"。举办"文明促进月"主题活动，搭建"多元参与"实践平台，推出"小手拉大手 共创文明城""尚德守法 文明诚信"等特色项目，引领广大群众共建文明、共享文明。

石景山区以文明创建补民生短板。围绕幼有所育、学有所教、劳有所得、病有所医、老有所养、住有所居、弱有所扶"七有"和便利性、宜居性、多样性、公正性、安全性"五性"，有效弥补老旧小区多、老房子多、老厂区多、老龄人口多和好学校少、好医院少、好文化设施少、好人才少"四老四少"短板，在提升优质教育、优质医疗以及文化、养老服务上下功夫。加快补齐公共服务设施短板，完善社区治理体系，做好与居民利益密切相关的便民服务、志愿服务、专业社会服务，打造"品质社区"。

门头沟区广泛开展"文明天天见"系列活动。定期举办"比学赶超"创城擂台赛、镇街书记点评会，推出"1+X"达标创建、"门头沟点赞"大拇指行动、"不乱扔垃圾的家园"等创建品牌，建立

600余支3万余人的"门头沟热心人"志愿者队伍，围绕"七边三化四美"，即在公路边、铁路边、水边、山边、镇边、村边、房边，以垃圾随手捡形式，实现"七边"的洁化、绿化、美化，进而实现镇美、村美、房美、人美，持续广泛开展"文明天天见"实践活动。

房山区做好解民忧社区治理"五件小事"。解决老旧小区私拉晾衣绳、车辆违停、黄土裸露、乱堆乱放、垃圾桶站周边脏污等问题，结合文明城区创建，指导社区做好设立晾晒区、规范停车位、补植绿化带、装修建筑垃圾管理、垃圾分类常态化"五件小事"，推进"我为群众办实事"实践活动走进基层、走近百姓身边。

通州区创新发展诚信体系建设。组织开展"诚信通州社区行"，开设"文明诚信示范窗口"，开展"诚信万里行"承诺活动等，大力增强市民诚信意识。完善诚信"红黑名单"发布制度，将各部门的信用污点企业纳入黑名单，与法院通过官方媒体公布失信被执行人典型。创建"诚信村""诚信户"，打造诚信农产品品牌，助力农民增收。

顺义区建设服务市民群众的"文化地标"。主动对接地区群众日益增长的高质量精神文化生活需求，将教育培训、文化交流、展览表演、休闲文创等功能融于一体，将顺义区文化中心的综合性优质公共文化资源面向全区群众公益开放，有效满足了市民群众精神文化需求，目前已接待市民群众文明实践活动70万余人次。

昌平区探索"回天有我"大型社区治理样本。依托回天地区实践所（站），组建党员先锋、文明家风示范家庭、回天榜样人物、公共文明引导员、应急救援、驻昌高校普法和文化企业共7支特色志愿服务队，开展主题宣讲、童书汇、健康课堂、普法课堂、文艺演出、读书分享会6项满足居民群众精神文化需求的活动，持续提升回天居民的幸福感、获得感。

大兴区打造外卖快递行业文明新模式。联合商务、公安、交通、消防、邮政等14部门及属地，统筹美团、饿了么等5家外卖平台及顺丰、京东等 8 家快递企业，6000 余名从业人员、202 家快递寄递点、110 家规模以上企业，成立外卖快递联盟。通过建立月度考评机制、骑手小哥动态信息管理库和文明诚信档案库、成立"快递小哥随手拍"等志愿服务队、设置服务外卖快递从业人员 58 个暖心驿站，全面保障骑手、小哥争做文明交通践行者、志愿者和传播者。

平谷区打造"平谷的哥"文明品牌。发动全区 1.1 万名出租车司机、9 家运营出租车企业共同参与"平谷的哥"文明品牌创建，通过制定执行"平谷的哥"友善标准、文明公约、考核奖励办法，引导"平谷的哥"实现从车况、车容、车貌，到职业素养、文明礼仪、文化内涵、志愿精神的全方位提升。

怀柔区深入实施市民文明素质提升工程。发布《怀柔市民文明公约》和《怀柔市民文明守则》，号召全区广大干部群众认真学习践行。通过"怀柔一家人"志愿服务品牌塑造以及"最美怀柔人""身边好人""最美家庭"等先进典型选树活动，推动广大市民践行"人人都是城市形象 人人都做文明人"的理念。

密云区党员干部包路段、包小区。将文明城区创建纳入区委书记月度点评会，针对修锁、修车、修鞋、配钥匙"三修一配"和包卫生、包绿化、包秩序"门前三包"等重点难点创新方法，协调"三修一配"摊点"进商入市"，构建"属地统筹+社区自治"门前三包管理模式。动员全区 67 家机关事业单位、20 个镇街党员干部包路段、包小区，参与路口交通秩序整治和环境治理志愿服务活动。

延庆区持续打造"延庆乡亲"志愿服务品牌。"分级+分类"规划建设"延庆乡亲"志愿服务工作体系，区级成立志愿服务之家，乡镇、街道成立志愿服务协会，建立"3+8+N"志愿服务队伍，全区注册志愿者已超过 8.3 万人。"制度+积分"强化培育"延庆乡亲"志愿服务力量，建立文明爱心积分志愿者礼遇制度，推动礼遇智能化管理，每年志愿服务时长在 270 万小时。"项目+主题"开展"延庆乡亲"志愿服务活动，挖掘设计和扶持一批优质志愿服务项目，推动志愿服务精准化、常态化、便利化、品牌化，已落地40项。

## （五）依法治理不文明行为

不文明行为是市民普遍反感厌恶的顽症痼疾和陈规陋习，需要依法治理。北京市公安、交通、城管、卫健等相关部门，对群众反映强烈、严重影响首都形象的突出问题进行专项整治，通过严格执法、联合整治，发挥法律的警示作用，提升市民获得感和满意度。

开展"文明驾车、礼让行人"专项整治。首都精神文明办、市公安交管局、市交通委、市直机关工委等单位以"交通文明示范路口创建"为抓手，进行"文明驾车、礼让行人"专项整治。一方面坚持宣管并举。开展文明驾车进基层宣传9036场，发动150余万人参与文明交通网上承诺，6.8余万人次上路协助疏导，进行柔性劝阻；组织8.6万名客货车辆运输从业人员进行培训并签订承诺书，约谈违法企业负责人1397人，对连续发生不礼让行人违法的234家专业运输单位、18家快递外卖企业，联合主管部门停驶整顿、高限处罚，落实各方责任；将《条例》内容和"礼让斑马线"交通法规纳入新驾驶人、驾驶人教育和再教育中，通过"以考促学"，培养良好的文明习惯，组织46.3余万人次参加"安全文明驾驶常识"培训。另一方面大力完善交通设施，升级1154套路口抓拍科技设备，增设行人和非机动车等待区，不断优化通行环境。

推进互联网租赁自行车"百日整治"行动。市交通委加强互联网租赁自行车专项治理。一是将美团、哈啰、青桔3家互联网租赁自行车企业车辆动态信息全面、完整、准确接入市级监管平台，车辆运行、投放车辆分布、重点区域停车入位等情况一目了然。二是科学规划施划停放区禁停区，全市已施划超过2.6万处停放区、16个禁停区、1186处入栏管理区。三是多渠道开展文明宣传引导工作，各区共开展508次特色宣传活动，累计发动志愿者和文明引导员27092人次，大力引导有序停放，劝阻不安全和不文明行为。四是指导北京市自行车电动车行业协会和运营企业共同签署实施《北京区域互联网租赁自行车行业规范用户停放行为联合限制性公约》，对严重违规用户采取联合统一的信用管理措施，进一步引导用户规范停放共享单车。《条例》施行以来，市交通运输综合执法总队累计查处企业违法违规 57 起，罚款 279.2 万元；中心城区重点地区共享单车停放投诉量下降一半，市民满意度超过九成。

实施背街小巷精细化整治提升。市城市管理委、首都精神文明办、市规划自然资源委组织各区政府，按照无私搭乱建、无开墙打洞等"十无"以及公共环境好、同创共建好等"五好"的基本要求，开展背街小巷整治行动。结合"接诉即办"机制，整合各类空间资源，强化地上地下、红线内外、重要节点的一体化治理，对影响市容环境的杂物乱堆、摊点乱摆、广告乱设、车辆乱停等行为进行综合整治提升，重点清理占道经营、店外摆放、张贴小广告等行为，大力增设和提升路灯设施，消除有路无灯、有灯不亮等现象。开展背街小巷文明创建志愿行动，发动志愿者参与背街小巷环境整治日常巡访。北京市统计局调查显示，2021 年市民对背街小巷环境整治提升工作总体满意度为 95.6%，较上年提升 3.3 个百分点。

推进"文明养犬"重点治理。市公安局、市城管执法局等部门联合开展养犬管理行动。加强犬只免疫、遛犬拴链、及时清理粪便等文明养犬宣传。设立"登记年检和犬只免疫一站式服务"站点，上门办理登记年检手续等便民利民服务共 8000 余件。以涉犬线索为抓手，重点加大对无证养犬、不拴犬链遛犬、携犬进入公共场所等违法养犬行为的行政处罚力度，近两年治理各类违法养犬行为 2.68 万起，针对不拴犬链遛犬处罚 1.8 万起。通过整治，乱点地区办理养犬登记年检数同比上升 12%，涉犬警情数同比下降 5%，整治效果明显。

开展公共场所控烟专项整治。市卫生健康委、市爱卫办、市市场监管局、市城管执法局、市烟草专卖局联合开展"控烟集中专项执法月"活动，对"公共场所禁烟""电子烟管理""校园周边卖烟"等控烟重点和社会热点问题，进行集中整治。2021年，全市共出动执法人员17.8万人次，监督检查8.9万户次。全市第四次成人烟草调查数据显示，本市15岁及以上成人吸烟率为19.9%，提前完成健康北京行动提出的到2022年15岁及以上人群吸烟率低于20%的目标，控烟工作实现"两降两升"，成人吸烟率和二手烟暴露率有所下降，戒烟率和公众对《条例》规定的禁烟场所知晓率有所上升。

推进不文明游园专项整治行动。市园林绿化局、市城管执法局等六部门成立专项整治工作领导小组，于2020年启动不文明游园整治行动。一是各公园设立宣传栏、提示牌，张贴海报，举办主题活动等方式广泛宣传文明游园，将文明游园理念融入公园四季文化推介。二是以精细化管理强化文明理念，治理裸露地、新建改造厕所、修补设施等方式，优化文明游园环境。三是组建绿色使者志愿者在公园开展助老助残、疏导协调志愿服务，用柔性引导促进文明游园。四是各级执法部门与公园管理机构搭建了"市—区—街乡所队"三级监管协作体系，公园联合属地公安部门执法713次、联合城管部门执法1106次、联合文旅部门将60人纳入过"旅游不文明行为记录"。据监测，两年来践踏草坪、随意遛狗等公园突出不文明现象有了明显减少。

加强医院安全秩序管理。市卫生健康委、市公安局协同规范医院安全秩序管理。一是坚持科学化管理。全市已有279家医院实行安检，274家医院安装一键报警装置，近2万个一键报警装置接入警务室和派出所。二是坚持专业化管理。指导医院完善内部安全保卫制度，在277家医院设立警务室，投入专职警力600余名。三是加强医患纠纷研判。开展重点矛盾纠纷和极端个人行为信访人员排查建档和稳控，健全及时就地解决群众合理诉求机制。通过协同治理，涉医违法犯罪案件数量同期下降10.8%，其中刑事案件数量同期下降65%，全市医院安全秩序总体平稳。

开展垃圾分类、乱堆乱放专项治理。市城市管理委、市住房城乡建设委、市委社会工委市民政局、市公安局、市国资委推动垃圾分类纳入社区治理。1.6万个小区（村）实现垃圾分类全覆盖，改造建设固定桶站6.35万个，大件垃圾投放点和装修垃圾投放点各1万余个，改造提升密闭式清洁站805座，涂装垃圾运输车4274台。市统计局4月调查数据显示，92.2%的被访者对北京垃圾分类工作表示满意，与《条例》实施前相比，满意度提高34.8个百分点。重点关注老旧小区和回迁社区等乱堆乱放高发点，依据"首都社区治理20条具体举措"，指导物业公司强化对堆物堆料的巡查、劝阻、上报和执法检查，充分发挥网格员、楼门长、居民代表、街巷长等群众力量，形成全民参与社区环境治理的工作局面。

推进社会环境专项整治。针对群众关注的乱贴小广告、街头随意焚烧纸钱、桥下空间脏乱差等问题，市城市管理委、市民政局联合相关部门推进社会环境专项整治。以落实"门前三包"为抓手，加强治理小广告的执法力度，动员市民群众自觉清除身边的非法小广告，乱写乱画、乱贴小广告等不文明现象得以根本扭转。下"绣花针"功夫，柔性引导市民采取网络祭扫、植树绿化等多种祭扫、缅怀形式；加强严格执法检查，全市市场监管系统共出动执法人员8688人次，开展联合执法检查456次，对冥币等带有封建迷信色彩的殡葬用品开展集中检查清理。加大桥下空间治理力度，制定"有环境卫生责任制度""无废旧机械存放"等"八有八无"标准，着力解决桥下私搭乱建、违规停车、违规堆垃圾等问题；拓展桥下空间功能，打造运动活力区、文化创意区，补充公共服务设施。目前已完成108处桥下空间治理，取得显著成效。市文化市场执法总队深入开展校园周边文化市场整治专项行动，重点排查书店、网吧、歌舞娱乐等经营场所，严厉查处妨害未成年人身心健康的非法出版物。

推进文明上网规范管理。市公安局、市文化市场执法总队、首都精神文明办等加强对网吧和网络文化产品的规范管理。积极推进网吧视频接入工作，加强对网吧的技术监管，严格督促网吧落实实名制上网登记制度。出动执法人员 3 万余人次，检查网吧 1.2 万多家次。及时依法清理含有低级庸俗、封建迷信、危害社会公德等内容的网络文化产品，对相关经营主体依法予以行政处罚。市文化市场执法总队严厉打击利用网络侵害未成年人违法违规行为，先后查处防止未成年人沉迷网络游戏、某 APP 传播色情暴力视听节目、某动漫平台暗设隐蔽通道提供违规内容等系列重大典型案件。市委网信办开展"互联护苗"青少年网络专项治理，累计受理涉未成年人专项举报 2642 万件，#互联护苗#相关话题阅读量超 18 亿次，活动总曝光量达 47 亿次。

# 二 文明行为促进工作保障有力

《条例》实施以来，北京深入贯彻落实习近平新时代中国特色社会主义思想，围绕城市战略定位，以首都发展为统领，以首善标准有力有效开展文明行为促进工作，逐步形成市委市政府坚强领导、首都文明委统筹协调、部门各负其责、社会协同推进、市民群众积极参与的共建共治共享工作格局。

## （一）坚持首都站位

北京作为首都，各方面工作都具有引领性、代表性和指向性。特殊的城市地位，决定了北京文明行为促进工作必须坚持首都站位，增强首都意识、突出首善标准、扛起首都责任。

增强首都意识，建设社会风气和道德风尚最好的城市。北京在谋划推进文明行为促进工作过程中，始终坚持以习近平总书记关于精神文明建设重要论述、习近平总书记对北京一系列重要讲话精神为根本遵循，认真贯彻落实《新时代爱国主义教育实施纲要》《新时代公民道德建设实施纲要》，把党中央的决策部署落实为京华大地的生动实践。坚持首都意识，就是把文明行为促进工作与首都发展统筹协调，紧密围绕加强"四个中心"建设，提高"四个服务"水平，明确文明行为促进工作要"提倡什么""鼓励什么""重点治理什么"，使市民在社会公共生活各方面"时时有规矩、处处显文明"。坚持首都意识，就是立足北京现代化建设新阶段，围绕首都新发展，把文明行为促进工作纳入《首都"十四五"时期精神文明建设规划》，打造弘扬社会主义核心价值观的首善之城、全国精神文明建设示范区，实现市民素质和城市文明程度走在全国前列。

突出首善标准，创建更高水平的文明城市。北京通过《关于深化文明城区创建的三年行动计划（2021～2023年)》，持续推进全国文明城区的常态化创建，力争在新一轮创建周期里，全市全国文明城区和提名城区每年测评成绩位居全国前列，入选全国文明城区数量居直辖市首位。建立党委领导统筹的推进机制，把文明行为促进工作作为精神文明建设的重要抓手，纳入党政"一把手"工程，由"一把手"统一调度，夯实党委政府主体责任。建立科学合理的评测机制，与权威的学术科研机构合作，研究制定科学合理的测评体系与评测方式。建立体系化、制度化的治理机制，通过点评高度、"创城+热线+网格"联动，常态评估和调研培训指导，实现城市品质和文明程度持续提升。

扛起首都责任，打造市民满意的幸福之城。文明行为促进工作必须充分依靠群众、服务群众，认真总结群众的新实践、新创造，积极推广群众的好经验、好做法。北京组织开展"做文明有礼的北京人""文明北京大家谈""推荐评议身边好人"和各区的"钟鼓楼群言堂""邻里节""道德评议会""社区文明小使者"等文明创建活动，充分调动群众参与热情，取得了良好的社会效果。积极搭建便于参与、乐于参与的群众文化活动平台，组织开展"爱党、爱国、爱北京"主题系列活动，举办"群众文化艺术节""市民高雅艺术殿堂行""百姓周末大舞台"等群众文化活动，强化了公共文化服务体系建设，打造"一刻钟社区文化服务圈""益民书屋"等基层文化惠民工程，有效满足市民的精神文化需求。

### （二）坚持党建引领

在文明行为促进工作中坚持党的领导，坚持党建引领，充分发挥党联系群众、依靠群众的优势，推动党建与文明行为促进工作互融深融、整合贯通，形成了以党建把方向、以党建增活力、以党建促成效的良好格局。

各级党委高度重视文明行为促进工作。全市各级党委始终将文明行为促进工作作为深入贯彻习近平总书记对北京一系列重要讲话精神的具体措施之一，切实加强党对文明行为促进工作的坚强领导。《条例》颁布之初，市委常委会专题研究《条例》的宣传施行，明确把《条例》的施行与创建全国文明城区无缝衔接，建立"8+6"领导工作体制，健全调度、检查、督导、约谈、通报、培训六项机制。市委书记定期听取文明城市创建情况汇报，在书记月度点评会上通报点评。市委常委宣传部部长每月主持召开创城调度会，着力解决市民群众关切的不文明现象，及时攻克难点、打通堵点。各职能部门党委（党组）结合工作优势，以精细化管理为主线，完善城市治理和服务功能，从行业切入提升城市文明品质。各区成立全国文明城区创建工作领导小组或指挥部，把促进社会文明纳入党建工作责任制、纳入领导班子领导干部绩效考评，形成了"一把手"牵头、班子成员"一岗双责"创城领导体制。

基层党组织成为冲锋在前、敢于担当的战斗堡垒。北京依托区、街道乡镇、社区村全覆盖的新时代文明实践中心、所、站，结合党建引领"街乡吹哨、部门报到"基层治理改革创新机制，推动基层党组织机构下沉、人员下沉、职能下沉、服务延伸，将基层党组织真正打造成新时代文明实践的基层战斗堡垒。在文明行为促进工作中，基层党组织以群众诉求为"哨"，以12345市民服务热线为主渠道。各区、街道乡镇、社区村和各部门各单位切实做到"民有所呼，我有所应"，在接到市民群众诉求后，围着群众转，奔着问题去，沉到一线干，到群众身边解决问题，民生服务"最后一公里"得以彻底畅通，实现了基层治理和文明行为促进工作的精细化、精准化，让党旗在文明实践一线高高飘扬。2019~2021年，12345热线共受理群众反映超3134万件，其中诉求1301万件，诉求解决率从53%提升到89%，满意率从65%提升到92%（见图2）。

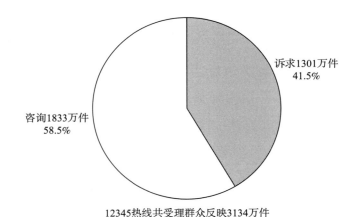

12345热线共受理群众反映3134万件

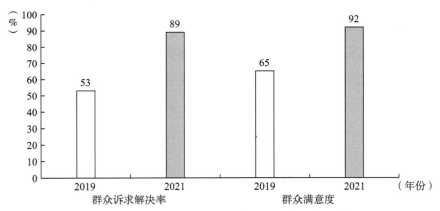

**图2　北京12345热线受理市民反映及办理情况**

党员干部在文明行为促进中以身作则、争当表率。北京开展实施基层党组织和在职党员"双报到"，全市77万名在职党员回居住地报到。他们扎根社区广泛开展和参与文明倡导、专项治理、志愿服务等活动，成为文明行为促进的"联络员""宣传员""指导员""服务员""监督员"，有力推动了新时代文明实践。"双报到"工作开展以来，市直机关工委动员引导各级党组织和党员干部持续深化

"双报到"，带头落实《北京市生活垃圾管理条例》《北京市物业管理条例》，5万多人次参加垃圾分类桶前值守。2020年新冠疫情发生后，3755名机关党员干部闻令而动，当日组织，次日下沉社区（村），12万多人到社区（村）报到，织密疫情防控网；建立机关党员干部下沉基层常态备勤机制，2022年4月下旬，分5批组织4300多名党员干部就近下沉社区（村），支援疫情防控工作。在"文明驾车、礼让行人"等专项治理行动中，市直机关工委号召党员干部走在前、做表率，带头文明驾车、带头认领路口、带头宣传引导。在基层志愿服务运行机制上，6000余名党员干部担任社区（村）文明实践指导员，实行包干指导，掌握基层需求，开展结对帮扶、垃圾分类引导、卫生健康宣传教育等，充分发挥党员的模范表率作用。

**（三）坚持系统思维**

文明行为促进工作是涉及面广、影响力大、统筹难度大的系统工程，需要各系统各部门通力合作、统筹推进、齐抓共管，形成强势推进文明行为促进工作的整体态势。

与市委市政府有关重要工作相融合。《条例》实施两年来，文明行为促进工作与"接诉即办"相融合，结合"每月一题"，抓细抓实抓好文明行为促进工作，减少群众投诉量；与北京疏解整治促提升专项行动相协同，建设更多供老百姓使用的休闲场所和绿地公园；与城市更新行动相协同，提供老旧小区居民生活便利；与营商环境改善相协同，推进城市诚信制度建设，厚植诚信文化沃土；与基层社会治理相协同，认真解决便民服务点、停车、垃圾、物业等群众身边的堵心事，解决社区脏乱差、道路坑洼、楼门破损等严重影响幸福感的问题。

与市人大颁布施行的法规条例相衔接。文明行为促进工作涉及领域广、涵盖部门多，不同领域、不同部门都会有专门的条例规范，包括《北京市生活垃圾管理条例》《北京市物业管理条例》《北京市见义勇为人员奖励和保护条例》《北京市轨道交通乘客守则》《北京市市容环境卫生条例》《北京市控制吸烟条例》《北京市养犬管理规定》《北京市禁止露天烧烤食品的规定》《北京市烟花爆竹安全管理规定》等，共同构成了文明行为促进工作的法治基础。北京积极探索推进文明行为促进工作的法治协同机制，充分发挥垃圾分类、控烟、养犬等专门法规对文明行为促进工作的支撑保障作用，构建相关法律法规紧密衔接、相互配合、形成合力的协同治理格局。

与中央部门、驻京部队有关工作相协同。北京市加强与中央和国家机关工委、国务院国资委等中央部门和驻京部队沟通协调，建立了央地联动协同共治机制。以"聚力首善 共建文明"为主题，积极参与驻区文明城区创建工作，持续组织志愿服务活动。首都文明委会同中央军委政治工作部、后勤保障部、训练管理部联合发出倡议，动员驻京部队官兵及家属积极参加首都地区文明城区创建工作，争做文明创建的示范者、文明行为的践行者、文明环境的维护者、文明风尚的传播者、文明城市的志愿者。中国航天科技第一研究院第十二研究所组建以领导干部讲精神、先进典型讲技术、青年骨干讲科普为代表的 300 名航天知识科普和精神宣讲志愿者梯队，走进十一学校、育英中学等中小学，开展宣讲活动 100 余场次，受益人群近万人。

### （四）坚持共建共治

文明行为促进工作需要统筹谋划、强力协作、多方联动，只有充分调动各方力量、运用各种资源，才能打好"组合拳"，奏响"交响乐"。

注重发挥首都文明委统筹协调作用。积极推动《条例》贯彻落实是精神文明建设工作的重中之重。首都文明委切实担负起文明行为促进的主体责任，发挥好承上启下的"桥梁"作用。紧扣市委市政府工作大局，按照党委决策部署，把文明行为促进工作纳入《北京市国民经济和社会发展第十四个五年规划和二〇三五年远景目标纲要》，写入《北京市"十四五"时期加强全国文化中心建设规划》。每年定期召开首都精神文明建设工作大会暨背街小巷精细化治理动员部署大会，把文明行为促进工作列入重点任务进行部署安排。在日常工作中，市、区两级文明委切实担起主体责任，充分调动各成员单位积极性，对创城工作落实不到位、群众不理解的情况勇于"亮剑"，敢抓敢管。实践证明，市、区文明委的统筹协调，确保了文明行为促进工作有条不紊推进。

注重发挥相关单位职能优势。各战线各部门都承担着文明行为促进工作的具体责任。北京在文明行为促进工作中，充分发挥公安、教育、民政、环保、交通、卫生及其他承担文明促进职能的部门优势，将文明促进与各领域日常工作深度结合。市公安局有力推动北京交警"随手拍"平台运转，累计注册用户 467 万人，接到群众投诉 529.2 万条，对 221.7 万条交通违法线索依法录入非现场执法系统；对 1.7 万起投诉线索，经传唤当事人补充调查，依法核实后予以处罚。市公安局还深入推进党员社区民警兼任社区（村）党组织副书记工作，实现"穿警服的副书记"全覆盖。市规划自然资源委推动责任规划师制度，签约责任规划师团队 301 个，参与城市空间规划和改造，实现全市街镇乡全覆盖。市城市管理委创新"门前三包"内涵，即"包市容环境、包设施环境、包秩序环境"，推动"门前三包"管理数字化、规范化、精细化，2021 年解决近 1000 个门前责任区管理问题。市园林绿化局在 15 家有革命史迹和红色文化资源的公园，形成《北京公园红色旅游地图》，推出 10 项红色展览和 32 项特色项目及定制化红色服务。

注重发动市民群众自觉参与。文明行为促进工作既要充分依靠群众、带动群众，又要让人民群众充分享受文明行为促进成果。《条例》十分注重发挥市民的参与性，实施当天，就在市 12345 市民服务热线中心成立"不文明行为投诉"专席，专职接听市民的咨询和投诉，创新机制优化流程，及时转交相关职能部门处理。北京将文明行为促进工作全面延伸到每个社区、每个楼栋、每户家庭，把

《条例》的贯彻落实融入人民群众日常生活领域，如交通出行、邻里关系、垃圾分类、文化旅游观光等，推动广大市民形成适应新时代要求的文明观念、行为规范、精神面貌和文明风尚，不断提升市民文明素养和全社会文明程度。

# 三　推动文明行为促进工作高质量发展

《条例》施行以来，文明行为促进工作取得了良好成效，但也存在地域优势发挥不充分、精细化管理水平不高、相关配套制度不完善、群众参与率和满意度不高等问题。这些问题给文明行为促进工作带来了挑战，是下一步推动文明行为促进工作高质量发展的着力方向。首都精神文明办将认真贯彻落实市第十三次党代会关于"深化文明城区创建，争创全国文明典范城市"的要求部署，协同有关部门，共同推动文明行为促进工作，努力提升首都公共文明水平。

## （一）充分发挥首都优势

习近平总书记指出："北京作为首都，是我们伟大祖国的象征和形象，是全国各族人民向往的地方，是向全世界展示中国的首要窗口。"充分揭示了北京作为首都，在人、事、物等方面得天独厚的优势。文明行为促进工作要紧密围绕首都"四个中心"战略定位，善于开发和挖掘首都资源禀赋，促其成为文明行为促进工作的特色优势。

发挥首都人才多的优势。北京拥有全国一流的科研机构和高等院校，人才荟萃云集。文明行为促进工作要充分发挥各类人才队伍的智力资源优势，打造服务于首都精神文明建设的高端智库。充分发挥专家学者的学术资源优势，面向基层干部群众开展多层次、广覆盖的《条例》宣讲活动。充分发挥高校和科研院所的知识服务功能，广泛开展科普活动，弘扬科学精神，提高市民科学文化素质。充分发挥"北京榜样"群体示范作用，培育市民"热情开朗、大气开放、积极向上、助人为乐"的优秀品质。

发挥首都盛事多的优势。北京举办的大事盛事，既有特定的政治、经济和社会功能，也是文明实践的重要载体。要充分挖掘国家大事盛事、革命节日、国际性节日、民间传统节日、重大历史事件、历史人物纪念日等蕴含的精神力量和道德资源，举行形式多样的群众性庆祝、纪念活动，在重要场所和重大活动中提倡升国旗、唱国歌，激发市民群众的家国情怀。充分利用主办、承办和服务保障国家大事盛事的契机，组织开展文明观赏礼仪规范教育，开展文明创建活动，引导市民增强礼仪、礼节、礼貌意识。继承和发扬北京在筹办百年党庆、冬奥会等重大活动中取得的精神文明成果，及时提炼和发扬抗疫过程中形成的守望相助的传统美德，让文明成果不断巩固深化。

发挥首都"文"物多的优势。以北京丰富多样的历史文化遗产和现代文化设施为载体，继承和发扬中华优秀传统文化，凸显其作为北京文明之源、历史之根的宝贵价值，提炼和展示中华优秀传统文化的文化精髓和当代价值，凸显中国传统为人处世的伦理智慧，着眼历史文化符号的日常体验及现代融合，培育北京市民深厚的文明素养。充分利用北京丰富的红色文化资源优势，以赓续红色血脉为主线，宣传好、使用好《北京公园红色旅游地图》，持续开展"爱党、爱国、爱北京"参观体验、"传承红色基因"教育等活动，引导干部群众把教育成果及时转化为文明实践，厚植青少年红色基因和爱国意识，引导他们崇德向善、见贤思齐。

## （二）全面激发社会活力

文明行为促进工作是全社会的责任，既要强调各级党委和政府的领导作用，又要积极发动"社会阵容"的参与，还要关注个体文明意识的培育与外化。

提高基层政府的社会动员能力。文明行为促进工作最需要广大市民的普遍支持和参与，关键要提高基层政府的社会动员力。提高群众参与率和满意度是文明行为促进工作的发力点和突破口。要充分了解民意，搭建群众乐于便于参与的平台，调动人民群众的积极性与创造性，引导市民群众自觉成为《条例》的学习者、传播者、践行者和守护者。特别重视运用受众多、传播快、效果佳的新媒介，不断增加传播的知识性、趣味性、通俗性，促进《条例》宣传贯彻与大众的关注点相结合，营造"人人关心、人人认同、人人参与、人人践行"的良好局面。

激发社会组织的创新活力。充分发挥社会组织的势能，有利于把文明行为促进工作转化为公民个体的实际行动。要发挥社区、单位、学校、社会团体等社会基层组织的执行力量，将《条例》内容融入社会组织的规章制度和具体工作，把《条例》的激励引导和惩罚约束功能落实落细。鼓励国家机关、企业事业单位、社会组织将《条例》规定纳入职业规范要求，将《条例》内容纳入任职培训、岗位培训。发挥社区、单位、学校、社会组织等社会中坚力量的创造力和贴近具体的社会优势，为解决具体问题提供更精准、更接地气的文明行为促进工作方案和办法，创造具有地方或行业特色的文明行为促进模式。

调动市民个体向善向好的内驱力。文明行为促进工作的最终成效要落实到公民个体，文明行为践履的关键是知行合一。要广泛吸引人民群众参与法律法规、行业规范和村规民约的制定，形成自我管理机制。要积极发动人民群众参与道德榜样的评选，将社会公德、职业道德、家庭美德、个人品德建设贯穿评选全过程，形成自我评价机制。要发挥行业标兵、劳动模范、社区好人等道德榜样的示范作用，激发人们向善向好的自我驱动机制。要广泛发动人民群众参与群众性创建活动，形成文明实践的自我教育、自我提高机制。

### （三）大力夯实文明基石

提高社会文明程度，重在建设。要以社会主义先进文化、制度和科技为基石，提升公民的思想道德素质、科学文化素质和身心健康素质，推动城市文明水平不断提高。

增强"讲好文明故事"的文化底蕴。打造北京特色文化精品，不断丰富优质文化产品供给，讲好首都故事，传播真善美价值。通过开展融思想性、知识性、趣味性于一体的群众喜闻乐见的文化活动，把文明促进工作辐射到家庭、社区、个人，使广大群众置身于公共文明建设的浓厚氛围中，提高市民的思想觉悟、道德水准和文明素养。

提升城市精细化治理的科技水平。善用新科技提高城市精细化管理水平，落实文明行为促进工作。一是利用人工智能技术精准感知市民的差异化、多元化、个性化需求，提供更精准、更细化和更科学的文明行动方案。二是充分运用互联网、大数据等现代信息技术的"绣花针"，通过网格化管理、城市大脑、统一信息平台等"技术+制度"的融合式治理创新，更加精准高效解决城市运行和市民生活中的文明实践难题。三是树立精准化、精细化治理思维，避免"一刀切"的形式主义思维，因地制宜、因事施策，促进公共文明状况持续性改进优化。

强化公共文明建设的制度保障。文明行为促进工作需要相关法律法规和相关政策保障。要把公共文明的基本要求融入公共决策，政策制度从设计制定到实施执行，都要体现文明促进理念，重视对公共政策道德风险的评估，促进公共政策与文明行为促进工作的良性互动，实现政策目标和价值导向有机统一。要强化法治保障，注重《条例》与相关法律法规的协同治理，在宣传《条例》的同时，加强相关领域法规宣传教育。要强化要素保障，各级财政要对精神文明建设、文明行为促进工作资金予以专项保障，优化支出结构，提升预算资源分配科学性、合理性，优先保障重大项目支出。

## （四）继续深化专项整治

增进民生福祉是文明行为促进工作的根本目的。文明行为促进工作要以人民群众切身利益为出发点，每年在全市范围开展不文明行为征集调查，针对公共文明领域突出问题，聚焦市民反映强烈的问题，形成专项整治行动。

全面拓宽"文明交通"系统整治。巩固深化"文明驾车 礼让行人"专项行动成果，落实交通文明三年行动计划，着力开展"文明出行、文明驾驶、文明载客、文明停车、文明乘车"等五大行动，集中整治各类突出问题。聚焦"文明乘车"，加大对地铁逃票、不排队乘车、地铁车厢饮食等不文明行为的整治力度，在公交车站和轨道交通沿线形成"排队候车、先下后上"的良好风尚，倡导礼貌让座、靠右乘梯等。聚焦"文明驾车"，做到机动车驾驶人不违法鸣号、不滞留路口、不压黄线、不随意变道、不违法停放、不占道停车，非机动车驾驶人不闯红灯、不在人行道骑行、不逆向行驶。聚焦"文明出行"，做到行人不乱穿马路，不闯红灯，不跨越隔离栏。聚焦"行车不抛物"，在城市高速路、市区主干道、易发地区等加强实时监控，结合路网监测信息，及时汇总不文明行为视频资料，联手新闻媒体、公安部门开展曝光和执法惩处。

持续深化"文明旅游"主题活动。围绕北京特大旅游城市特点，积极开展文明旅游、安全出行教育活动，提高旅游行业从业者和市民游客的道德水准、诚信守法意识和文明旅游素质。在机场、火车站、汽车客运站、高速道口等交通门户，AAA级以上旅游景点以及公园、文体场馆等公共场所广泛开展文明旅游宣传教育和志愿服务，做好北京文明旅游专列。开展文明游览主题活动，引导市民在游览过程中遵守秩序、礼让大度、爱护环境。建立游客不文明行为档案，形成游客不文明旅游信息通报和追责机制，健全个人旅游奖惩制度，加强规范约束，养成文明旅游的良好习惯。

持续推进"诚信北京"建设活动。诚信是立人之本，也是社会运行基石。结合"信用北京"建设和社会信用立法工作，大力加强市民诚信教育，树立诚信典型，弘扬诚实守信的人文传统和契约精神。统筹企业诚信和个人征信建设，在建立健全《企业诚信创建档案》基础上，建立《北京市民个人诚信档案》，推动将市民突出不文明行为纳入个人征信系统，以个人信用记录规范市民公共行为。完善守信激励和失信惩戒机制，推进诚信记录与市民生活福利挂钩，努力营造失信可耻、守信可敬的社会风尚。利用诚信活动周、国际消费者权益保护日、信用记录关爱日、全国法制宣传日等重要时间节点，开展主题教育实践活动，形成"争做诚信企业、争当诚信市民"良好氛围。

加强网络文明引导行动。网络空间是公共空间，网络文明是公共文明的重要形态。紧密结合全国文明城区创建等活动，加强互联网内容建设，加大先进典型网上宣传力度，推出一批弘扬主旋律、格调高雅活泼、网络特色明显的新媒体作品。健全完善网络综合治理体系，做强网络正能量传播，严控网上有害信息，推进互联网法治建设，完善社会协同治理，强化党建引领互联网企业健康发展，管网治网能力得到有效提升。规范互联网文明行为，明确网络是非观念，培育符合互联网发展规律、体现社会主义精神文明建设要求和首都特色的网络伦理和道德风尚，建设积极健康、向上向善的网络文化，营造清朗网络空间。

### （五）着力健全配套制度

《条例》实施两年来，全市相关部门积极做好与文明行为促进工作的制度对接。北京市人大在修订或出台《北京市志愿服务促进条例》《北京市反食品浪费规定》等法规时，相关条款都与文明行为促进要求进行对照协同，确保与《条例》有机衔接。首都精神文明办在调查国内外不文明行为折抵社会服务情况后，制定印发《关于实施〈北京市文明行为促进条例〉社会服务措施（试行）的通知》。市民政局出台了《参加生活垃圾分类等社区服务活动工作指引（试行）》，通过提供社会服务的形式对"不文明人"进行教育，增强他们的社会责任感和守法意识。在不文明行为信用记录方面，市文化和旅游局出台了《北京市旅游不文明行为记录管理暂行办法》。市经济和信息化局也进一步加强北京信用管理，强化市民"诚实守信"意识和行为。

深入调研总结《条例》实施情况，强化制度建设，完善配套措施，让制度更加贴近时代、贴近实际、贴近群众，进一步推进文明行为促进工作的规范化、制度化。一是要总结好近年来公共文明引导员队伍建设管理的有效经验和成功做法，进一步充实完善《北京市公共文明引导员管理办法（暂行）》，健全公共文明引导员队伍的培训、管理、保障等制度，使这支队伍在首都文明行为促进工作中发挥更大作用。二是要尽快研究制定《北京市文明行为记录制度》，出台对见义勇为、志愿服务、慈善公益等各类文明行为记录标准及褒奖措施，提升广大市民对文明言行的重视，促进社会文明新风的形成。三是要进一步健全完善"北京榜样"、道德模范等道德典型人物的关爱礼遇机制，通过走访慰问、关爱帮扶、邀请参加重要节日庆典活动等方式，树立"德者有得、好人好报"的鲜明价值导向。四是要贯彻落实《北京市关于加强网络文明建设的若干措施》，研究制定网络文明建设重点任务清单，持续推进网络文明建设。五是要设立新时代文明实践推动日。建议将 9 月 20 日全国"公民道德宣传日"定为北京市文明行为促进日，每年确立主题并开展相关活动，将文明行为促进融入精神文明建设大局。

# 结束语

习近平总书记指出："我们说的共同富裕是全体人民共同富裕，是人民群众物质生活和精神生活都富裕。"站在"两个一百年"历史交汇点上，我们要紧密团结在以习近平同志为核心的党中央周围，坚持以习近平新时代中国特色社会主义思想为指导，坚持党建引领，坚持以人民为中心，统筹各方力量，用好各类资源，团结带领全体首都市民，锲而不舍，一以贯之地抓好精神文明建设和文明行为促进工作，不断提高市民思想觉悟、道德水准和文明素养，促进社会文明进步，促进首都人民精神生活共同富裕，在建设社会主义首善之城上取得新成绩、达到新高度，为实现中华民族伟大复兴汇聚首都最坚强的精神力量。

（北京市委宣传部精神文明调查研究处供稿　执笔人：李　强　董爱军）

# 打造超大型城市文明创建"北京样本"

全国文明城市（区）是由中央精神文明建设办公室（以下简称"中央文明办"）牵头组织开展的一项城市创建示范活动，是社会普遍公认的综合性强、含金量高、公信力强的城市荣誉称号，包括全国文明城市和全国文明城市提名城市两个层级，每三年一个评选周期。目前，北京市有西城、东城、朝阳、海淀、通州、延庆6个全国文明城区（直辖市下辖区29个入选），丰台、石景山、门头沟、顺义、大兴、怀柔、密云7个提名城区（直辖市共30个入选）。

2021年新的创建周期开始以来，市委主要领导高度重视、高位统筹，多次召开首都文明委全会、首都精神文明建设工作大会进行部署，多次做出批示指示。在中央文明办全国统一评估中，北京市创建成绩连续两年位居全国前列，2021年2个全国文明城区、5个提名城区，2022年4个全国文明城区、5个提名城区，分别进入全国前10名，取得自2005年开展文明城市（区）创建以来北京的最好成绩。

## 一  提升政治高度，久久为功构建创建新格局

市委主要领导在全市月度工作点评会上，对推进文明城区创建提出要求。市委宣传部主要负责同志召开月度调度会，滚动推进痼疾顽症有效解决。首都文明委制定《关于深化文明城区创建的三年

行动计划（2021~2023 年）》《关于加强文明城区创建组织力量的若干措施》《关于组织驻京部队官兵积极参加首都地区文明城区创建工作的通知》等一揽子政策，进一步压实 16 区创建主体责任、首都精神文明办统筹协调责任和市级部门齐抓共管责任，形成"一把手"牵头、班子成员"一岗双责"、宣传部（文明办）组织协调、各部门全力协同、各层级密切联动的工作格局。出台《北京市创建全国文明城市奖励支持管理办法》，两年拨付进入全国前 10 名文明城区和提名城区奖励支持经费 1.5 亿元。

## 二　彰显城市温度，用心用情回应群众新期待

一是安全发展并重，强化机制支撑。依托月调度机制，紧紧把握大局大事，落实安全生产和隐患大排查大整治要求，聚焦老旧小区、背街小巷、农贸市场等与群众生活密切相关的点位，将文明城区创建与畅通消防通道、清理楼道堆物紧密结合，协同推进。

二是部门联动聚力，靶向整治顽疾。市城管委、市住建委、市交通委、市消防救援总队、市公安局交管局等部门协同发力，形成治理合力，以压茬滚动的方式，持续深化"文明驾车　礼让行人""堆物堆料清理""非法小广告清除""停车秩序规范"及"门前三包"等一系列专项行动，根治群众身边的痼疾顽症。

三是唤醒民众力量，共筑文明长城。通过广泛动员与倡议，鼓励广大市民从旁观者转变为参与者，积极支持创城、参与创城、服务创城，群众对创建成效满意度由 2020 年的 91.7%上升至 2024 年二季度的 99.47%，充分提升了每位市民的参与感与成就感。

## 三　拓展工作广度，多方联动积蓄发展新动能

一是擘画治理新图，深度融合创新实践。将文明城区的创建理

念深度融入基层社会治理，构建起文明创建与接诉即办、网格化治理体系的无缝对接桥梁，深化"创城+热线+网格"的三维联动模式，共享问题台账目录，互通问题整改标准，规范问题处置流程，实现数据共享、标准共遵、成果共用，提升问题整改效能和为民服务能力。

二是常态精准施策，构筑高效反馈闭环。坚持问题导向，常态化开展实地考察、问卷调查与材料自查，构建"日巡访、周检查、月评报"的测评体系。实时向各区域传达问题清单，同步抄报市级主管单位，紧抓整改进度，2023年度全市创城问题整改率达98.92%。

三是主题教育下沉，激发基层创建活力。结合主题教育开展"创建走基层"，对16个区进行全覆盖调研培训指导，增强了基层创建工作的生命力，力求将科学化、规范化、精细化的创建理念根植于每一寸土地，为全面提升文明城区建设水平奠定了坚实基础。

## 四　培育文明厚度，铢积寸累铸就城市新风尚

一是深化条例实施，点亮文明之光。深入贯彻《北京市文明行为促进条例》，精心打造"V蓝北京"等品牌活动，使之成为首都文明建设的闪亮名片。持续深化文明旅游等专项文明引导，不仅丰富了文明创建的内涵，更使市民公共行为文明指数逐年攀升，彰显了市民文明素养的显著提升。

二是弘扬榜样力量，引领道德风尚。连续十一年成功举办"北京榜样"主题活动，累计挖掘并展示了48万名来自民间的榜样人物，展示了其平凡中的非凡善举，他们的故事如同璀璨星辰，照亮了社会主义道德的天空，激励着无数人向善向美，是社会主义核心价值观的生动实践。

三是广泛汇聚力量，传递社会温情。广泛开展学雷锋志愿服务活动，461万实名注册志愿者以实际行动诠释了奉献、友爱、互助、

进步的志愿精神，他们如同温暖的阳光，洒满城市的每一个角落，传递着守望相助的中国温度，凝聚起社会进步的强大正能量。

四是夯实文明阵地，共建共创共享。依托新时代文明实践中心、基层宣传栏、公益广告等多元化平台，文明创建活动与市民生活紧密相连，实现了"天天见"的常态效应。这些阵地不仅成为传播文明理念的重要窗口，更激发了市民群众的参与热情，形成团结奋进、创先争优、共建共治共享的浓厚氛围，为首都文明城市建设持续注入活力与动力。

（北京市委宣传部精神文明创建活动指导处供稿　执笔人：王亦宁　解国杰）

# 北京榜样引领城市道德新风

为深入贯彻落实习近平新时代中国特色社会主义思想，深入推进社会主义核心价值观建设，推动"立大德、明公德、严私德"，提高人民道德水准和文明素养，更好地激发首都人民群众为美好生活而奋斗，从 2014 年开始，由北京市委宣传部、首都精神文明办主办，北京广播电视台承办，在全市创新开展了"北京榜样"主题活动。

习近平总书记指出："伟大时代呼唤伟大精神，崇高事业需要榜样引领。"榜样选树是思想政治教育的重要手段和凝聚人心的重要法宝。"北京榜样"主题活动开展以来，宣传树立了一大批立得住、叫得响、传得开的榜样人物，已成为首都地区培育和践行社会主义核心价值观的重要载体和品牌。

## 一 完善机制，规范北京榜样选树工作

注重把"由上而下"抓典型，改为"由下而上"推榜样，按照"层层举荐、周周上榜、月月公益、全媒传播"的思路宣传树立北京榜样，着力把推荐榜样的过程变为学习榜样的过程，持续促进选树工作升级。

### （一）多方举荐，扬善向新

在社区（村）、街道（乡镇）、各区各系统层层推荐基础上，开辟畅通首都高校、互联网企业、民营科技企业等举荐渠道，推出了

174

史晓刚、郎佳子彧等具有朝气和梦想的"90后""00后"时代新人。重视开通媒体举荐直通车，倡导各新闻媒体把随机采访中发现的特色鲜明、事迹生动的优秀市民，直接推荐给组委会办公室，"6·15朝阳见义勇为群体""中国好邻居张旭""2023北京抗洪救灾群体"等，经媒体推荐，第一时间荣登"北京榜样"榜单。

### （二）评委扩容，广开言路

组委会办公室加强联络协调，推动评委会由主办、承办单位负责同志和相关领域专家组成，发展到新媒体管理部门、教育部门、工青妇组织、社会各界代表等共同参与，并邀请岳屹山等"网络大V"，周宪良、张晓艳等全国道德模范，人民日报、新华社、中央电视台相关负责人，各级人大代表、政协委员、市民代表等担任评委，实现了由机关闭门评选到广开评选言路的转变。

### （三）贴近民生，走进基层

注重把"北京榜样"评选地点由机关搬到基层一线，协调各区各系统轮流承接每月评选活动，安排进社区、企业、警队等基层单位，在现场观摩、经验介绍、面对面倾听群众意见基础上，遴选当月上榜人物。从办公室走出去开门评选北京榜样，使每个评委都能充分、直接听到基层和群众意见建议，极大调动了各区、各系统参与积极性，增强了"北京榜样"活动对市民群众的吸引力，促进了榜样评选公平、公开、公正。

截至目前，本市各级举荐的身边榜样已达48万人，层层遴选进入市级"榜样库"的榜样候选人接近1.65万人，累计推选产生近1600组榜样，年度榜样人物及年度特别奖近200组，月榜及月度特别榜近600组，周榜近800组，覆盖了各个群体、各行各业。

## 二 深度融合，构建"全媒矩阵"传播生态

经过十年的深入探索和扎实推进，"北京榜样"按照"融媒体、

全时段、多载体、广覆盖"的宣传原则,着力发挥融媒聚合效能,推动新闻媒体持续跟踪报道,主流媒体和新媒体平台齐聚发声,使得报道逐年密集,曝光连年倍增,全方位构筑链条式精准传播路线,形成了强时效、强覆盖、强声量的"三强"宣传格局,凝聚起新时代建设首都的强大力量,让榜样"声音"传得更响更远。

### (一)立足首都定位,紧跟社会新热点

十年来,"北京榜样"主题活动根据党的路线方针政策及市委市政府决策部署进行形式多样的策划创意,在内容设计和传播方式上开拓创新,不断升级,扩充内容领域,拓展宣传渠道,实现活动创作与传播效果的一次次跨越。

2014~2018年的五年间,"北京榜样"坚持从街道(乡镇)和社区(村)做起,围绕全市中心工作选树榜样。宣传工作紧贴时代脉搏,围绕深入贯彻党的十九大精神、城市副中心建设、生态文明建设、脱贫攻坚等时事热点,通过"刊登公益广告、推出新闻调查行动、开设活动专题页面、开通点赞通道、创办专题专栏、制作音频节目"等宣传手段,对榜样选树、"学榜样 我行动"、"礼遇榜样公益活动"、"为榜样点赞"等系列活动进行多渠道、多维度、多地域宣发,集全媒之力办好"四件大事",选好榜样人物、讲好榜样故事、传递榜样力量、弘扬榜样精神,让"北京榜样"成为首都地区公认的、具有全国影响力的培育和践行社会主义核心价值观的品牌活动。

2019年,"北京榜样"优秀群体获得"时代楷模"称号,这是目前全国唯一一个获此殊荣的城市榜样群体。自此,"北京榜样"踏入品牌迭代升级的新征程。宣传方面,紧密围绕建党百年、新中国成立70周年、疫情防控、双奥之城、文明创建、乡村振兴、学习贯彻党的二十大精神、传承新时代雷锋精神等时事热点,配合选树工作与各项落地活动,推出综述报道、评论文章、报告文学、专版专栏、专题片等媒体产品及H5、长图、短视频、动漫等一批新媒体产

品，持续不断擦亮"北京榜样"金字招牌。

**（二）坚持全媒体传播，全景呈现传播新生态**

十年间，"北京榜样"探索运用"中央厨房"融合新闻生产模式，实现"北京榜样"重大报道一体策划、一次采集、多种生成、多元传播；组建"音、视、报、网、微、端、户外"七位一体的宣传矩阵，有效形成强时效、强覆盖、强声量的"三强"传播态势。北京榜样还充分发挥区级融媒体中心作用，着力构建"1（中央厨房）+N（区级融媒中心）"媒体矩阵。各区属电台、电视台开设专栏，网站开设专题网页，区属官方微博、官方公众号同步发布"北京榜样"动态信息，一大批榜样人物通过新媒体走近百姓。"1+N"矩阵联动协作，有效增强"北京榜样"品牌辐射力、提高群众知晓率。

传统媒体宣传实现常态化，突显引领性和权威性。北京日报、北京广播电台、北京电视台等市属媒体，充分做好"北京榜样"事迹报道工作，统一发布周榜、月榜人物名单，同时还积极向人民日报、新华社等中央媒体推送，增强传播力。据统计，每年在中央、市属传统媒体刊发的相关报道均在2000条以上。中央电视台《新闻联播》《焦点访谈》等黄金栏目，多次报道"北京榜样"事迹，《人民日报》刊载《北京榜样》长篇报告文学，新华社多次刊发长篇通讯，《求是》杂志登载阐释榜样精神的重要理论文章。同时，自2022年5月开始，组委会办公室创办《北京榜样》专刊，每月推出一期，刊登当月周榜、月榜人物事迹，介绍各区、子品牌单位选树宣传工作动态。创刊以来，共收到各单位相关稿件1500余篇，发放专刊一万余份，扩大了北京榜样活动的影响力。

新媒体因其传播渠道的丰富多样性，传输内容的多元交互性，搭载内容的快速开放性、广泛丰富性等，成为各大品牌的宣发利器，"北京榜样"也不例外。在市委网信办支持下，协调北京地区重点网站和新媒体开设专题、专栏，第一时间在新媒体推出榜样故事和开展"学榜样 我行动""为榜样圆梦"等系列活动。据统计，每年在重点网站、新媒体平台报道及转载量平均超过2.5万条。利用"北京榜样官微"开设原创线上栏目"榜样会客厅——榜样人物系列访谈""学习榜样 走近榜样""润物无声"。策划开展"榜样演榜样"活动，通过抖音、快手等短视频平台加强传播，深受年轻群体喜爱。开展"身边有榜样 奋斗有力量"短视频征集大赛，线上线下同步宣传推广。

### （三）创新拓展渠道，推动宣传入民心

组织开展"北京榜样"进社区、学校、企业、机关、军营、农村巡讲活动。各区、各行业（系统）广泛开辟宣传渠道，充分利用区、行业（系统）新闻媒体加强宣传，用好电子大屏和社区（村）宣传栏，用好微信矩阵和文艺载体，先后推出《北京榜样》主题曲及系列情景剧、舞台剧、广播剧，着力打造接地气、有人气、冒热气的文化精品，为榜样立传，为时代明德。

十年来，"北京榜样"主题活动媒体刊发报道量逾1.9万条。歌华有线电视曝光量超1.9亿次，互联网各平台视频播放量超9亿次，短视频大赛曝光量超11.2亿次，公益看台活动曝光量超4332万次，#北京榜样#微博话题阅读量1.5亿次，"为榜样点赞"覆盖人数超8.7亿人次，总曝光量超34.6亿次。

# 三 礼遇升级，实现榜样活动多态化

十年来，各项"北京榜样"系列实践活动，让学习榜样、礼遇榜样的文明风尚，传播到城市生活中的方方面面，取得了显著的品牌效应和社会效益。广泛组织开展的"北京榜样"故事巡讲活动走进社区、学校、工厂、机关、军营、农村等，与广大干部群众互动交流，大力传播社会主义核心价值观；"学榜样 我行动"活动引领带动大批市民积极参与城市建设、践行公共文明，共同营造文明有

礼、崇德向善的城市风尚；关爱礼遇榜样活动的常态化、制度化，在全社会树立了"德者有得"的正向价值导向，激励更多市民积极主动学习榜样、崇尚榜样、争做榜样。

**（一）深挖细作，以声致远**

为了以榜样的力量影响人、感染人，传递感动，延续精神，大力传播社会主义核心价值观，2016 年，市委宣传部、首都精神文明办以"北京榜样"为主体组建了各级巡讲团，针对先进典型的事迹类型和人物特点，精心编排宣讲案例、强化内容和形式创新，采用报告会、分享会、故事会、文艺节目等新颖形式，走进社区、学校、工厂、机关、军营、农村，讲好榜样故事，与广大干部群众互动交流，引导更多市民加入"学榜样 我行动"队伍。

2019 年，北京榜样优秀群体获"时代楷模"称号后，组建了"时代楷模"北京榜样优秀群体先进事迹宣讲报告团，先后赴北京市各区和机关企事业单位举办巡回宣讲近 80 场。8 月，宣讲报告团分赴河北、天津、湖北、广东、上海等地巡讲，共吸引观众近 10 万人次，网络点赞量达 56 万人次。宣讲报告团还应邀走进全国宣传干部"四力"培训班，为来自全国 31 个省（区、市）、新疆生产建设兵团及副省级城市宣传文化干部做报告。10 月，宣讲报告团走进首都高校，启动了"走进百所高校、走近百万大学生"巡讲活动。2020年以来，已走进 60 所高校巡讲，现场参与师生总数超 5 万人，线上观看人数累计超百万。

十年来，共举行事迹报告会近千场，其中全市基层百余场、"不忘初心"主题教育 15 场、赴全国部分省市 5 场，直接受众超过 30万人，通过网络直播观看超过五百万人次。

**（二）全民参与，榜样带头**

十年来，为充分发挥榜样模范人物的示范带动作用，结合全国文明城区创建，持续不断地推进"学榜样 我行动"实践活动，把学习榜样精神的感动转化为传递榜样力量的自觉行动，形成人人都做好人好事、人人争当榜样的良好社会风尚，在各界开展"重品行、树形象、做榜样"实践活动。在全市 17 个新时代文明实践中心、362 个文明实践所、7072 个文明实践站，打造由榜样人物带头、群众广泛参与的文明实践队伍，在传播新思想、科技知识普及、帮扶困难家庭与空巢老人等方面开展志愿服务活动，倡导文明新风。

依托首都文明网、"文明北京"微信公众号等渠道开设的"为榜样点赞"网络互动活动，为市民了解榜样敞开了大门。每年年底，"北京榜样"年榜候选人出炉后，为榜样点赞、留言成了广大市民群众向榜样群体学习的一个热点活动。

在北京的"周末卫生大扫除""门前三包""蓝天行动""夏季空调调高一度"等活动中，"北京榜样"也走在前头，市民群众一呼百应，人人参与公共文明行动成为城市新时尚，使城市文明程度有了新提升。

### （三）礼遇榜样，制度常态

为不断强化"德者有得、好人好报"的价值导向，"北京榜样"积极推动关心礼遇榜样常态化、长效化，协调北京市各委办局、各区文明办、各大企业机构等，提供文化娱乐、医疗服务、日常生活等方面礼遇服务，让每一位榜样都被尊重、被礼遇，从而带动更多的群众见贤思齐、向善而为，为推进首都的高质量发展提供强大精神力量。一是积极建立礼遇榜样制度。礼遇榜样被纳入市、区两级精神文明建设各年度工作要点，每逢元旦、中秋、国庆等节日为榜样办一件实事，每年春节走访慰问北京榜样个人家庭，给全体榜样人物发送慰问信、赠送春节吉祥包，礼遇榜样逐步实现常态化、长效化。二是持续探索拓展礼遇榜样形式，比如，开辟"礼遇榜样公益看台"，邀请榜样群体观看体育比赛、观赏新年音乐会、参与国庆天安门敬献花篮仪式、录制北京广播电视台春晚以及走进中国共产党历史展览馆、天桥艺术中心、香山革命纪念馆等进行参观交流，组织榜样子女参加暑期夏令营，组织榜样代表到慈铭体检中心进行免费体检等，不断扩大礼遇榜样覆盖面。三是启动联盟礼遇机制。吸纳各区、各系统单位更多优质资源加入礼遇榜样联盟的队伍，定制礼遇服务内容手册并向北京榜样颁发"北京榜样证"，推动实现"德者有得、好人好报"的目标。

未来，"北京榜样"将始终以习近平新时代中国特色社会主义思想为指导，立足首都城市战略定位，以培育和践行社会主义核心价值观为根本任务，以评选表彰北京市精神文明建设先进典型为契机，坚持"首善、一流、最好"的工作标准，助力推动文明培育、文明实践、文明创建，为新时代首都发展提供强大精神动力和丰润道德滋养。

（北京市委宣传部精神文明宣传教育处供稿　执笔人：董济呈宁彤彤）

# 北京市多措并举推进未成年人
# 思想道德建设

近年来，北京市坚持以习近平新时代中国特色社会主义思想为指导，深入贯彻落实习近平文化思想，始终聚焦立德树人根本任务，锚定为党育人、为国育才使命，始终把未成年人思想道德建设作为希望工程、民心工程和强基工程，加强系统谋划，推动部门联动，扎实做好"四篇文章"，不断增强首都未成年人思想道德建设工作的科学性、针对性、实效性，教育引导广大未成年人向上向善、忠于祖国，努力成长为担当民族复兴大任的时代新人。

## 一 做好"组织领导"文章，不断健全各级领导体制和工作机制

未成年人是祖国未来的建设者。加强和改进未成年人思想道德建设，关系到未成年人的健康成长，关系到首都经济社会的高质量长远发展，关系到国家前途和民族命运。高度重视未成年人的思想道德建设是一个战略性的举措，更是长线投资。北京市坚持以首善标准，认真贯彻落实中央部署和要求，不断强化未成年人思想道德建设的长效化制度机制。

一是凝聚共识形成合力。市委、市政府把加强和改进首都未成年人思想道德建设作为一项长期战略任务，不断优化党委统一领导、

党政群齐抓共管、文明委组织协调、有关部门各负其责、全社会积极参与的领导体制和工作机制。每年召开首都精神文明建设大会对未成年人思想道德建设做出安排部署。不断健全市、区、街道（乡镇）、社区（村）四级领导体制，发挥未成年人思想道德建设工作联席会、未成年人保护工作委员会等议事机构机制作用，定期召开专题会议，进一步找准发力点，推动工作落实落小落细。

二是定期调度稳步推进。着力完善形成社会化共建机制，推进职能分工制度化，建立健全未成年人思想道德建设目标任务、责任追究、工作推进、协同配合、社会参与等方面的体制机制。市委宣传部（文明办）切实担负起组织协调、指导督促责任，市委常委、宣传部部长每月召开一次文明城区创建工作调度会，合力推进首都未成年人思想道德建设工作重点任务落实，着力解决工作中存在的具体问题。

三是强化督查跟踪问效。突出问题导向、效果导向，坚持每年常态化开展首都未成年人思想道德测评和文明校园测评，对全市16个区和所有文明校园进行分层次、不定期、多批次、回头看、全覆盖测评，年底在全市通报。每月及时向各区反馈测评结果，督导各区加强自查自纠，举一反三，及时整改，推动各区各单位真正把未成年人思想道德建设融入日常、抓在平常。同时，持续深入开展"首都文明校园创建故事分享会活动"品牌活动，提高广大师生知晓率参与度，引领文明风尚，不断提升师生文明素养。

## 二　做好"协同育人"文章，持续完善学校、家庭、社会"三位一体"工作体系

全市不断健全学校、家庭、社会"三结合"协同育人的体制机制，明确落实相关部门、组织、机构的育人职责，分解任务，落实责任，加强督查，形成在时空上互为一体，学段上密切衔接，内容

上统筹规划，家校社各负其责、密切协作的育人格局。

一是充分发挥学校教育的主阵地作用。开展小初高思政课一体化研究，评选认定 54 个中小学思政课示范基地，依托示范基地开展思政课教学研讨和教学基本功培训与展示活动，提高思政课教师课堂教学能力水平。全面推进"大思政课"建设，坚持开门办思政课，调动社会力量和资源，建设"大课堂"、搭建"大平台"、建好"大师资"。

二是统筹推进家庭教育工作。在全市构建市、区协调机制统筹，专家力量支撑，市、区、街（镇）、社区（村）四级指导服务机构贯通，多元社会力量参与的"114N"家庭教育指导服务工作体系，实现区级家庭教育指导机构全覆盖。健全家校合作机制，深入推进家长教师协会、家长学校、家长委员会建设。连续三年采取购买服务的方式，以"家庭家教家风"为主题，通过公开招募、专家评审、专业评估等环节，与社会组织合作实施家庭文化季系列项目，共实施了 107 个项目，开展各类服务和活动 1821 场，直接服务 110 万余人次，间接惠及 2500 万人次，形成家庭家教家风建设共建共享的格局。深化"寻找首都最美家庭"活动，分层分类选树、滚动式寻找爱国爱家、科学教子、绿色环保等家庭典型，全市命名"最美家庭"65 万余户。成立"家风文化研究与展示中心"，开设线上"中华家风北京馆"，连续 7 年举办中华家风文化主题展，年均参观人次 20 万左右，多角度立体化倡扬家庭美德。

三是社会教育的平台建设日益加强。全市以文化、"五老"、社区文教助理等队伍建设为主，通过举办"家校社共育"线上公开课等活动，广泛开展丰富多彩的家校社联合共建，实现了未成年人教育管理的社会化运作。建立家门口的社区成长营，广泛开展"争当社区文明小使者"主题实践活动。发挥新时代文明实践中心（所、站）、社区活动中心的作用，加强校外教育机构布局调整，在全市构建与学区化建设、市民教育基地建设相结合的网络格局，推动校外活动资源优质均衡发展，为未成年人就近就便参与校外志愿服务等实践活动提供服务和平台。

# 三　做好"实践育人"文章，扎实推进 "扣好人生第一粒扣子"主题教育活动

围绕立德树人根本任务，以"扣好人生第一粒扣子"主题教育实践活动为主线，开展特色鲜明、吸引力强、激励作用明显的主题教育活动。

一是积极撬动社会资源，扎实推动中华优秀传统文化传承不断深入。整合全市各类资源，统筹协调社会大课堂资源单位达1300多家，启动社会大课堂活动，中小学校每年组织学生走进社会大课堂开展"中华美德少年行""我们的节日"等系列活动，弘扬中华优秀传统文化。依托国家大剧院高雅艺术殿堂优势资源，连续12年开展"做文明有礼的北京人——市民高雅艺术殿堂文明行"主题活动，通过参观与艺术普及教育相结合，游览与高雅艺术体验互动的特色模式，每年组织10万人次青少年分批分期走进国家大剧院，参加丰富多彩的文明观演活动，提升青少年文明素质和艺术文化素养，不断用明德引领风尚。

二是深挖红色资源，持续开展"七个一"活动。发挥爱国主义教育基地等公共文化设施社会教育功能，组织每名中小学生在校期间分别走进一次国家博物馆、首都博物馆、军事博物馆、抗日战争纪念馆、党史展览馆、香山革命纪念地、北大红楼，将传承红色基因教育向课堂外、校园外延伸。全市近200家爱国主义教育基地免费向未成年人开放，利用"六一""十一"等重要时间节点，以"学、讲、唱、做"的方式，在全市广泛开展"网上祭英烈""向国旗敬礼"等教育实践活动，引导广大未成年人坚定理想信念、鲜明价值取向、传承红色基因。

三是创新宣传形式，扎实开展"新时代好少年"学习宣传实践活动。每年以选树的 30 位首都"新时代好少年"为主角，在北京广播电视台举办"筑梦新时代争当好少年"——首都未成年人思想道德建设展示活动，并以全媒体多矩阵宣传方式对好少年的事迹进行全方位报道。充分发挥"新时代好少年"典型的正向激励作用，组织中小学生开展线上线下学习交流活动，使广大未成年人学有榜样，行有目标。

四是推动美育浸润，广泛开展"童声里的中国"少年儿童合唱活动。以"童声嘹亮 唱响中国"为主题，在校内校外组织广大未成年人，广泛开展"童声里的中国"少年儿童合唱活动，组织创作征集并推广一批启迪心智、陶冶情操、易于传唱的歌曲。全市各区依托中小学金帆合唱团，以点带面，建立"班—校—区"三级合唱梯队，创新开展集审美赋能、创意实践、人文升华于一体的合唱展演活动，让孩子们在美育滋养下健康成长，持续推动合唱活动在少年儿童中火起来、热起来，唱响爱党爱国爱社会主义的时代主旋律，从小打下"四个自信"的基础，争做德智体美劳全面发展的社会主义建设者和接班人。全市 1800 余所中小学校的 1163 个合唱团（队）广泛开展班、校、区合唱节比赛 93 场，合唱展演活动 293 场，参与合唱活动的少年儿童达 12 万人。

五是加强心理健康服务体系建设，扎实开展未成年人心理健康服务。在全市基本形成全员心理健康辅导局面，建立"市—区—学校（社区）"三级心理健康服务网络。开通市级 24 小时师生家长网络心理咨询服务平台，加强医教结合，研究建立学生心理危机识别和干预机制，全力防范学生心理危机引发极端事件。在国家大剧院开展"艺术相伴，阳光成长"青少年心理健康主题活动，用艺术滋润和感染青少年心灵，培育未成年人坚韧不拔、自信乐观、理性平和、积极向上的心态。积极推动未成年人心理健康服务工作开展的日常化和全面化，健全完善心理健康辅导的制度建设，建立心理健康服务人才激励机制，加大心理健康服务队伍培训工作，积极广泛有效传播心理健康知识，倡导健康生活方式，不断拓宽心理健康服务渠道。把未成年人心理健康作为重点工作进行安排部署，将未成年人心理健康工作与未成年人思想道德建设工作测评、文明城区创建、文明校园创建、文明家庭创建等工作有机融合，进一步落实和推进心理健康服务工作。

# 四 做好"环境育人"文章，大力优化未成年人健康成长的社会环境

全市着力用优秀的文化和优质的文化服务感染未成年人，着重从优化和净化两个方面开展工作，持续净化未成年人健康成长的社会文化环境。

一是加强精品创作，为未成年人推出丰富精神食粮。着力在创作、生产、传播未成年人文化精品上下功夫。宣传、文化等部门切实抓好面向首都未成年人的文艺精品和重点项目，积极支持优秀少儿歌曲、动漫、网络游戏、影视节目、出版物的创作生产，近年来推出一批深受首都未成年人欢迎的精品力作。综合利用题材规划、全程服务、智库支撑、基金扶持等手段，引导各创作制作播出机构先后推出广播剧《北大红楼》、电视节目《穿越吧少年——"红色穿越之旅"》、动画片《最可爱的人》等一批传播当代中国价值观念、体现优秀传统文化、反映未成年人审美追求的优秀文艺作品。坚持融合传播，建设"大宣传"服务平台，统筹各区融媒体中心全媒体宣传平台，为首都广大未成年人推出优秀精神文化产品。

二是严格监管审查制度，为未成年人营造健康社会文化环境。党政部门牵头建立强有力的综合协调指导机构，加强宣传、网信、公安、民政、妇联等部门联动，形成统筹协作机制、社情预警机制、权责奖惩机制、援助机制、财政保障机制等一整套监管机制，重点

在未成年人保护、文娱领域综合治理、网络环境专项治理等工作上加强合作，净化未成年人成长环境。制定北京市《进一步加强广播电视和网络视听文艺节目管理的实施细则》，对过度娱乐化、商业化和血腥暴力等影响未成年人思想道德建设问题进行严格管控。建立健全未成年人节目监听监看制度，完善未成年人节目问题举报机制。严格落实文娱综治要求，压实播出机构落实主体责任，开展网络影视剧专项自查，下线节目近600部。坚持每年在全市开展"打击侵权盗版""整治中小学校园周边出版物市场及文化环境"等专项整治行动，集中治理中小学周边出版物市场环境，全面净化未成年人校外文化市场环境。

三是建设未成年人网络素养教育专业师资队伍，吸纳社会工作者、心理咨询师、律师、高校老师等，培养和建立一支兼职专职相结合的未成年人网络素养教育专业师资队伍，研发和审核适合不同年龄段的网络素养教育课程。

（北京市委宣传部未成年人思想道德建设工作处供稿　执笔人：董庚云　李　阳）

# 北京市大力夯实新时代文明实践
# 基层阵地

## 一 建设背景

习近平总书记强调，基层工作很重要，基础不牢，地动山摇。宣传思想工作的服务对象在基层，工作主体在基层，任务落实靠基层，要牢固树立大抓基层的鲜明导向，把抓基层、打基础作为长远之计和固本之举。2018 年，为进一步加强基层思想政治工作、夯实党的执政基础，以习近平同志为核心的党中央从政治和战略高度做出了建设新时代文明实践中心的重大部署。

2018 年 7 月，习近平总书记主持召开中央深改委第三次会议，审议通过了《关于建设新时代文明实践中心试点工作的指导意见》，在 12 个省（市）的 50 个县（市、区）开展试点工作，北京市延庆区是四个直辖市中唯一的试点区。2019 年 10 月，中央文明委印发《关于深化拓展新时代文明实践中心建设试点工作的实施方案》，将试点范围覆盖到全国 31 个省（区、市）和新疆生产建设兵团，数量由 50 个增加到 500 个，北京市朝阳、海淀、门头沟、昌平、怀柔、延庆 6 个区入选。2021 年 11 月，中办印发《关于拓展新时代文明实践中心建设的意见》，要求各省市区文明实践中心建设全面铺开，全面覆盖全国所有县级行政区。

北京市高度重视新时代文明实践中心建设工作，市委常委会专题研究部署，成立市工作领导小组，把新时代文明实践中心建设纳入意识形态工作责任制巡查，纳入群众性精神文明创建，纳入全市月度工作点评会等市级考核，将建立新时代文明实践活动体系纳入地方立法。北京市在系统总结延庆区工作经验基础上，于2019年4月召开了新时代文明实践中心建设动员部署大会，印发了全市总体方案、志愿服务二十条和市级单位分工方案，坚持城区郊区一体推进，率先在全国实现了区域全覆盖。2019年9月，北京市召开融合贯通"三个中心"推进会，积极构建精准服务市民群众的大众平台。2022年2月，以市委办公厅名义印发《北京市关于进一步深化拓展新时代文明实践中心建设的实施方案》。各区按照有场所、有队伍、有活动、有项目、有机制的"五有"标准，聚焦传播党的创新理论这个首要任务，盘活用好阵地资源，统筹调配志愿服务力量，坚持在服务群众中教育引导群众，全力推动新时代文明实践中心建设向纵深发展。目前，各新时代文明实践中心（所、站）在传播党的创新理论上更接地气，在服务市民群众中凝聚人气，在推进社会治理现代化中弘扬正气，展现出旺盛的生机活力，在推进基层宣传思想文化和精神文明建设工作中发挥着重要作用。

## 二　主要做法

### （一）抓资源整合，打造"大集团作战"新格局

深入构建中心、所、站三级组织体系，建成了17个新时代文明实践中心、362个文明实践所、7072个文明实践站，命名建设了覆盖理论宣讲、文体卫等领域的市级文明实践基地260家，区级文明实践基地1100多家。融合贯通新时代文明实践中心、区级融媒体中心和区政务服务中心，推出集信息发布、政务服务、文明实践等功能于一体的网上综合服务平台APP，形成"点单—派单—接单—评

单"精准服务模式,实现"群众吹哨、志愿者报到"。打通科、教、文、体、卫等各系统阵地资源,推动各区文明实践中心、所、站资源交流互动,整合形成理论宣讲、教育、文化、科技科普、健身体育、卫生健康等专业服务平台。统筹整合基层综合性文化服务中心、图书馆、博物馆等阵地资源,通过建立文明实践服务岗(点)、文明实践驿站等方式,将文明实践覆盖到书店、交通场站、商务楼宇、公园等场所,让文明实践触角延伸到基层神经末梢和每一个角落。

### (二) 抓理论宣讲,推动党的声音进万户

用好"新时代首都发展巡礼"专题报道、"二十大精神资料包"、"基层理论学习中心组学习参考资料"等理论研究成果,加强理论宣讲专业队伍建设。统筹指导各中心、所、站组织6300多支百姓宣讲团成员认真学习北京市习近平新时代中国特色社会主义思想研究中心、《北京日报》理论周刊、《前线》杂志等刊发的优秀理论文章,提高宣讲员的理论水平,丰富完善宣讲稿的故事性、通俗性,进一步增强宣讲活动的吸引力和感染力。大力宣传推广"新时代学习路"宣讲团、"红色直播间"等先进经验做法,丰富理论学习传播内容供应。创新推出沉浸式宣讲,积极开辟生活化、日常化的宣讲场景,深入田间地头、胡同小院、乡村林场等不同场景,打造"大运河林下讲习所""科技小院讲习所"等特色宣讲阵地,把理论宣讲的"主战场"搬到老百姓生产生活的现场。结合学习宣传贯彻党的二十大精神,用好中央单位思想理论资源优势,通过基层宣讲、交流研讨、参观、观看红色影视剧等方式,讲好中国故事、中国共产党故事、新时代故事,大力推动党的创新理论进入大街小巷、田间地头。

### (三) 抓思政工作,夯实党长期执政群众基础

针对首都高校众多等特点,制定以信仰行、红色行、古都行、文艺行、志愿行、园区行六项机制为抓手的"'京'彩文化 青春绽放"1+6行动计划,建立健全首都高校师生常态长效参与文明实践工作机制,发动首都高校师生等高知群体积极参与文明实践活动,

接受思想洗礼。在中关村科技园海淀园、石景山园、门头沟园以及经济技术开发区等科技园区中开展"青年马克思主义读书会"活动，教育引导科技企业青年做新时代马克思主义的信仰者、践行者。围绕教育"双减"、就业、老旧小区升级改造等百姓最关心的理论政策热点，推出"惠民政策月""政策公开讲"等系列活动，广泛宣传党的政策主张，凝聚社会共识。积极构建文明实践网格，将中心（所、站）、辖区单位、家庭、孤寡老人、残疾人、存在思想困惑群众等各类服务对象所在地作为文明实践单元，及时了解掌握大家的需求和思想动态，做好宣教帮扶工作。开展全市网络文明宣传季活动，净化网络生态，为市民群众提供文明清朗网络空间。

## （四）抓志愿服务，推动文明实践工作提质增效

统筹整合 23 家市级部门资源，依托市志联、市律协、市慈善义工联合会等资源力量，成立 11 家市级部门专业志愿服务总队，通过"点单派单"等方式，面向基层所、站提供法律、卫生健康、水电气等专业技能服务。通过建联盟、搞结对等方式，畅通首都高校与地区联动互动渠道，组织首都地区科研院所、文艺院团与文明实践中心（所、站）挂点联系，把首都地区高校高知资源丰富优势充分发挥出来，提高文明实践志愿服务的质量和水平。从党政机关、国有企事业单位选派 6400 余名政治过硬、业务精专的干部作为"文明实践志愿服务指导员"，为社区（村）文明实践站提供包干服务和指导。建立由专家学者、优秀志愿者组成的志愿者培训师资库，按照志愿者、志愿者骨干、志愿服务组织管理者三个层级分层分类开展相关知识和技能培训，提高志愿者服务水平。抓住每月"新时代文明实践推动日"，精心策划开展"'京'彩新时代 文明在行动"等丰富多彩的文明实践活动，进一步丰富市民群众精神文化生活需求。广泛开展"爱满京城""爱心助残"等主题活动，动员引导广大志愿者积极参与邻里守望等常态化志愿服务活动。加强中心、所、站规范化建设，推出全市统一的文明实践活动标识，规范志愿者注册、

招募、培训等程序，增强文明实践仪式感、庄重感。按照"平战结合"要求，建强"蓝天救援""蒲公英"等 10 余支社会力量应急志愿服务队以及医疗、科技、心理疏导等 8 支专业应急志愿服务队伍，进一步壮大常态化应急工作力量。

### （五）抓为民服务，推动"为群众办实事"精准化常态化

通过实地走访、在"三个中心"APP 开设"我为群众办实事"专栏等方式，畅通群众诉求表达渠道，及时、准确把握群众关心关切问题。根据群众需求和群众关切，推出"一米阳光"精细服务、"情暖夕阳空巢有爱"、"银龄卫士"、"数字反哺"、"189 服务圈"、相"育"在一起等志愿服务项目 1 万余个，做到未诉先办。充分发挥"三个中心"APP 在文明实践精准服务市民群众方面的龙头带动作用，借力"街乡吹哨、部门报到""12345 接诉即办"等工作机制，加强与其他部门协调协作，回应和解决群众诉求，做到事事有回应、件件有落实。比如，延庆区依托"北京延庆"APP 服务系统和各类公共服务进社区、进村庄平台，通过"文明实践大集"进行线上线下精准匹配，将 100 个党员干部为民办事特色志愿服务项目、2000 个群众性志愿服务项目一站式送达群众身边；昌平区通过"三个中心"APP 平台，已累计完成"点单""派单"活动近万次，服务群众 30 多万人次。坚持就近就便原则，在群众身边广泛搭建志愿服务站点，为群众提供暖心服务。比如，海淀区利用贝壳找房公司拥有的互联网技术优势和社区门店多、距离群众近的优势，建设了 220 个文明实践友邻志愿驿站，向广大居民提供免费饮水、应急药箱、爱心图书捐赠等 21 项志愿服务；朝阳区打造"将小爱"暖心驿站，设置休息区、空调、冰箱、微波炉、饮用水、手机充电、应急意外伤护理急救箱等物品，为快递小哥、网约的哥、保洁员、保安、家政服务等新业态群体提供长期服务和关怀，在不断增强群众获得感、幸福感、安全感中凝聚和引导群众。

### （六）抓文明引导，助力全国文明城区创建

选树宣传北京榜样、时代楷模、道德模范、最美人物、身边好

人等先进典型人物，用先进典型鼓舞、推动社会文明程度持续提升。开展"光盘行动""垃圾分类""公筷公勺"等主题活动，对随地吐痰、不戴口罩、乱遛狗等不文明行为进行柔性劝导。打造"外卖行业文明监督队"，联合美团、饿了么、京东等多家外卖公司对骑手不文明骑行进行劝阻。深入开展"文明驾车　礼让行人"、非法小广告、堆物堆料等专项整治，动员党员干部值守"创城文明监督岗"，积极开展"文明骑行入栏结算""文明行为随手拍""烟头换礼"等活动，不断掀起践行文明新风热潮。健全村民议事会、红白理事会等群众组织，制定完善村规民约，着力破除大操大办、铺张浪费等陈规陋习。坚决抵制封建迷信、非法宗教渗透活动，筑牢党长期执政的基层防线。以积分制管理为抓手，将垃圾分类、污水直排等基层治理重点难点纳入积分管理，通过积分回馈调动群众参与治理的积极性主动性，推动形成新风正气传得开、陈规陋习必须改的局面。利用重要传统节日、重大节庆日纪念日，举办"首都市民系列文化节""百姓周末大舞台"等品牌活动，进一步增强传统节日的仪式感、国家重大纪念日的庄重感和人生重要节点的幸福感，让人们在文化熏陶中获得精神滋养、增强精神力量、提升精神风貌。

# 三　工作成效

## （一）构建了传播党的创新理论的大众平台

新时代文明实践中心的首要任务，是学习传播习近平新时代中国特色社会主义思想。北京市重视用好新时代文明实践中心、所、站三级平台，锲而不舍地推动党的创新理论"飞入寻常百姓家"，探索出许多传播党的创新理论的新路径、新方式、新载体，在推动习近平新时代中国特色社会主义思想深入人心、落地生根上发挥了重要作用。

## （二）形成了动员组织群众的高效便捷载体

新时代文明实践中心拥有三级组织体系，在宣传发动群众、服务大局大事上具有独特优势。在庆祝建党百年、举办北京冬奥会冬残奥会、抗击疫情等大事中，北京市通过文明实践三级组织体系广泛发动数百万志愿者和广大市民积极有序参与服务保障，为大型活动的成功举办和战胜疫情做出了重要贡献，文明实践三级组织体系的动员组织群众功能得到充分彰显。

## （三）开辟了服务引导群众的精准直达路径

坚持在服务中教育引导群众，持续开展"我为群众办实事"活动，承接了大量的群众线上线下诉求特别是"12345"的诉求，为市民群众解决了大量的实际问题，探索出了"文明实践大集""一米阳光"精细服务法等一系列创新做法，使文明实践真正做到圆民愿、解民忧、暖民心。

## （四）搭建了弘扬文明新风的百姓舞台

新时代文明实践中心大力培育和践行社会主义核心价值观，广泛开展普法、科普、道德评议、模范选树、文明礼仪、光盘行动、垃圾分类、文艺汇演、体育比赛等丰富多彩的文明实践活动，丰富人们精神文化生活，持续深入移风易俗，积极助推社会治理和文明创建，有效搭建起弘扬新风尚的群众大舞台。

## （五）激发了基层工作创新的生机活力

新时代文明实践中心建设探索出了许多鲜活有效的文明实践创新举措，打破了基层资源条块分割状态，盘活了基层资源，打牢了基层基础，重塑了基层工作格局，牢固树立起创新创造的鲜明导向，为基层工作创新注入了强大动力。

# 四 存在问题

北京市新时代文明实践中心建设取得了较好成效，但与中央的要求相比，与"构建与'四个中心'功能定位相适应、与人民群众对美好生活新期待相呼应、与首都治理体系相融合、与'社会风气和道德风尚最好的城市'相映衬的新时代文明实践格局"建设目标相比，北京市新时代文明实践中心建设工作还存在差距和不足，主要体现在以下方面。

## （一）传播党的创新理论的方式方法还不够丰富高效

在如何保证理论宣讲既有生动性、吸引力又不失严肃性方面较难把握，以致出现"宣"而不活、创新形式不够的情况。宣讲多采取报告会、座谈会、专家授课、宣讲团宣讲等形式，传统的"我讲你听"宣讲比较多，双向交流互动较少，融入式、体验式宣讲较少，传播党的创新理论精品范例还不够丰富。

## （二）资源下沉基层有待加深

部分单位对文明实践中心建设工作研究不够，对支持基层文明实践工作缺少整体谋划和统筹安排，支持基层文明实践的工作举措不多，没有形成具有较大影响力的项目和品牌，工作的持续性、系统性有待进一步增强。

## （三）基层阵地特色不够突出

开展新时代文明实践活动离不开阵地和载体，北京市按照三级组织架构模式实现了全覆盖，但也存在一些阵地建设特色不够突出的问题，比如在环境布置、设备配备、氛围营造等方面，未结合本区域实际和特点进行设计，存在同质化、相似化等情况；在工作推进上创新性不够，没有充分挖掘自身资源和优势，推动形成有特色的文明实践工作品牌。

## （四）专业志愿服务有待加强

北京市志愿服务历经一系列国际国内重大活动的考验取得了长足进步，但随着社会的发展和人们生活水平的提高，市民群众对教育、医疗、法律、心理等专业志愿服务需求不断增多，对专业性志愿服务要求更加精准高效。当前北京市专业志愿服务力量有待进一步壮大，服务质量和水平有待进一步提高。

# 五 未来展望

当前，北京市新时代文明实践中心建设已进入深化拓展关键阶段。下一步将按照中央部署和市委要求，围绕"四个中心"功能建设，不断健全完善组织领导体系和运行机制，持续推动市级资源下沉，深度融合贯通"三个中心"，注重利用中华优秀传统文化，着力推进文明实践志愿服务精准化、常态化、便利化、品牌化，助推全国文明城区创建，形成新时代文明实践中心深化拓展的北京样本。

## （一）着力提升党的创新理论传播效果

坚持内容为王，用好"新时代首都发展巡礼"专题报道、"二十大精神资料包"融媒体产品等材料，丰富完善宣讲稿的通俗性、群众性、时代性，进一步增强宣讲活动的吸引力感染力。在深入挖掘故事上下功夫，梳理汇总能够体现党的创新理论和路线方针政策的故事，将故事巧妙融入宣讲内容中，对宣讲内容进行精心设计和打磨，进一步提高宣讲内容的故事性、生动性。要加强融入式传播，把理论传播延伸到生产车间和田间地头，将理论宣讲融入群众日常生活，融入群众切身感受到的"七有""五性"的唠嗑中，将零星时间变成黄金时段，见缝插针、润物无声。要加强文艺式传播，借鉴基层文艺宣讲队做法，深入农村社区，讲群众听得懂的京味语言，演群众自家事、身边事，通过歌舞、戏曲、小品、短视频等形式，将党的理论政策唱出来、演出来、展出来。依托老年餐桌、邻里聊天点、田间地头等群众日常生活聚集点位，充分发挥群众身边"侃爷"作用，搭建党的创新理论"百姓身边讲台"。依托新时代文明实践网络互动平台、融媒体中心和微信公众号，开设"理论书柜""慕课空间"等理论学习频道，搭建党的创新理论"线上讲台"。

## （二）持续推动市级资源下沉基层

研究制定市级部门工作分工方案，进一步明确和细化各相关部门工作任务，在培育常态化、长效化项目上下功夫，进一步压紧压实各部门工作责任，提高支持文明实践工作积极性主动性。探索建立市级单位文明实践工作任务台账，通过走访调研、座谈交流、报送总结等形式加强督导，做到年初有计划、年中有检查、年末有总结。充分发挥各市级部门专业优势，组建更多服务方式更为灵活的专业志愿服务小分队，设置更具针对性的服务项目，进一步推动各类专业资源下沉基层。组织开展市级文明实践基地评审工作，推动市级文明实践基地向街乡镇、社区村文明实践所（站）免费开放，提供专业性学习观摩和实践活动服务。整合市级部门所属的文化教育、医疗服务、科学普及、体育健身、水电气服务等专业志愿者队伍及项目，形成资源信息库，源源不断推送给区级文明实践服务管理平台，助推基层群众"点单""派单"便捷化。

## （三）提高群众参与度满意度

坚持把摸清群众需求作为重点任务进行深入调研，通过到街乡镇、社区村实地走访，发放调查问卷，到12345服务热线沟通交流情况等方式，把群众最急迫的诉求、最热切的期盼梳理出来，找到相应的志愿者或者志愿服务机构，做好牵线搭桥，开展结对共建、结对帮扶工作，真正把帮扶服务工作做到实处，取得实实在在的成效，让市民群众满意。着力推进"三个中心"深度融合，不断优化完善APP服务平台功能，持续借力"街乡吹哨、部门报到""12345接诉即办"等工作机制，回应和解决好群众诉求。针对市民群众在教育、医疗、法律等方面需求，组织引导教师、医生、律师、心理咨询师等具有专业知识和技能的人员组成志愿服务队伍，深入持久地开展"我为群众办实事"活动。建立健全文明实践志愿服务褒奖激励制度，倡导建立文明实践积分等有效办法，通过爱心超市、张榜评议、礼遇关爱等措施，把群众参与文明实践的情况与激励相挂钩，把表现突出者纳入北京榜样、道德模范、身边好人等先进典型评选范围，调动群众参与的积极性和主动性。

### （四）打造具有全国影响力的文明实践精品范例

要牢固树立品牌意识，积极创新组织方式、运行机制和服务模式，在传播党的创新理论、服务大局、为群众办实事等方面不断推出具有创新性、典型性、特色性，可学习、可借鉴、可推广的典型范例。要开展新时代文明实践示范阵地打造工作，选取部分软硬件设施较好、活动内容较为丰富、有自身工作特色亮点的文明实践阵地作为试点进行重点打造，通过结对共建等方式，为选定的试点阵地提供资源支持，推动形成文明实践阵地第一方阵。要持续开展文明实践创新案例评比活动和文明实践主题互鉴交流活动，对一些亮点突出、特色鲜明的创新案例和示范阵地进行全媒体立体化宣传推广，进一步增强在全国的知名度和影响力，使其成为全国文明实践中心建设的标杆，充分发挥示范引领作用。

### （五）健全督查考评工作机制

要注重发挥全市月度工作点评会、意识形态工作责任制巡查、群众性精神文明创建等市级检查考核作用，丰富细化检查考核内容，改进检查考核方式，用好检查考核结果，推动文明实践工作任务的落地落实。根据中央对文明实践中心建设部署要求，结合全国文明城区创建对文明实践的测评内容，研究制定北京市新时代文明实践中心建设评估指标体系，通过实地评估、材料评估、动态监测、问卷调查、随机抽查、线上线下相结合等方式，对全市新时代文明实践中心建设工作进行评估，推动新时代文明实践中心实现规范化发展。

（北京市委宣传部精神文明宣传教育处供稿　执笔人：董济呈 韦焕翔）

# 《北京市文明行为促进条例》的
# 出台与施行

《北京市文明行为促进条例》（以下简称《条例》）已于 2020 年 6 月 1 日正式施行，标志着北京文明行为促进工作进入法制化、规范化新阶段。《条例》也为精神文明建设融入首都超大型城市治理、建设社会风气和道德风尚最好的城市提供了重要法制保障。

## 一　《条例》的立法背景和意义

党的十八大以来，以习近平同志为核心的党中央将"坚持依法治国和以德治国相结合"确立为建设中国特色社会主义法治体系必须坚持的五项原则之一，提出国家和社会治理需要法律和道德共同发挥作用，实现法律和道德相辅相成、法治和德治相得益彰。党的十九届四中全会将抓好"弘德立法"作为推进国家治理体系和治理能力现代化的重要举措。习近平总书记关于精神文明建设的重要论述中，强调要把实践中广泛认同、较为成熟、操作性强的道德要求及时上升为法律规范，引导全社会崇德向善。指出要加强相关立法工作，明确对失德行为的惩戒措施。中央先后印发《关于进一步把社会主义核心价值观融入法治建设的指导意见》《社会主义核心价值观融入法治建设立法修法规划》，提出要"推动社会主义核心价值观入法入规"，把"法治理念和法治精神体现到精神文明建设实践中"。以习近平同志为核心的党中央关于法治建设的部署要求，是制定《条例》的理论基础和指导思想。

北京市委提出要全面提升首都精神文明建设水平，加快推进文明行为促进立法，通过地方立法树立鲜明的价值导向和文明标尺，以法治方式保障和实现社会主义核心价值观内化于心、外化于行。建立文明行为促进工作制度和长效机制，既能固化北京多年来精神文明建设的宝贵经验和丰富成果，也是文明城市建设法治化、制度化的客观需要。在法规立项环节，拓宽民众参与途径，倾听民声、汇聚民意。在全市范围开展为期 20 天的促进文明行为社会问卷调查，网上问卷吸引 2200 万人次点击，141 余万人完成答题；线下收回问卷 17151 份。立法过程中，先后组织实地调研 20 余次，召开各种征求意见座谈会 30 余次。调查显示，市民群众一致认为北京市文明行为促进立法具有必要性、可行性和紧迫性，这是立法最大的民意基础和动力来源。

《条例》是北京市第一部精神文明建设领域的地方性法规，对于依法推动首都精神文明建设，具有重要的里程碑意义。一是有利于推进社会主义核心价值观在京华大地落地生根。培育和践行社会主义核心价值观是新时代坚持和发展中国特色社会主义的灵魂工程，要把道德要求贯彻到法治建设中，推动道德的教化作用更加彰显、行之久远。《新时代公民道德建设实施纲要》《新时代爱国主义教育实施纲要》提出强化制度和法治保障，指出法律是成文的道德，道德是内心的法律。要发挥法治对道德建设的保障和促进作用，把道德导向贯穿法治建设全过程，立法、执法、司法、守法各环节都要体现社会主义道德要求。文明行为促进立法，有利于用法律的权威增强人们培育和践行社会主义核心价值观的自觉性；有利于发挥立法的价值引领和传导作用，形成培育和弘扬社会主义核心价值观的良好政策导向和利益引导机制；有利于以法治方式实现核心价值观内化于心、外化于行，实现由"善教"而"善治"。二是有利于推进首都超大城市建设和治理。习近平总书记指出，建设和管理好首都，是国家治理体系和治理能力现代化的重要内容。不文明行为从表面上看是个体形象的"瑕疵"，但也折射出城市治理的缺位、不到位和精细管理不够。北京作为首都，城市建设和治理对市民文明素质有着更高要求，市民的文明素养也在城市建设和治理中发挥着更大作用。文明行为促进立法，就是要使首都城市独具魅力的人文氛围浓郁起来，通过法规的价值导向和利益引导机制，推动人们精神境界提升，共同把城市治理中的"痛点"变成城市发展中的"生机"，推进国际一流和谐宜居之都建设。三是有利于推进法治中国首善之城建设。建设好法治中国首善之城，必须坚持法治国家、法治政府、法治社会一体建设，实现科学立法、严格执法、公正司法、全民守法全面推进。法治社会建设是法治国家、法治政府建设的重要基础和基本前提，在首都法治建设中具有重要地位和作用。文明行为涉及社会生活的方方面面，是社会法治建设的重要领域，也是目前首都法治建设中相对薄弱的环节，直接关系法治中国首善之城的建设成效。近年来，北京市相继出台了一些规范城市文明行为的地方性法规，逐步形成了关于文明行为规范的初步体系，但仍然缺少一部对倡导的文明行为和禁止的不文明行为予以系统规范的综合性立法。因此，文明行为促进立法，并与相关地方性法规、规章进行协调衔接，有利于完善文明行为规范体系，推进社会法治建设，提升首都法治水平。四是有利于增强北京城市影响力。面对当今世界范围思想文化交流交融交锋形势下价值观较量的新态势，面对改革开放和发展社会主义市场经济条件下思想意识多元多样多变的新特点，面对互联网科技和融媒体发展带来的新手段新方法，作为展示大国文化自信的首要窗口，北京亟须创新更有效的精神文明建设和社会主义核心价值观培育路径。行为文明是城市文化最重要的内容，也是人们对城市文明最直接的感受。推进文明行为促进立法，就是将软性道德要求转化为刚性法律规范，发挥立法的价值引领和传导作用，强化行为文明，使北京成为充满人文关怀和文明魅力的首善之城。

# 二 《条例》的主要内容及突出特点

《条例》共六章六十三条，明确了文明行为促进的总体要求和施行时间，提出了文明行为规范，列出了重点治理的不文明行为，重点强调了以下内容。一是明确了文明行为促进工作的基本要求。即与首都城市战略定位相符合，与超大城市治理体系和治理能力现代化相适应，坚持文化滋养、科技提升、法治保障，弘扬首都市民热情开朗、大气开放、积极向上、乐于助人的优秀品质，建设新时代文明行为首善之城。二是建立了党建引领、政府组织实施、社会协同的工作格局。即文明行为促进工作坚持以党建为引领，尊重人民群众主体地位，构建党委统一领导、政府组织实施、部门各负其责、社会协同推进、群众共同参与的共建、共治、共享工作格局。三是明确了文明行为促进工作的责任部门。精神文明委员会负责统筹推进文明行为促进工作；精神文明委员会办事机构负责组织协调、督促检查。市、区政府应当将文明行为促进工作纳入规划和预算，制定相关政策措施；有关部门应当在各自职责范围内做好工作。乡镇人民政府、街道办事处做好本辖区的文明行为促进工作，村委会、居委会协助做好相关工作。四是提出了九个领域的文明行为规范。对文明行为规范，开篇提出爱国、爱首都、践行"四德"的总体要求，并列举了十个领域的具体行为规范，包括维护公共卫生、维护公共场所秩序、维护交通安全秩序、维护社区和谐、文明旅游、文明观赏、维护网络文明、维护医疗秩序、文明生活和倡导的美德，从正面规范和倡导市民践行文明行为。五是列举了六个领域重点治理的不文明行为，包括公共卫生、公共场所秩序、交通出行、社区生活、旅游、网络电信六个领域，同时对行政机关加强日常检查、联合惩戒，社会单位和个人劝阻、制止、投诉、举报等治理措施做出规定。六是构建了北京市文明行为促进和保障的制度体系。对新时代文明实践中心、群众性精神文明创建、爱国卫生运动、公共文明引导员、北京榜样、文明行为记录、文明行为白皮书、公共文化服务促进、青少年文明教育等北京市的经验做法，予以固化和提升；明确了群团组织和社会单位、新闻媒体、公共场所经营管理单位、服务窗口单位、大型活动组织单位、互联网共享单车和快递外卖企业等各方主体在文明行为促进工作中的责任。七是明确了法律责任。对相关法律法规已有处罚的，做出衔接性规定。对互联网共享单车、快递外卖企业和大型活动组织者，规定了约谈和信用罚。对拒不配合执法的行为，规定了治安处罚和追究刑事责任。对当事人自愿参加社会服务的，规定可以从轻、减轻或不予处罚。对公职人员不履行或者不正确履行职责的行为，规定了法律责任。

　　《条例》遵循文明建设基本规律，呈现出以下鲜明特点。一是明确了文明行为的边界。从道德、文明和法律三者关系看，不是所有的道德规范都需要入法。蔡奇同志《在首都精神文明建设工作暨背街小巷环境精细化整治提升动员部署大会上的讲话》中，要求重点治理乘车、旅游、观演、上网等领域及随地吐痰、京骂等不文明现象。这些问题指向的是人们在公共领域干扰他人、破坏社会和谐和人民群众幸福感的行为。《条例》将文明行为明确界定在公共领域的涉他行为，并用宪法第五十一条的精神加以限定，即"公民在行使自由和权利的时候，不得损害国家的、社会的、集体的利益和其他公民的合法的自由和权利"，既遵循了立法初衷，也使立法的导向更鲜明。《条例》对文明行为的定义与其他省市相比，强调了"行使个人自由和权利，不得损害他人的合法自由和权利"的宪法精神，明确了文明行为的边界，有助于人们从总体上把握文明行为的底线，进一步厘清《条例》规制的文明行为的边界。二是彰显了首都风范。文明行为促进立法立足首都"四个中心"战略定位，充分体现首都城市建设和治理中最突出的特色和要求。《条例》第二章专列两条，第十一条：公民应当牢固树立国家观念，爱党爱国爱社会主义，维护国家安全、荣誉和利益，维护国家统一和民族团结；积极参与爱国主义教育实践活动，尊重和爱护国旗，正确使用国徽，规范地奏唱、播放和使用国歌。第十二条：公民应当增强首都意识，维护首都文明形象，积极支持和参与国家及本市依法组织的重大活动，注重国际交往文明礼仪，配合相关管理措施，参与相关服务保障活动；传承和传播中华优秀传统文化，保护北京历史文化名城。三是把握了时代要求。疫情防控对一些文明行为提出明确要求，《条例》及时充实、纳入了有关内容。如在《条例》第十六条分列四款：在公共场所咳嗽、打喷嚏时遮掩口鼻，患有流行性感冒等传染性呼吸道疾病时佩戴口罩；患有传染病时，配合相关检验、隔离治疗等措施，如实提供有关情况；不非法食用、买卖野生动物及其制品；其他维护公共卫生的文明行为规范。在《条例》第二十四条列出一款：用餐实行分餐制、使用公筷公勺。在《条例》第三十九条提出，本市坚持开展爱国卫生运动，改善人居环境，完善公共卫生设施，倡导良好饮食习惯，维护社会心理健康，提高公民的文明卫生素质。四是增强了前瞻意识。始终将文明行为促进立法摆在新版城市总体规划的"坐标系"中，放在首都城市治理现代化的进程中，对伴随经济社会发展在举办大型活动管理、共享单车、网络文明等领域产生的新不文明行为予以重点规范，充分体现立法的引领价值。如《条例》第五十五条要求，互联网租赁自行车经营企业及物流配送等企业应当建立企业交通安全管理制度，落实道路交通安全防范责任制度；制定本企业的文明交通行为守则，与自行车使用者、从业人员签订文明交通承诺书，加强文明交通行为教育和培训，促进本企业相关人员遵守交通秩序，文明出行。并在第五十八条明确法律责任：互联网租赁自行车经营企业及物流配送等企业违反本条例规定，未落实道路交通安全防范责任制度，采取措施促进本企业相关人员遵守交通秩序、文明出行，造成严重不良影响的，公安机关交通管理部门可以约谈企业负责人，责令限期改正；逾期不改正的，可以处一万元以上五万元以下罚款，并将其纳入公共信用信息平台。这也是《条例》唯一规定的治理罚则。

# 三 《条例》的实施及成效

围绕《条例》内容宣传贯彻落实，强化统筹协调，广泛宣传报道，深入解读阐释，开展专项执法整治，融入文明创建，推动配套制度完善，全力推动文明行为促进工作取得显著成效。

一是广泛开展宣传教育，推动条例内容家喻户晓。开展普法宣传是推动《条例》顺利施行的基础条件。《条例》公布施行后，市委宣传部制定专题宣传方案，坚持全方位立体化宣传，点面结合，打通线上线下，充分发挥"1+4+17+N"融媒体矩阵的传播效能，统筹新闻宣传、社会面宣传、文艺宣传、榜样示范、实践引导等多种手段，按照"解读""贯彻"和"常态化"宣传三个阶段组织落实，营造出"学文明条例，守文明规则，建美丽北京"的浓厚舆论氛围，推动《条例》走近市民身边、走到市民心里。先后印制下发《条例》单行本17万册、《条例》宣传海报2万册，发挥北京日报、北京广播电台等市属媒体主阵地作用，以专题、专栏等形式开展专题宣传。充分利用数字化宣传手段的优势，制作文明说唱歌曲、创意交互H5网页、文明普法宣传片、文明普法知识系列短视频等内容，在抖音、微博、快手、腾讯系14个APP闪屏、腾讯新闻客户端、腾讯网等平台进行投放。同时在地铁公交、户外大屏、楼宇电视等平台开展同步推广宣传，持续扩大《条例》宣传面。围绕"寻找最美文明践行者"开展新媒体直播8场，制作、征集各类短视频220条，在"文明北京"微信公众号、全市社区微信等新媒体平台和人民日报数字平台、楼宇电视、电梯媒体等多种平台持续刊播，曝光量达到7.65亿次。坚持创新"《条例》进校园"的活动形式，先后组织开展青少年"文明+法"主题实践活动、"共建首善 文明有我"首都青少年演讲辩论主题活动，以辩论赛、演讲赛、"文明+法"知识竞赛、征文绘画活动的形式，结合报纸专栏报道、视频平台二次创作、成果集结成册等形式，扩大活动影响力，提升《条例》在市民群众尤其是青少年群体中的知晓率，为《条例》实施营造了良好舆论氛围。

二是加大执法整治力度，解决重点领域突出问题。法律的生命力在于实施，只有将《条例》的各项规定真正落实到工作中去，才会取得文明行为促进的良好效果。全市围绕《条例》第三章"不文明行为治理"中列出的6类不文明行为，突出问题导向，加强专项治理，取得显著成效。首都精神文明办组织全市9000余名公共文明引导员广泛开展有序出行、文明旅游、光盘行动、文明祭扫、垃圾分类等各类专项文明引导工作。积极发挥组织协调作用，召开专题工作协调会，邀请市公安交管局、市城管执法局、市公园管理中心等12个单位，逐条梳理责任单位，明确工作任务，并形成"每季度汇总情况、定期召开会议、适时组织执法检查、突出问题联合执法整治"的工作机制。各相关职能部门结合实际，持续开展占用应急车道、乱停靠、生活垃圾分类违法、旅游景区攀折花木等各类不文明行为专项治理工作，有效减少了不文明行为发生频率。市交管局搭建北京交警"随手拍"平台，市民可以通过"随手拍"平台举报各类机动车交通违法行为，这些举报信息将作为交管部门的执法依据，平台的曝光功能对交通违法行为起到了一定威慑作用，平台上线以来，累计接到群众投诉500余万条，有效提升了首都道路交通治理能力和治理水平。市公安局加大对饲养大型犬、遛犬不拴绳等违法养犬行为处罚力度。市城管执法局列出《不文明行为重点执法事项清单》。市文旅局、市公园管理中心推动旅游不文明行为黑名单制度落地。市委网信办建立健全网络违法不良信息举报机制等，都成为贯彻落实《条例》的有力举措。

三是全面融入文明创建，有效提升城市文明程度。首都精神文明办将《条例》的宣传贯彻作为精神文明"五大"创建的重要内容，在推荐评选表彰中进行考核。在文明城区测评中，对"一米线"、"公筷公勺"、禁止售卖野生动物等内容进行了实地检查和问卷调查。同时，以宣传贯彻《条例》为主题开展新时代文明实践活动。各区高度重视《条例》宣传贯彻落实，并与文明城区创建、文明实践活动等重点工作紧密结合，纷纷开展文明行为促进季、文明我监督、文明随手拍等形式多样、内容丰富的宣传贯彻落实活动，进一步提升市民文明素质和社会文明程度。推动相关制度研究制定，是《条例》有效施行的重要保障。《条例》施行以来，北京市坚持统筹推进公共文明引导员管理、文明行为记录、互联网文明行为规范、道德典型礼遇、文明行为白皮书发布，以及社会服务具体实施办法等相关配套制度机制研究制定工作。目前，首都道德典型礼遇机制已经形成；《北京市文明行为促进工作发展报告》白皮书已于2022年底发布；公共文明引导员管理办法正在修改完善；北京市文明行为记录制度已经完成初稿，拟在广泛听取各方意见的基础上进行修改完善后对外发布；社会服务的具体实施办法已完成调研，形成了《〈北京市文明行为促进条例〉社会服务折抵处罚实施办法》调研报告，下一步将在各职能部门制定社会服务折抵处罚细则并试行的基础上，形成社会服务具体实施办法的规范性文件。以上配套制度机制已经成为《条例》有效施行的重要保障。

## 四 《条例》施行的未来展望

进一步提升《条例》的影响力和执行力，还需要从四个方面发力。一是持续创新丰富宣传形式，广泛凝聚知法守法的社会共识。持续发挥北京日报、北京广播电台等市属传统媒体作用，宣传解读《条例》内容，刊发点评文明条例实施的典型案例；用好微信、微博、抖音、快手等新媒体平台，发布生动有趣、易于传播的宣传内容，吸引广大网民的关注和分享，鼓励市民分享自己身边的文明行为故事或对不文明行为的看法，提高公众的参与度。在公交车、地铁、出租车等公共交通工具上，通过车载电视、广播等方式播放《条例》的宣传视频和音频，提高宣传的覆盖面。二是加大不文明行为执法力度，体现文明促进工作刚性约束。对不文明行为的有效治理是推动《条例》实施的重要体现，也是进一步推动《条例》各项法规条款落地见效的重点任务。要针对市民群众普遍关注的不文明行为，加大对公共卫生、公共场所秩序、交通出行、社区生活、旅游、网络电信等领域突出问题执法力度，坚持靶向发力，形成有效震慑，坚决守住文明底线。三是探索建立联动机制，推动形成工作合力。文明行为促进工作涉及面广，牵扯部门多，监管难度大，仅靠某一个部门的力量难以胜任。要积极落实"以党建为引领，尊重人民群众主体地位，构建党委统一领导、政府组织实施、部门各负其责、社会协同推进、群众共同参与的共建共治共享工作格局"。探索建立不文明行为治理多部门联动机制，激发各系统各单位共同参与首都文明治理的活力，使得政府、社会、公民"个个肩上有担子"。四是不断健全完善配套制度，形成德法共治的常态机制。落实《条例》第四章"促进与保障"具体条款，不断健全完善文明行为记录、公共文明引导员管理、互联网文明行为规范、道德典型帮扶礼遇、白皮书发布等相关配套制度机制，使之更具有可操作性。同时，探索建立文明行为激励机制，不断提高市民的参与度和认同感。

（北京市委宣传部精神文明调查研究处供稿　执笔人：李　强　廖华威）

# 北京市深入开展"文明驾车　礼让行人"专项行动

## 一　专项行动实施概况

北京作为超大型城市，机动车行经斑马线不礼让行人、非机动车和行人不遵守信号灯等现象时有发生，引起社会普遍关注，广大市民深受困扰，已成为影响首都城市形象和群众日常生活的顽瘴痼疾，亟待破解。为大力弘扬社会主义核心价值观，有效治理机动车行经斑马线不礼让行人、非机动车和行人不遵守信号灯等交通乱象，大力提升广大交通参与者礼让守序意识，积极构建和谐顺畅的首都道路环境。自 2021 年 8 月起，首都精神文明办联合市公安交管局、市交通委、团市委等部门，在全市组织开展了"文明驾车　礼让行人"专项行动，从路口切入，聚焦危害交通安全、影响通行秩序和文明交通形象的突出违法，坚持"宣、劝、管、罚"多管齐下，深化开展社会面宣传教育，大力推进文明交通共建共治，带动全市交通秩序环境持续提升，文明礼让已逐步成为首都市民行为自觉，"文明驾车　礼让行人"专项行动已被列入北京冬奥文化遗产重要内容，纳入北京市第十三次党代会报告，成为继"排队乘车"之后"双奥之城"的又一道亮丽风景线。

# 二　专项行动主要做法

## （一）坚持高位统筹，形成市区联动

一是顶层设计，协调统筹推进。北京市委市政府对专项行动高度重视，市领导多次做出重要批示，将其纳入文明城区创建月度调度会内容每月点评，定期组织召开市级部门协调会、专项工作推进会解决实际问题，确保行动顺利实施。

二是示范引领，汇聚各方力量。中央国家机关，首都驻军，市属机关、企事业单位和各区率先带头、迅速部署，以实际行动引领风尚，带动广大干部群众自觉践行文明礼让出行。

三是志愿同行，凝聚共治合力。开展"我认领 我服务"路口文明引导志愿服务活动，组织全市 2068 家文明单位报名认领 1188 个路口，参与文明交通宣传引导志愿服务，就近认领路口开展志愿服务，用微笑和耐心引导每一位行人与司机，共同织起"文明出行网"，形成强大共建共治合力。

四是部门协同，推动有效落实。市级各部门密切协调配合，定期分析研判、包片督导检查，各区各单位及时跟进落实，精准施策，以"一盘棋"思维全面统筹政策制定、执行监督、宣传教育与实践引导，确保了专项行动扎实有序推进。

## （二）强化宣传引导，浓厚社会氛围

一是举办特色活动。着眼培养礼让意识、启发礼让自觉，注重创新宣传内容、方法手段、推广途径，通过制播北京卫视《向前一步》礼让专题电视节目、举办礼让广场舞大赛、开展"鲜花送给文明人""我承诺 我礼让"等主题特色活动，持续开展"值守斑马线"志愿服务，多角度、全方位、高频次诠释礼让守序理念，让每一位市民都成为文明守序的监督者，共同维护城市交通秩序。

二是整合媒体资源。持续保持媒体报道热度，坚持正面宣传与案例曝光相结合，确保天天有报道、月月有主题。通过电视、广播、网络等多媒体平台，全方位展示礼让守序的正面形象，曝光不文明行为，强化舆论监督声势。深入挖掘路口礼让的好人好事和温暖瞬间，制成短视频在北京广播电视台红绿灯栏目播出，广泛传递礼让守序理念。通过路标提示、公益广告等设施的全面覆盖，潜移默化改变市民出行习惯与价值观念。推动形成文明礼让风尚，让文明守序成为城市的一道亮丽风景线。

三是强化礼让教育。将"礼让行人"纳入驾培教材和必考内容，组织满12分驾驶人参加路口执勤，实地体验、换位思考，把好文明驾驶"第一关"，有效提升驾驶人员文明素质，形成良好社会示范效应。最大限度激发调动广大市民参与专项行动的积极性，推动礼让教育进学校、进单位、进社区，引导市民群众自觉养成礼让守序良好出行习惯。

**（三）突出重点示范，带动全民参与**

一是"两公"带头，倡导文明出行。充分发挥"两公"（公务员、公务车）"两车"（公务车、公交车）示范带动作用，号召全市党员干部严格遵守交通规则、驾车礼让行人，争做"文明驾车 礼让行人"的倡导者、实践者、守护者、推动者。与全市各机关单位签订承诺书，要求党政机关公务车做出榜样、带头引领。

二是行业引领，共续文明接力。组织10余万名公交、出租驾驶员和20万名快递外卖人员签订承诺书，全面推广首都公交司机"321礼让行人操作法"（遇人行横道30米减速，20米预备刹车、将车速控制在15公里以内，10米踩踏刹车，遇行人停车让行），大幅提升了机动车礼让率。

**（四）优化交通设施，改善通行秩序**

一是聚焦痛点，升级硬件设施。紧盯社会反映强烈的非机动车道过窄、信号灯配时不合理等问题，狠抓路口设施改造。在国贸桥、平安里路口等22处路口增设右转机动车让行信号系统，减少人车交织,保障行人安全过街。以 120 处市级示范路口为重点实施精细化管理,安装"电子眼"执法设备,实现对违规行为的实时监测与高效执法。采取"一口一策",增补"礼让行人"地面标识 801 组、交通标志 307 面、反光道钉 5138 个,完成了路口设施的规划、改造、升级,有效提升了路口的辨识度与安全性。

二是科技赋能,提升执法精度。在全市 882 处路口、路段升级、复用 1121 套监控设备,构建起覆盖广泛、反应迅速的非现场执法网络。全力打造"你举报 我处理"——北京交警"随手拍"市民监督平台,优化拍摄清晰度,提高审核质量和准确度,将"随手拍"建设成为市民群众反映交通诉求、参与城市交通治理的重要渠道,全面提升了执法广度与力度。

### (五) 严格执法管理,形成震慑效应

一是重拳出击,整治路口违法。针对涉及交通安全、干扰通行秩序、影响城市形象的 3 类 12 种路口违法行为,明确认定标准,坚持"零容忍"态度,严格执法。对重点地区路段开展不间断、高频次、高密度的巡逻纠违,提高路口见警率,增强执法威慑力。优化北京交警"随手拍"功能,发动群众投诉不礼让斑马线违法,拓宽了交通违法行为的发现渠道,"12345"市民热线群众投诉环比上升4.6 倍。

二是靶向施策,压实企业责任。对整改不力的快递、外卖行业中的 16 家企业,分别采取下发限期改正通知书和罚款处罚措施,督促企业切实履行社会责任,为构建文明、安全的城市交通环境贡献力量。

三是见人见事,实施联合惩戒。对 2804 起涉及党政机关、部队、企事业单位车辆人员不礼让违法行为逐一通报所属单位,责令限期整改,并逐一开展见面追查,约谈 289 名单位负责人,组织安监交通民警盯办"回头看",对整改效果不明显、连续发生不礼让违法的单位,一律停车整顿、高限处罚,形成了严罚严管的闭环管理机制。

# 三 成效与启示

经过近三年的大胆实践、积极探索，北京市各类交通参与者礼让守序意识得到有效提升，路口未礼让行人事故数量逐年下降，路口交通违法现象大幅减少，城市道路交通秩序明显改善。《2023年北京市民公共行为文明指数调查分析报告》显示，2023年北京市民公共行为文明指数为90.73分，其中"文明驾车 礼让行人"指标得分为94.15分，在三级指标中得分靠前。

## （一） 领导重视为专项行动有序开展奠定坚实基础

在市委市政府的坚强领导下，将专项行动作为提升市民文明素质和社会文明程度的重要抓手，纳入文明城区创建工作内容，坚持首善标准，精心设计、严密组织，高效统筹党政军群协同联动，市区各部门、各战线、各领域密切配合，形成了齐抓共管的良好工作态势，为扎实推进专项行动提供了有力组织保障。

## （二） 群众参与为专项行动形成声势注入不竭动力

精神文明创建活动归根到底是人民的活动。在专项行动实施过程中，注重调动市民群众的积极性、主动性和创造性，通过发布志愿服务项目、开展路口认领值守等能体现主人翁社会价值的激励手段，广泛动员各类力量支持参与，进一步凝聚社会共识，不断扩大专项行动的影响力和覆盖面。

## （三） 问题导向为专项行动取得实效提供有力支撑

紧盯社会关切的外卖快递骑手等群体闯灯逆行、路口标识不清晰、信号灯设置不合理、执法警力不足等短板弱项，充分发挥各级主管部门和相关行业协会的主观能动性，加大教育培训力度，科学改造路口设施设备，配齐执法引导力量，定期开展路口测评反馈，专项行动常态长效机制逐步健全完善。

**（四）德法共治为专项行动创新发展探索方法路径。**

专项行动过程中，对于路口不礼让行为，一方面，交管部门按照《道路交通安全法》有关规定严格执法，充分彰显了法的刚性；另一方面认真贯彻落实《北京市文明行为促进条例》，通过交通协管员、文明引导员、社会志愿者"春风化雨"的柔性引导，进一步激发市民群众遵守交规行动自觉，并将礼让意识向其他领域拓展延伸，积极探索共建共治共享的城市治理模式，推动形成良好文明风尚。

（北京市委宣传部公共文明建设指导处供稿　执笔人：秦　贵　易　潇）

# 公共文明引导绘就首都文明底色

## 一 公共文明引导行动的发展历程

2001 年，中共中央印发《公民道德建设实施纲要》；同年，北京申办 2008 年奥运会成功。根据北京市委市政府的部署，首都精神文明办以全力推进文明乘车、文明赛场、文明出租车为突破口，联合市交管局、公交集团和地铁公司等单位，共同组建了北京市共建文明乘车秩序协调小组，成立了文明乘车监督员队伍，主要在公交站台服务，逐步扩展到地铁站台和路口。2010 年文明乘车监督员更名为公共文明引导员，并逐渐发展成为一支常态化专业化的志愿服务队伍。

经过 20 多年的发展，队伍目前约 9000 人，平均年龄 55 岁左右，覆盖全市 16 区 2000 余个公交、地铁站台和 500 余个交通路口。他们身穿亮眼的黄色外套，头戴小黄帽，手持小红旗，不论高温酷暑还是数九寒天，始终坚守在文明一线，被群众亲切地称为"柠檬黄"。

随着首都城市管理精细化水平日益提升，公共文明引导行动也逐步拓展至赛场、公园、学校、社区、图书馆、剧院等领域。公共文明引导员队伍作为一支首都精神文明建设独创的、常态化、专业化志愿服务力量，围绕培育和践行社会主义核心价值观，全面开展礼仪、秩序、环境、服务、观赏、网络文明引导行动，多次参与承担首都重大活动服务保障任务，包括北京奥运会，国庆 60 周年、70 周年庆典活动，APEC 会议，纪念中国人民抗日战争胜利暨世界反法西斯战争胜利 70 周年活动大会，"一带一路"国际合作高峰论坛，中非合作论坛北京峰会，北京世园会开幕活动，亚洲文明对话大会，建党百年活动，冬奥会、冬残奥会等，在春运、清明祭扫、中秋节、国庆节、"扫雪铲冰"等重要时间节点的公共文明引导服务中发挥了重要作用。公共文明引导员队伍 2018 年获得"北京榜样"年度团队特别奖，2019 年 2 月被中宣部授予"时代楷模"荣誉称号。

# 二 公共文明引导行动的主要做法

## （一）立足岗位，开展常态化志愿服务

公共文明引导员依托公交、地铁站台和交通路口，在早晚高峰时段，常态化开展乘车引导、秩序维护、重点帮扶、便民利民、应急救护、问询答疑、文明宣传和安全值守等志愿服务。在"公共文明引导日""守序礼让日""控烟宣传日"通过挂横幅、立展板、广播宣传、点赞鼓励等形式，提高广大市民文明出行意识。在"文明驾车 礼让行人""扫雪铲冰"等专项行动中，主动带头示范、实地耐心劝导，倡导车辆文明礼让、环境整洁有序，有效有力地保障市民安全有序出行。

## （二）拓展领域，开展公共场所志愿服务

在近百所重点公园，公共文明引导员按照"环境美、秩序优、氛围浓、形象好"的服务标准开展文明游园引导示范服务，劝阻游客吸烟、攀枝折花、踩踏苗圃、投喂动物、乱丢垃圾等不文明行为，营造文明健康、和谐有序的游园环境。在中超赛场，以"观赛嘴净、人走场净"为目标，常态化开展文明观赛引导，通过配置环保宣传垃圾袋及"北京球迷 懂球懂礼"等提示牌，宣传普及观赛礼仪知识，体现双奥之城的文明素养。在学校周边，开展爱心护学服务，

配合学校组织学生有序排队进出校，疏导校门口交通秩序，宣传引导家长"文明驾车、礼让行人"。此外，公共文明引导员还走进影剧院、图书馆等公共场所开展文明宣传引导，切实维护好公共秩序、环境，服务好市民群众。

### （三）紧扣重点，开展关键节点志愿服务

春运期间，公共文明引导员在全市重点场站，包括火车站、长途客运站及公交枢纽周边的200余个公交、地铁站台，开展咨询指路、引导疏散客流、维护站台秩序、照顾老弱病残等志愿服务，通过"温暖回家路"等特色主题活动，扮靓站台、发放"福"字，为旅客提供周到细致的服务，营造浓厚节日氛围。全国"两会"期间，在会场周边、代表和委员驻地等重点公交地铁站台、交通路口，通过开展文明交通宣传、参与群防群治、清洁美化环境等志愿服务，为保障会期交通秩序和安全稳定发挥了积极作用。在清明节、中元节和寒衣节，开展"理性追思 文明祭扫"专项文明引导行动，在主要公墓、陵园及周边路口、公交地铁站台开展文明宣传、秩序疏导、安全防范等志愿服务。在高考期间，开展"助力高考 爱心驿站"等主题服务活动，为考生及家长提供十滴水、风油精、饮用水、答题笔、雨伞和手表等防暑应急用品，协助开展交通疏导、秩序引导等服务，营造秩序井然、温馨和谐的氛围。

### （四）主动作为，开展文明新风志愿服务

公共文明引导员按照"就近、便利、高效"原则，深入社区开展垃圾分类宣传引导，大力推广垃圾减量、垃圾分类理念，积极开展桶前值守。化身文明养犬"劝导员"，开展养犬知识普及和不文明养犬行为劝导服务，进一步规范文明养犬行为，构建文明和谐社区环境。积极开展"邻里守望"志愿服务，照顾敬老院老人、看望特殊儿童，为老弱病残群体提供温暖、信任与帮助。带头开展环境清洁、保护自然志愿服务，清洁公共文化设施、清除小广告，改善社区环境质量，增强市民生态环保意识。结合"光盘行动""公筷行

动""夏季空调调高一度""好市民推举"等专项宣传引导行动,适时开展文明健康生活方式宣传,使文明成为市民自觉遵守的准则。

**(五) 勇于担当,开展重大应急志愿服务**

为更好地服务北京"四个中心"建设,公共文明引导员积极参与中非合作论坛北京峰会、"一带一路"国际合作高峰论坛等重大活动期间的城市公共交通服务保障,与市交通委、公交集团、地铁公司等部门通力合作,在重点站台、路口有效引导人流疏散,提供安全应急等服务保障,为各项重大活动保驾护航。在冰雪汛期等应急保障需求大的情况下,主动延长服务时间,开展"铲冰除雪""汛期安全"志愿宣传活动,积极发挥榜样示范效应,清扫路面积雪,清理淤积泥浆,以实际行动带动社会力量参与扫雪铲冰和灾后重建,保障道路畅通、市容整洁和群众出行安全。在突发车辆事故、乘客因病晕倒等应急事件时,能够安抚救助受伤乘客、拨打应急救助电话和配合相关部门进行处置等,有效保护市民群众的生命财产安全。

# 三 公共文明引导行动的经验启示

## (一) 推动社会主义核心价值观落地生根

将培育社会主义核心价值观与深化公共文明引导相结合,使之融入社会生活,让市民群众在实践中更好地领会践行。公共文明引导员立足本职岗位,开展文明宣传、问询答疑、秩序维护、安全值守、重点帮扶、应急救护,用点滴行动将社会主义核心价值观融入日常生活。依托城市户外大屏宣传、媒体宣传及"文明北京"专题宣传文明引导员典型事例,传递核心价值观理念,润物无声影响市民群众。组建公共文明引导宣讲团,围绕"中国梦·我的梦""党在百姓心中""清洁空气 蓝天行动""绿色出行 文明交通""走进新时代 文明我先行""强国复兴有我"等主题开展宣讲,辅以小品、诗朗诵、歌舞等形式,走进机关、学校、企业、社区、村镇,用朴素的语言说出心中的故事，以身边人典型事例感染人、凝聚人。

## （二）营造讲礼仪守秩序人文环境

公共文明引导员统一着装、统一标识，以文明言行，大力倡导"文明有礼1234"：展示一张笑脸，注重"衣着得体、举止得当"两个文明形象，常说"您好""谢谢""对不起"三句文明话，常做"逢人先礼让、困难热情帮、排队讲秩序、垃圾分类放"四件文明事。公共文明引导员用"眼勤、嘴勤、手勤、脚勤"和"爱心、细心、耐心、诚心、责任心"的积极态度，创新实践出一套柔性引导方法，即"以身作则的示范引导，以理服人的说服引导，热心助人的感化引导"，这套法宝如春风化雨般滋润人心，潜移默化地影响着市民文明习惯的养成，也彰显了首善之城的温度。坚持开展每月11日的"公共文明引导日"活动、22日的"守序礼让日"活动，每周三的"控烟宣传日"活动，有规模的和持久的典型示范与宣传引导，加深了人们对"排队""秩序"的道德认知，有序排队已成为北京市民的一种行为习惯。

## （三）提升城市精细化管理水平

为保障整洁安全的站台秩序，公共文明引导员积极创新站台科学管理方法，提供精细化、精准化服务。设立区位排队法，按照不同行车方向进行分组并划定候车区域，减少车辆进站后乘客折返路程，极大地提高了运营效率。规范站台引导，在公交车进站、停车、出站时，运用旗语和手势语有效履行岗位职责。随身携带"百宝箱"，预备应急药品、老花镜、充电宝等便民物品，随时满足市民个性化需求。配合公安民警，有效化解诸多乘车矛盾、减少站台事故，站台及车上扒窃事件逐年下降，因乘车拥挤造成的交通意外伤害事故趋于"零"发生。在交通路口开展"文明驾车 礼让行人"专项行动，针对部分驾驶人、行人、骑车人安全意识淡薄，闯灯、抢行、越线等违规行为，以规范服务为切入点，帮助市民养成礼让守序的优秀品格，把斑马线当成文明线、爱心线、教养线和生命线，使市民出行更加安全、便捷、舒心。

## （四）创新志愿服务队伍管理机制

坚持文明引导树文明形象，不断优化公共文明引导员队伍管理，加强协调组织，建立公共文明引导员"总队""大队""中队"三级管理模式。坚持"招募社会化、工作专业化、城乡一体化"要求，制定招募、培训、管理、考核、保险、服装装备等系列管理制度，建构了一套有效运行模式。把培训作为重要环节，为增强新队员岗位服务意识和基本技能，每年聘请专家、教授、学者，以精神文明建设基本理论、时事政治、文明礼仪、岗位规范、安全防范、应急处置、网络应用、简单英语、手语对话、医疗急救等为重点，把培育社会主义核心价值观与深化公共文明引导相契合，强化公共文明引导员的社会主义核心价值观和志愿服务精神认同感。围绕《首都公共文明引导岗位服务规范》，组织管理骨干培训、红十字应急救护培训及岗位服务技能竞赛。对新录用人员采取"讲、练、考"形式开展岗前培训，对骨干标兵进行以"旗语竞赛"为形式的技能培训，对规范化课程录制线上慕课，逐步构建多级多元培训格局。为发挥典型引路作用，坚持开展"星级文明引导员"评选，提升公共文明引导员综合素质。

习近平总书记在北京冬奥会总结大会中指出，"更好发挥志愿服务的积极作用，促进社会文明进步。积极谋划、接续奋斗，管理好、运用好北京冬奥遗产。""柠檬黄"作为首都的一道亮丽风景线，已经成为深度融入城市治理的重要志愿服务品牌，展现"双奥之城"独特的风采与魅力。

（首都精神文明促进中心供稿　执笔人：王　虎　吕　娜　陈羽洁）

# 首都学雷锋志愿服务创新发展

2023 年是毛泽东等老一辈革命家为雷锋同志题词 60 周年。60 年来，学雷锋活动在全国持续深入开展，雷锋的名字家喻户晓，雷锋的事迹深入人心，雷锋精神滋养着一代代中华儿女的心灵。实践证明，无论时代如何变迁，雷锋精神永不过时。习近平总书记强调，在新征程上要深刻把握雷锋精神的时代内涵，更好发挥党员、干部模范带头作用，加强志愿服务保障和支持，不断发展壮大学雷锋志愿服务队伍，让学雷锋在人民群众特别是青少年中蔚然成风，让学雷锋活动融入日常、化作经常，让雷锋精神在新时代绽放更加璀璨的光芒，为全面建成社会主义现代化强国、全面推进中华民族伟大复兴凝聚强大力量。

党的十八大以来，北京市深入学习贯彻习近平总书记关于精神文明建设重要论述和志愿服务工作重要指示，围绕国家所需、人民所盼，在大局中找准方位，在大事中体现价值，组织发动广大志愿者参与重大活动服务保障，走上街头、深入社区、下沉乡村，广泛开展关爱他人、关爱社会、关爱自然志愿服务，"奉献、友爱、互助、进步"志愿精神和"学习雷锋、奉献他人、提升自己"的志愿服务理念深入人心，浸润市民心灵，滋养城市文明，为建设国际一流的和谐宜居之都提供了有力支持、增添了精神动力。

# 一　首都志愿服务发展概况

2018 年以来，首都志愿服务体制机制激发新效能，形成了首都文明委领导，市委宣传部（首都精神文明办）、市委社工委市民政局、市委政法委、团市委等部门共同联动的工作机制，有力推动了志愿服务制度化常态化发展。志愿者队伍呈现新面貌，以"柠檬黄""志愿蓝""平安红"等为代表的首都志愿者，遍布城乡基层，身体力行、热情参与，汇聚了志愿服务新共识，传递了社会正能量。全市各类志愿者、志愿服务组织快速增长，截至 2023 年底实名注册人数突破 461.3 万人，注册志愿服务组织 7.5 万个，16 个区和经济开发区均成立了志愿服务联合会或协会，形成了"市、区、街乡镇"三级组织体系，337 个街乡实现了志愿服务组织全覆盖。志愿服务领域不断拓展，全市志愿者在服务国家战略、城市治理、民生需求、重大活动保障等各方面大显身手。

# 二　首都志愿服务主要做法

## （一）服务保障重大活动，展示中国志愿者风采

服务保障大型活动，是首都志愿服务的特色和优良传统，几年来，累计完成各类大型活动志愿服务近百场，参与志愿者 450 万人次，先后出色完成庆祝中华人民共和国成立 70 周年、庆祝中国共产党成立 100 周年、"一带一路"国际合作高峰论坛、2022 年北京冬奥会和冬残奥会等保障任务。特别在举办冬奥会期间，1.8 万名赛会志愿者参与对外联络、竞赛运行、媒体运行与传播、赛事综合等十类志愿服务，累计服务时长 394 万个小时。20 万人次城市志愿者在五个赛事区域、四条火炬传递路线以及冬奥冰雪运动场所周边、冬奥文化旅游场所周边、冬奥配套服务场所周边等重点区域共 758

个志愿服务站点，组织开展人员引导、信息咨询、语言服务、文明宣传、应急救助、文化传播、环境保障、共建平安、助残服务九方面服务，用"奉献、友爱、互助、进步"的志愿精神，用实际行动传播出一个个充满友爱、充满温暖的志愿服务故事，让世界感受到了中国的风度和温度，书写了"双奥之城"志愿服务工作新华章。习近平总书记对冬奥志愿者给予亲切勉励，国际奥委会主席巴赫对志愿者群体的服务工作给予高度赞扬。

**（二）助力建设全国文化中心，共同提升首都城市文明程度**

以公共图书馆、博物馆、文化馆和革命纪念馆为平台，深入推进公共文化设施"志愿服务站点"建设。据统计，每年在全市公共文化机构开展主题活动百余场，累计40万人次志愿者参与。坚持以文化为引领，推动学雷锋在青少年中蔚然成风。组织实施"'京'彩文化　青春绽放"行动计划"志愿行"活动，推动高校人才培养和全国文化中心建设双向互动、相互赋能。组织高校师生志愿者2000余人次走进名人故居、新时代文明实践所（站）、社区（村）常态化开展志愿服务活动。其中，"名人故事汇"志愿行邀请北京师范大学、中国戏曲学院等高校师生志愿者走进名人故居，在观众预约、义务讲解、特色活动策划的过程中，加深对历史名人生平及所处时代的了解，增强爱国主义情怀。"书香未来"志愿行搭建起志愿服务和书香京城建设的桥梁，打通了从高校到基层社区的通道，组织清华大学、中国人民大学等高校师生志愿者走进新时代文明实践所（站），在阅读志愿服务实践中体会首都文化、感应时代脉搏、提升思想境界。"非 FUN 创意"志愿行组织北京印刷学院、北京工业大学等高校师生志愿者设计公益海报40幅在基层社区（村）宣传栏推广张贴，校地合作共绘文化墙近100处，扮靓社区公共空间2000余平方米，引导树立良好文明风尚，推动文明实践蔚然成风。

**（三）广泛参与城市治理，助力提高城市精细化管理水平**

全市17个新时代文明实践中心、362个实践所、7072个实践站以志愿服务为最大特色,以百姓"点单"、中心"派单"、志愿者"接单"、群众"评单"环环相扣为运行机制。以首都核心功能区为重点,开展背街小巷文明创建志愿行动,发动志愿者参与日常巡访,背街小巷环境整治。会同环保、水务、城管、交通等部门实施"五大青年行动",推动共青团员参与社区志愿服务。持续深化"V蓝北京""礼让斑马线"等文明行动,参与河湖管护和水生态文明建设,推进"志愿促共治,文明助回天"等文明创建,全市志愿者的出色表现,赢得了社会各界和市民广泛支持和好评。

**(四)积极推进服务民生志愿行动,让市民群众感受到身边温暖和社会真情**

坚持从民生热点、难点入手,培育深受群众欢迎的志愿服务品牌,提升市民群众幸福感、获得感。以"青春志愿行,温暖回家路"为主题,实施"志愿北京之春风行动"——春运志愿服务示范项目,每年动员志愿者3万多人次为旅客提供服务,总时长20多万小时。组织推进"大学生志愿服务西部计划",先后选拔500多名优秀志愿者,奔赴内蒙古、重庆、西藏、新疆等10个省区市开展活动。大力推进"志愿北京阳光助残"志愿服务,依托全市405家"温馨家园",建立起"助残志愿者之家"。注重搞好老龄化社会需求对接,广泛开展"志愿北京之青春伴夕阳"项目,组织常态化助老活动7000多场,参与人数达21万人次。目前全市发布各类志愿项目52.4万个,形成了"志愿北京""公共文明引导"等50多个市级示范项目,在"中国青年志愿服务项目"大赛中,北京获奖总数位居全国前列。

# 三 首都志愿服务经验体会

几年来,全市志愿服务工作在探索中前进,在创新中发展,不断明晰志愿服务思路，积累了许多好做法、好经验。

### （一）加强党建引领，增强志愿服务组织力凝聚力

始终坚持以习近平新时代中国特色社会主义思想为指引，以习近平总书记对志愿者寄语和要求为方向，按照中央文明委、首都文明委工作部署，服务群众、宣传群众、凝聚群众，广泛参与关爱他人、关爱社会、关爱自然活动。在志愿服务活动中，做到以党建为龙头，抓好组织建设，党建工作与志愿服务工作同谋划、同部署、同落实，形成了党建和业务融合发展的长效机制。在历次重大活动服务保障中，落实党建引领要求，充分发挥党的思想政治优势、组织优势和密切联系群众的优势，高标准组建志愿者队伍，建立临时党团组织，加强对党团员志愿者动员教育，充分调动各类志愿者积极性和创造性，确保了政治过硬、专业过硬、作风过硬，成为首都北京历次重大活动服务保障的生力军。

### （二）强化价值导向，提升志愿文化凝聚力影响力

坚持培育和践行社会主义核心价值观这个根本，大力弘扬中华民族传统美德，引导人们在志愿行动中感悟社会主流思想价值，追求正确的人生目标。从 2014 年起，统筹整合"学雷锋做文明有礼的北京人"主题活动，打造"爱满京城"主题推动日、重点活动周、社会宣传月等系列品牌，在活动中熔铸和释放美好追求、爱心善意、责任担当。几年来，首都志愿者以无私奉献、服务社会，用善行义举推动道德的阳光湿润心灵，在主流价值和优秀志愿服务文化长期熏陶下，人们的精神境界不断提升，志愿服务效能不断得到提高。

### （三）加强制度建设，推动志愿服务规范化常态化

不断健全完善党委政府领导、各部门齐抓共管的工作体制和覆盖全市的志愿服务组织体系，市级层面形成了"三会一中心"（联合会、基金会、研究会、市志愿服务指导中心）架构，较好地发挥了统筹协调作用，全市 27 个委办局、83 所高校、643 所中学建立了

志愿服务组织。高度重视研制志愿服务政策制度，先后出台《关于组织全市共产党员、共青团员积极参加学雷锋志愿服务活动实施意见》《关于推进北京妇女儿童家庭志愿服务工作的意见》《关于进一步加强志愿助残工作的意见》《关于支持和发展志愿服务组织的意见》，京津冀蒙四地残联联合签署《助残志愿服务制度化建设合作框架协议》，等等。特别是国务院颁布《志愿服务条例》后，北京市迅速启动和完成了《北京市志愿服务促进条例》修订工作。几年来，坚持把制度建设摆在突出位置，注重梳理总结成功实践经验做法，并上升为规律性认识，以制度的办法进行固定，促进了志愿服务事业创新发展。

**（四）加强典型引导，发挥志愿群体性引领力示范力**

按照中宣部、中央文明办和首都文明委工作部署，扎实开展全国学雷锋志愿服务"四个100"、首都学雷锋志愿服务"五个100"先进典型选树和宣传，树立了一大批最美志愿者、最佳志愿服务组织、最佳志愿服务项目、最美志愿服务社区、最美志愿服务家庭，数量居全国前列。从2014年开始，首都文明委每两年命名一批"首都学雷锋志愿服务站（岗）、示范站（岗）"，累计命名志愿服务站（岗）8750个、示范站（岗）1219个；持续开展五星级志愿者认定和表彰工作，累计认定10批五星级志愿者共1.2万余名等，极大地调动了全市志愿者积极性，激发了市民群众参与志愿服务的热情。与此同时，大力加强先进典型事迹传播，通过多角度、多维度的宣传报道，展示了首都志愿者的时代风采。不断探索建立"嘉许回馈"制度，如将五星级志愿者纳入个人信用信息系统和共享目录，开展"惠志愿 志愿汇""惠志愿 促健康"行动，为志愿服务注入了动力，促进形成了群体效应。

（首都精神文明促进中心供稿　执笔人：王　虎　韩　静　陈羽洁）

# 背街小巷环境整治让城市生活
# "有里有面儿"

　　背街小巷是百姓生活的家园,是首都城市治理的重要内容。习近平总书记视察北京时强调,既管好主干道、大街区,又治理好每个社区、每条小街小巷小胡同。近年来,北京市坚持以习近平新时代中国特色社会主义思想为指导,深入贯彻落实习近平总书记关于北京一系列重要讲话精神,高度重视背街小巷环境整治提升和深化文明创建工作,着眼消除城市管理短板弱项,进一步改善群众身边环境,全市背街小巷环境面貌整体提升,首都人居环境品质显著改善。

　　2017 年,按照市委、市政府工作部署,北京市启动了第一轮背街小巷环境整治提升三年行动,制定《首都核心区背街小巷环境整治提升三年 (2017~2019 年) 行动方案》,围绕"十无一创建"标准,完成全市 3123 条背街小巷环境面貌整体提升,群众身边环境显著改善。2020 年,启动第二轮背街小巷环境精细化整治提升三年行动,印发《背街小巷环境精细化整治提升三年 (2020~2022 年) 行动方案》,将背街小巷实施分类管理,治理范围覆盖到全市所有建成区,完成 3261 条达标类、精治类背街小巷环境精细化整治提升任务,同时做好 1026 条维护类背街小巷的日常管理维护。2023 年,启动第三轮背街小巷环境精细化治理三年行动,印发《深入推进背街小巷环境精细化治理三年 (2023~2025 年) 行动方案》,明确"十无五好四有"标准,计划三年时间按照精美、优美、达标街巷标准,完成全市 5393 条背街小巷的精细化治理工作。

# 一 注重高位统筹，形成工作合力

一是高位推动，重点统筹。将背街小巷环境整治提升与首都精神文明建设工作同研究、同部署、同推进，连续七年召开"首都精神文明建设暨背街小巷环境整治提升动员部署大会"，并纳入疏解整治促提升专项行动和"街乡吹哨、部门报到"改革工作重点任务。

二是强化联动，通力协作。市委、市政府主要负责同志高度重视、亲自部署，多次采取"四不两直"方法深入背街小巷调研督导，当面倾听群众意见，做出批示指示，为背街小巷环境整治提升"把脉开方"。市人大、市政协组织人大代表、政协委员深入背街小巷视察，建言献策。市城市管理委、首都精神文明办、市规划自然资源委发挥牵头作用，制定三年行动计划，通过顶层设计强化统筹协调，形成上下联动、内外协同的良好局面，确保各项措施有序衔接、高效实施。

三是健全机制，凝聚共识。建立背街小巷环境整治提升议事协调机制，市级相关部门、区政府和企业主管领导及专家学者、居民代表定期采取实地调研、座谈研讨、专题研究等形式会诊出方，研究破解重点难点问题的措施办法。

# 二 注重规划设计，区域连片推进

一是遵循规划引领，下足"绣花功夫"。围绕落实城市总体规划和街区控制性详细规划，立足首都功能定位，着眼"四个服务"，下绣花功夫打造"环境优美、文明有序"的背街小巷。编制《背街小巷环境整治提升设计管理导则》，从色彩、气质、风格、肌理等方面，对背街小巷建筑立面、市政设施、城市家具等十大类 36 项元素明确规范管控标准。

二是强化日常管理，织密治理网络。制定《关于加强背街小巷环境精细化日常管理的指导意见》，安排专项资金对治理工作给予保障支持。市级各相关部门研究制定行业规范，细化治理"开墙打洞"、绿化美化、业态规范、综合执法等实施标准，为推进工作提供保障。

三是融合街区更新，提升空间品质。注重加强施工管理，发扬工匠精神，突出历史文化街区保护，恢复胡同肌理，老城风貌重现。坚持背街小巷治理与街区更新相结合，由线到面整体推进，分类实施更新改造。比如东城区重点推进北大红楼片区环境综合整治，对北池子大街、五四大街、景山前街周边建筑和背街小巷进行保护性修缮提升，传承红色文化记忆；西城区爱民街片区围绕服务中央驻区单位需求，实施了绿化提升、道路修补和停车秩序治理。各区分别结合街区功能和风貌特色，开展示范片区环境综合治理，提升了街区环境品质。

# 三　注重多元共治，推进共建共享

一是高扬党建旗帜，汇聚治理合力。坚持党建引领"街乡吹哨、部门报到"，充分发挥基层党组织战斗堡垒作用，依托街乡镇党建工作协调委员会平台，统筹协调各类治理主体参与背街小巷环境精细化治理。通过整合资源、优化配置，形成政府主导、社会协同、公众参与的立体化治理体系，为背街小巷环境整治工作注入强劲动能。

二是推进街巷长制，织密责任网络。发挥街巷长在街巷管理中的统领作用，制定《关于进一步强化街巷长制工作的指导意见》，建立健全市、区、街道（乡镇）三级负责的责任体系，统筹专业作业、网格巡查、综合执法等力量，以及小巷管家、网格员等志愿力量，高效开展街巷日常巡查，及时发现、解决问题，推动"门前三包"

落实，带动公众参与街巷环境治理。

三是集聚专业人才，打造精品工程。发挥责任规划师、责任建筑师作用，为背街小巷精细化治理提供全方位专业视角和全过程技术服务，做好背街小巷环境治理与城市更新项目的有机衔接，高水平打造具有历史底蕴与现代魅力的精品街巷。

四是引入市场机制，提升治理效能。加强环卫、绿化专业化作业，推行街巷物业化管理，通过引入市场机制、鼓励社会力量参与，实现了政府引导、市场运作、社会参与的良性互动，形成了共治共管、共建共享的良好局面。

# 四　注重常态督导，加强日常宣传

一是形成闭环管理，确保整治实效。严格落实"日巡、周查、月评、季点名"制度，确保背街小巷环境整治工作的长效化与精细化。各街道每天对辖区街巷进行巡查，每周开展一次覆盖式检查，及时发现和解决问题；各区每月组织开展拉练式检查，总结成绩，查找不足；市城市管理委组织第三方开展背街小巷抽查，检查结果纳入"月检查、月曝光、月排名"环境建设管理考核体系，形成闭环管理机制，持续巩固提升整治成效。

二是群众监督与专业评价并重，提升整治透明度。将实地检查与12345市民服务热线收集的群众反馈紧密结合，作为文明城区创建工作的重要参考依据，每月印发问题清单，并督促各区做好整改，通过公开透明的评价机制，增强整治工作社会监督力度，促进整治效果持续优化。

三是季度总结分析，强化目标导向。市、区每季度组织对背街小巷环境整治提升情况进行总结分析，全面回顾整治进展，评估工作成效，对整治完成的背街小巷进行逐条自检，市城市管理委组织市相关部门进行验收。

四是树立先进典型，引领向善风气。每年开展"首都文明街巷""首都文明商户""优秀街巷长""优秀小巷管家""优秀网格员""优秀责任规划师"选树，推选"北京最美街巷""漫步北京"最美胡同街巷探访路线，开展实地观摩、典型介绍、专题演讲等活动，交流背街小巷环境整治提升经验，共享工作中的好做法、好经验，营造全社会共同参与、共同维护的良好氛围，为背街小巷环境整治工作注入能量。

下一步，北京市将继续以新时代首都发展为统领，紧密结合城市更新和"疏解整治促提升"行动，在精治、共治、法治上下功夫，以更高标准、更严要求、更实举措，推动城市环境治理向纵深发展，提升城市"颜值"，增加城市"温度"。继续深入开展背街小巷环境精细化治理，持续改善人居环境品质，注重城市文化挖掘传承，打造更多环境优美、文明有序的街巷空间。充分发挥多元主体作用，创新社会治理方式，形成人人参与、人人尽责、人人享有的良好氛围，不断增强人民群众的获得感、幸福感、安全感，为建设国际一流和谐宜居之都做出更大贡献。

（北京市委宣传部精神文明创建活动指导处供稿 执笔人：王亦宁 戴向明）

# 首都文明委重点项目台账激发文明新活力

## 一 台账机制实施概况

2020 年 4 月 17 日，蔡奇同志在首都精神文明建设工作暨背街小巷环境精细化整治提升动员部署大会上指出："建立首都文明委成员单位重点工作项目台账，各成员单位结合职能，每年选定 2 个重点工作项目，年初立项、年底报告落实情况。"自此，以台账为依据，不断创新制度机制，抓好督促落实，形成了首都文明委重点工作项目台账制度。

重点工作项目台账是首都文明委年度工作安排的有机组成部分，是贯彻好中央和市委有关精神，落实好文明委年度重点工作的有效抓手。从 2020 年起，每年年初由各成员单位围绕首都精神文明建设折子工程确定 2 个工作项目，汇总形成工作台账，5 年来各成员单位近 520 个项目列入台账，有力凝聚起齐创共建合力。

## 二 台账机制实施的具体举措

### （一）加深多元融合，坚持项目化推进

将精神文明建设与各成员单位履行自身职责紧密结合，实现精神

文明与业务工作两促进、两提高。围绕凝聚齐创共建工作合力，联合军委机关等 4 部门印发《关于组织驻京部队官兵积极参加首都地区文明城区创建工作的通知》，通过走访慰问、座谈交流、实地察看等形式，推动驻京部队官兵积极参加首都地区文明城区创建工作。围绕"节约粮食 光盘行动""夏季空调调高一度""垃圾减量垃圾分类"等联合有关部门开展专项引导行动，文明健康生活理念得到广泛传播。

### （二）严谨立项流程，把控项目质量

立项是做好工作的基础，各成员单位是每个项目的责任主体，通过年初立项、年中督账、年底销账，指导各单位立足自身实际，找准切入点立项，既体现本系统、本单位精神文明建设特色，又不能以部门专属业务来代替精神文明建设工作。收到各单位报送上账项目后，进行综合审核把关，对其中不符合要求的、不能体现年度首都精神文明工作重点的都要求进行修改或者替换。

### （三）强化机制建设，共绘文明新篇

为健全文明委日常工作联系机制，各成员单位明确分管处室负责同志作为工作联络员，负责本单位首都文明委委员的联络服务工作，以及协调落实首都文明委重点工作项目台账等具体事项，以此跟踪项目进度，监督落实情况，确保每一项文明建设任务都能够精准对接、高效执行。

### （四）聚焦跟踪问效，共鉴经验成果

各成员单位按照事前、事中、事后，分别提交项目信息、推进情况和完成情况报告，通过年初建账、年中督账、年底销账，推进重点任务落实落地。同时，鼓励各成员单位及时总结经验成效，在《首都精神文明建设情况简报》上予以推介。

## 三　经验总结

建立重点工作项目台账是坚持统分结合、项目化推进精神文明

建设工作的有效举措，通过建账、督账、销账，以台账为依据抓好督促落实，逐步形成了首都文明委牵头抓总、有关部门各负其责、全社会共同参与的项目化推进精神文明建设新模式。

### （一）顶层设计，谋划工作定音定调

发挥首都文明委对首都地区精神文明建设工作规划、部署、协调、指导作用，通过引导设置台账内容，推动服务首都发展大局和精神文明建设年度工作布局，促进各单位精准找到自身定位和工作切入点，把精神文明建设同业务工作、行业管理和社会治理有效结合起来。比如，在首都文明委统筹下，中央和国家机关工委等 12 家单位聚焦单位阵地建设和职工学习教育，着力创建文明机关，提高干部队伍文明素质；国务院国资委等 37 家单位面向社会开展形式多样的文明宣传活动，多层次、分众化弘扬文明正能量。

### （二）高位推进，驱动职责落细落实

首都文明委负责同志高度关注并亲自推动台账落地见效，通过落实台账制度激发各成员单位积极性、主动性、创造性，推动各成员单位将精神文明建设摆在重要位置和议事日程，拿出更有针对性、更具实效性的项目和举措。比如，市人大常委会等 8 家单位围绕立法监督、健全工作体系、明确行业标准等建章立制，以规则的约束力增强文明的"向心力"，完成《北京市文明行为促进条例》《北京市志愿服务促进条例》的制定修订工作。市科协设立"每月'科学'流言榜"，疫情期间将《战"疫"》应急科普特刊送进全市新时代文明实践中心、所、站，为居民科学防护提供指南。

### （三）密切联系，推动议事提质增效

依托台账强化工作联络制度，首都文明办与各成员单位保持经常性沟通联系，了解项目进展，促进各项工作紧密衔接、同频共振，鼓励各单位改进和创新工作方法，实现整条战线互鉴共进。比如，市公安局等 7 家单位围绕文明创建、不文明行为治理等重点工作立

项攻关，研究解决方案，形成管用举措。重点站区管委会组建重点站区文明委，将各站属地、铁路系统纳入成员单位，充实工作力量，加强工作协调，共同推进精神文明建设。

## （四）合力共建，联创联动实现目标

台账有效串连文明建设"点线面"，推动各单位各负其责、各展所长，在涉及多个部门的工作任务方面，共同协商、合作推动，形成齐抓共管的工作合力。比如，在推进"光盘行动"工作中，市委宣传部、首都文明办会同中央国家机关爱卫办、市商务局等单位制定发布"9大场所'光盘行动'指引"，各部门按照工作职能以小组形式分兵把口、协同推进，取得明显成效。在推进垃圾分类工作中，市政协组织市、区两级政协委员开展"五千委员齐参与，助力分类新时尚"专项民主监督活动120余次，各专委会和各区政协形成报告建议26份。

（北京市委宣传部精神文明综合协调处供稿　执笔人：何　滨
梅雪峰）

文明指数篇

# 北京市民公共行为文明指数研究：
# 回顾与展望

李海龙　　王卫东

公共文明是现代城市文明的显性指标，是市民在公共空间和公共活动中所表现出来的精神状态和行为规范的总和，是检视一座城市文明水平的重要依据。2005 年中国人民大学沙莲香教授提出开展北京市民公共行为文明指数调查倡议，旨在利用综合性的指数体系和及时高效的数据客观、科学、深入、全面地评价北京市民公共行为文明素质发展情况，得到了首都精神文明办的高度认可和充分支持。

经过多年连续调查，北京市民公共行为文明指数研究取得了丰硕成果，不仅成为体现市民文明素质发展状况、衡量城市文明进步程度和群众性精神文明创建工作成效的重要工具，更与公共文明建设实践形成了"双向奔赴"的良性互动关系。

北京市民公共行为文明指数调查研究回顾，绝不是一般意义上的课题研究总结，而是系统回顾北京市民公共行为文明 20 年发展历程，全面总结文明指数调查在促进首都文明发展与管理创新、打造社会风气和道德风尚首善之城中的作用，以便未来能够更加客观、科学地反映首都公共文明建设状况，积极探索新方向，谋求新突破，继续巩固文明创建成果，推动首都文明建设的质量提升，持续开创新时代首都文明建设的新局面。

# 一 北京市民公共行为文明指数 20 年发展变化

市民公共行为文明指数是衡量城市市民文明素质水平及发展状况、评价城市文明程度及发展水平、检验群众性精神文明创建工作成效的重要指标，也是推动文明创建工作科学化、规范化、常态化的重要手段，更是文明创建的基础性工作和重要内容。

自北京市民公共行为文明指数测评体系创立以来，课题组立足社会发展不同阶段的不同要求，多次邀请社会学、统计学、伦理学等多学科领域专家，共同对指标体系进行优化调整，使其始终具备科学性、严谨性与时代性，能够充分反映市民公共行为的新特征、新情况、新问题。指标体系从最初的"公共卫生、公共秩序、公共交往、公共观赏、公共参与"5 大指标发展至 2023 年，已形成了由 5 个一级指标、12 个二级指标、43 个三级指标构成的完整体系，特别是《北京市文明行为促进条例》发布后，课题组结合具体要求，对北京市民公共行为文明指数测评体系进行了拓展和创新，为深入推进首都精神文明建设提供了有效参考。

## （一）总指数："乘势跃升"迈向"稳步提升"

2005 年至 2023 年，北京市民公共行为文明指数从 65.21 分上升到 90.73 分（见图 1），保持了"十八连升"态势，年均增长 1.42 分，呈现从"奥运跃升"到"巩固爬升"再到"优化提升"的不同阶段特征。

### 1. 乘风"奥运"促跃升（2005 年至 2008 年）

在全社会齐心协力筹办 2008 年北京奥运会的背景下，首都精神文明建设工作高效推进，通过树立道德模范典型，打造品牌宣传活动，创新共建共享机制，培育城市文明新风，培育了社会道德新风尚，市民文明素质和城市文明程度显著提升，市民公共行为文明指数由 2005 年的 65.21 分上升到 2008 年的 82.68 分，年均增长 5.82 分。

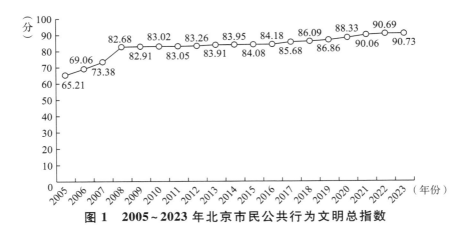

**图1 2005~2023年北京市民公共行为文明总指数**

2. 巩固发展稳爬升（2009年至2016年）

以成功举办北京奥运会和新中国成立60周年庆祝活动为标志，在持续弘扬"奥运精神"、广泛践行社会主义核心价值观的历程中，首都精神文明建设工作扎实推进，公共行为文明指数从2009年的82.91分上升到2016年的84.18分，巩固拓展精神文明建设成果取得实效，为践行新时代首都发展的使命担当凝聚起强大精神力量。

3. 开启新程再提升（2017年至今）

北京围绕"四个中心"功能建设、提高"四个服务"水平、抓好"三件大事"、打好"三大攻坚战"，持续推动公共文明建设，以党的十九大召开、国庆70周年庆典、北京世园会举办等重大活动为契机，深化中国特色社会主义和中国梦宣传教育，深入开展文明引导活动，颁布实施《北京市文明行为促进条例》，倡导市民从身边做起、从自身做起，讲文明话，做文明人，处文明事，形成向上向善的良好社会风气，推动市民文明素质和城市文明程度不断提升，从2017年的85.68分上升至2023年的90.73分，并在2021年首次迈进90分大关。

目前，北京市民公共行为文明指数站上新高度，标志着首都精神文明建设正进入守正创新、提质升级的新阶段，将肩负起更加光荣而艰巨的时代使命。

## （二）五大领域行为：齐头并进共促文明成长

北京市民公共行为文明指数涵盖公共卫生、公共秩序、公共交往、公共观赏、公共参与五大维度，从不同方面反映了市民日常生活中各项行为的文明程度。2005～2023 年北京市民公共行为五大维度文明水平见图 2。

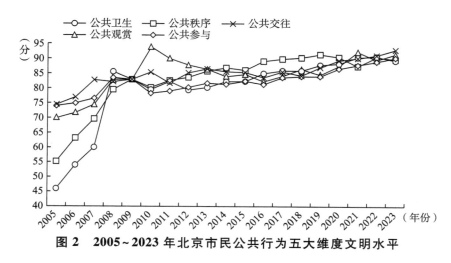

**图 2　2005～2023 年北京市民公共行为五大维度文明水平**

具体而言，公共卫生"稳中向好"态势不断巩固。"垃圾投放到垃圾箱"与"不随地便溺"等文明行为的养成取得显著成效，得分提升幅度在所有公共卫生行为中位列第一、第二。此外，随地吐痰、擤鼻涕，乱丢废弃物、打喷嚏不遮掩口鼻、遛狗时不及时清理粪便等问题也得到了相当程度的改善（见图 3）。

公共秩序"遵规意识"不断增强。市民在规范宠物牵引行为、共享单车规范有序存放等方面的文明意识有较大增强（见图 4），越来越多市民在公共场所更加注重遵守和维护公共秩序，能够做到驾车时礼让行人、规范有序停放共享单车，在公共场所不与他人大声交谈、打闹或大声喧哗，在公共场所能够更加主动遵守和维持公共秩序，彰显了"文明驾车　礼让行人"、文明养犬、互联网租赁自行车"百日整治"等文明引导与不文明行为治理行动的成效。

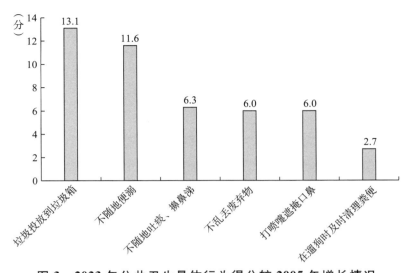

图 3　2023 年公共卫生具体行为得分较 2005 年增长情况

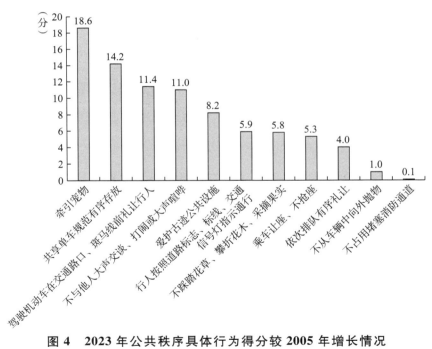

图 4　2023 年公共秩序具体行为得分较 2005 年增长情况

公共交往更加得体友善。市民在公共空间的人际交往、待人接物以及文明礼貌行为等方面进步明显，使用粗鲁冒犯性语言对他人进行侮辱或表达歧视等不文明交谈行为大幅减少，面对陌生人询问时更加热情友善，在为他人指路和提供帮助的时候更加主动（见图5），公共交往中的文明修养显著提升。

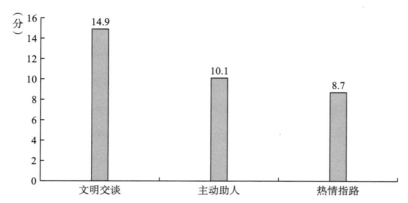

**图 5　2023 年公共交往具体行为得分较 2005 年增长情况**

公共观赏更加注重礼仪规范。通过广泛教育宣传尤其是文明观演公约、文明观赛倡议的发布，市民在观赏演出时手机静音、保持安静和按时进退场等方面表现日益进步（见图6），不文明使用手机、大声喧哗、追逐打闹等不文明行为明显减少，遵守秩序意识进一步增强，观赏环境得到充分改善，观赏体验更加和谐融洽。

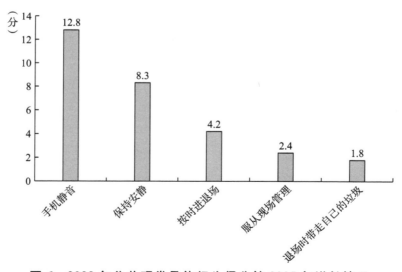

**图 6　2023 年公共观赏具体行为得分较 2005 年增长情况**

公共参与更加热情主动。市民参与公益活动、志愿服务以及对重大活动的积极性显著提升，越来越多的人通过参加志愿服务和公益活动践行公共文明，体现价值追求，在节水节电节粮、光盘行动、垃圾分类等行动中展现出更高的自觉性和参与度，整体公共参与的文明水平持续提升。2023 年公共参与具体行为得分较 2005 年增长情况见图 7。

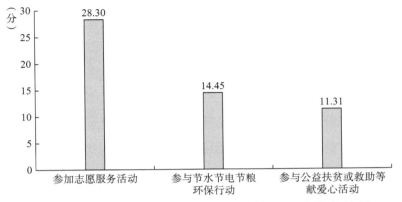

图 7　2023 年公共参与具体行为得分较 2005 年增长情况

网络文明素养明显提升。作为伴随互联网快速发展诞生的文明新形态，网络文明日益成为社会主义精神文明的重要组成部分，对公共行为文明的影响日益突出。为更加全面地评价公共行为文明，课题组自 2012 年起将"网络文明"纳入研究范畴，重点调查市民网络行为尤其是网络交往行为的文明程度。从结果看，北京市民能够主动践行上网文明，在抵制网络谣言和不良信息、避免网络暴力等方面的自律性显著提升（见图 8），全面推进文明用网、文明上网，网上网下文明建设融合互促取得良好成效。

## （三）小结

北京市民公共行为文明指数调查实施以来，文明行为促进工作日益融入城市治理，市民自觉践行公共文明、主动参与文明建设的意识与日俱增，与首都城市形象不相符、群众反映强烈、亟须治理

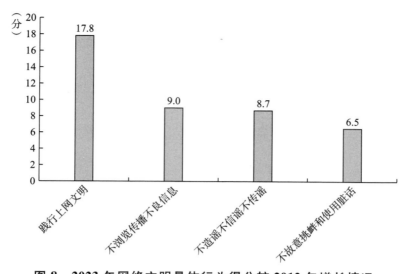

图 8　2023 年网络文明具体行为得分较 2012 年增长情况

的不文明行为显著减少，公共卫生、公共秩序、公共交往、公共观赏、公共参与五大维度文明建设取得积极成效，"垃圾准确投放""随地吐痰""随地便溺""驾车不礼让行人""共享单车乱停乱放""遛狗不牵绳"等诸多顽疾得到有效治理，文明指数得分不断攀升，城市文明水平和市民文明素养大幅提升，精神文明建设取得了长足进步。

# 二　北京市民公共行为文明发展的经验总结

## （一）借助重大社会活动影响，激发文明乘数效应

北京市民公共行为文明水平的不断提升，既得益于城市经济的高速发展，也与重大社会事件，尤其是 2008 年北京奥运会、2022 年北京冬奥会等具有全球影响力的重大活动的举办密切相关。这些重大活动通过在特定时期内创造社会新情景，在为城市发展带来新机遇的同时，也与普通市民的日常生活建立了紧密联结，不仅能在短期内激发市民参与文明建设的主动性和积极性，更能在长期中增强

市民培育文明素养的自觉意识，潜移默化地提升公共文明水平。在活动筹办过程中，市民将爱国热情转化为自觉培育文明风尚的实际行动，参与文明建设的主动性和积极性持续增强，"双奥之城 文明北京"的氛围日渐浓厚，公共文明日益成为社会关注的焦点，市民精神文明素养和城市文明水平得到显著提升。由此可见，发挥重大事件的引导带动作用、营造文明创建的良好氛围，能够有效提升全社会文明素养，对公共文明建设产生长远的积极影响。要用好重大活动形成的文明成果，使其在公共文明建设领域充分发挥乘数效应，引导市民积极参与，以国际化视野为构建文明共建共治共享新格局做出贡献。

### （二）价值引领打造创城示范，筑牢城市文明基石

习近平总书记指出："强化教育引导、实践养成、制度保障，发挥社会主义核心价值观对国民教育、精神文明创建、精神文化产品创作生产传播的引领作用，把社会主义核心价值观融入社会发展各方面，转化为人们的情感认同和行为习惯。"[1] 自 2013 年中共中央办公厅印发《关于培育和践行社会主义核心价值观的意见》以来，北京积极持续深化社会主义核心价值观建设，将其融入文明培育、文明实践与文明创建的各项工作，使之成为全体市民的思想和行为自觉，为推动首都精神文明建设迈上新台阶提供了强大支撑。2021 年，北京制定《关于深化文明城区创建的三年行动计划（2021～2023年）》，通过开展思想道德引领、文明行为养成、诚信建设、社区综合治理、背街小巷整治提升、美丽乡村建设、舆论宣传发动、重点领域整治"八大行动"，深度融通文明城区创建、接诉即办 12345 热线、基层网格化治理等工作机制，市民公共行为文明水平与精神文明素养显著提升，城市文明风尚与人文氛围更加浓厚。因此，要坚持以社会主义核心价值观为文明城市建设"立德铸魂"，充分发挥全

---

① 习近平谈治国理政［M］. 第 3 卷. 北京：外文出版社，2020：33.

国文明城区创建作为精神文明建设主要阵地的示范带动作用，推动市民文明行为提质升级，促进城市环境面貌和群众精神风貌持续改善，打造物质文明与精神文明协调发展的城市文明新样板。

### （三）靶向发力推动德法共治，强化文明促进理念

道德和法律作为现代社会规范体系的两大重要形式，在国家治理与社会发展中具有举足轻重的作用。道德通过弘扬伦理精神发挥教化功能，法律通过健全法制体系发挥规范效用，法律的实施有赖于道德的支持，道德的践行也离不开法律的约束，二者密切关联、协同发力，缺一不可。为文明行为规制立法，将社会广泛认同、切实可行的道德要求上升为长效、普遍的法律规范，能够更好地发挥"法治"的引领、规范、惩戒和保障功能，强化"他律"、培养"自律"、最终唤醒民众自觉，为全面树立文明风尚、倡导文明行为、践行文明规范提供有力保障。2020年《北京市文明行为促进条例》正式实施，标志着首都精神文明建设进入了德法共治的新阶段，该条例通过宣传倡导9个领域文明行为规范，明确开展6个领域不文明行为治理，有效推动了公共文明建设的规范化、制度化、长效化，为做好新时代价值引领、推进社会风气和道德风尚首善之城建设奠定了坚实的法治基础。北京市民公共行为文明指数于2021年首次迈上90分高位，并继续保持攀升势头，在2023年增至90.73分。由此可见，持续围绕文明行为促进和不文明行为治理开展德法共治，将公共文明基本要求融入公共决策，引导市民认同践行文明促进理念，营造"知文明、讲文明"的社会氛围，为持续巩固文明建设成果提供有力支撑。

### （四）常态长效开展文明引导，弘扬社会文明新风

北京市公共文明引导行动是在首都城市化发展进程中应运而生的，新形势下深化群众性精神文明创建、拓展社会志愿服务、推动学雷锋活动常态化的生动实践，正日益成为广大群众参与社会管理与创新的重要途径和推动公民道德建设的有效抓手。通过持续打造

"北京榜样"金字品牌，深入开展"文明驾车 礼让行人""文明养犬在行动""V蓝北京""光盘行动""文明观演""夏季空调调高一度""垃圾减量、垃圾分类"等系列专项文明指引活动，背街小巷环境精细化治理、重点场所控烟、互联网租赁自行车"百日整治"、文明游园、净网、护苗等专项行动以及"文明旅游我最美""市民高雅艺术殿堂文明行"等宣传教育活动，使文明理念深度融入市民生活，市民逐步形成良好行为习惯和健康生活方式，公共行为文明程度显著提升，礼让守序、诚实守信、文明出行、绿色低碳等新风尚日益内化于心、外化于行，成为城市文明进步的缩影。在此过程中，以"柠檬黄""志愿蓝""平安红"等为代表，"市、区、街乡镇"三级覆盖的志愿服务组织体系不断完善，以精神文明宣传员、文明礼仪示范员、排队乘车引导员、群众困难排解员、交通文明协管员、治安防范信息员、站台环境维护员、公共文明观察员"八大员"为主的北京市公共文明引导员队伍逐步壮大，在常态化开展礼仪示范与秩序维护的同时，在全国"两会"、春运、中高考、旅游高峰等特殊时期以及建党百年、冬奥会、服贸会等重大活动的文明引导与服务保障中发挥了重要作用，与文明礼让的首都精神风貌交相辉映，成为首都精神文明建设阵地的"金名片"。由此可见，协同推进常态化文明引导、宣传教育以及专项不文明行为整治，能够广泛凝聚多方力量、扎实培育文明风尚，不断提升市民群众公共意识和文明素养，助推公共文明建设走深走实。

# 三 新时期公共行为文明面临的新挑战及应对措施

## （一）顽疾治理呼唤多措并举破惯性

一是部分市民"主人翁"意识薄弱，缺乏对维护公共空间卫生与秩序的责任感，不文明养宠、随意在公共区域堆放杂物，以及堵塞、封闭消防通道和疏散通道等问题仍然突出，严重影响了社区的公共秩序和安全。

二是个人卫生陋习根深蒂固，在公共场所打喷嚏不遮掩口鼻、随地吐痰、擤鼻涕，乱丢废弃物等不文明行为仍然频繁。虽然新冠疫情期间的防控措施一度遏制了这些行为，但随着防控政策调整，这些不良习惯又在部分市民身上"卷土重来"。究其根源，是个人不良行为已在长期中形成"惯性"，难以因为短期的外部压力得到彻底改变。需要多措并举、对症下药，在建立长效管理机制、制定专项法律法规的同时，引导个人主动增强自我约束、增强文明意识，"双管齐下"才能从根本上解决公共文明领域的沉疴顽疾。

## （二）科技革命催生文明建设新形态

一是多主体参与成为趋势。互联网和大数据使得信息分布更为广泛、社会联结更为普遍，移动互联网与智能终端使全体市民实时、便捷地表达意见与参与治理在技术和经济上具有了可行性，政府不再是唯一的社会治理和决策主体，社会和市场主体在公共文明建设中的影响力日渐提升。二是算法文明成为建设重点。互联网平台算法作为公共规则对市民公共心理与行为模式的影响日益显著，但与之相匹配的算法治理体系和机制还不健全，需要进一步引导算法向契合公共文明建设需要的方向发展。三是社交媒体引发群体分化。社交媒体深刻改变了信息的生产、传播与消费模式，基于大数据及算法技术的信息智能推送机制使"信息茧房"趋势加剧，用户信息接收与观念表达存在极化风险。

## （三）新兴业态带来公共文明新问题

由于快递、外卖、网约车、共享单车等新经济业态的涌现，尤其是快递外卖行业的快速发展，快递员、外卖骑手等从业者为"抢时间"驾驶非机动车逆行、闯红灯、横穿马路、超速行驶等行为成为公共秩序中新的突出问题。虽然交管部门联合外卖平台对骑手进行了交通安全教育和监管，但由于群体多元、场景复杂，加之平台算法过于注重时间效率并将其与从业者的收入挂钩，导航算法将诸多"节约时间"的逆行路线规划为最优路线,"顾客期望""骑手逆行"与"算法规划"形成"三方共谋",这成为交通秩序文明面临的新挑战。

### (四) 网络发展塑造公共交往新模式

互联网的快速发展推动了新的公共领域的形成,公共文明从经济、政治等社会空间拓展到数字空间,超越传统地理空间和行政区划限制的公共交往新模式逐步形成,这对大众尤其是青少年群体的社会心态、思维方式与行为模式产生了深刻影响。数字空间使大众具备了前所未有的信息获取与传播能力,在极大地拓展公共交往渠道的同时,也放大了不同群体因身份、利益、价值取向等不同而形成的差异,群体分化乃至极化日益加剧,维护公共文明与社会精神秩序面临新的挑战。一方面,由于匿名、互不见面等原因,加之监管手段有限,治理难度较大,网络成为人身攻击、地域歧视和乱骂脏话的频发地。另一方面,随着短视频、直播、电竞、网络文学等文娱新业态的出现,传播不良信息、低俗内容,虚假带货,打赏失度等问题随之而来,对大众尤其是心智尚不成熟、社会经验欠缺的青少年群体的负面影响日益突出,加之传统教育方式受到新媒体的冲击,未成年人思想道德建设和价值观塑造面临巨大挑战。

## 四 公共行为文明指数研究的价值与未来方向

### (一) 公共行为文明指数研究的价值

北京市民公共行为文明指数调查是一项长期性、系统性的"拓荒式"研究,面向公共文明这一社会发展重要领域,开创性地建立了评价指标体系,量化分析市民文明素质状况,并依据经济社会发展阶段持续调整,以适应市民公共行为的新表现、新特征,这对推动社会学研究范式的革新具有里程碑意义。长期追踪研究形成的丰富研究成果,不仅吸引了《人民日报》《光明日报》《北京日报》《环球邮报》《华尔街日报》《国际纽约时报》等国内外媒体的广泛关注与深度报道，引发社会热烈反响，更直接推动了政府相关职能部门公共管理工作的创新。

北京市民公共行为文明指数从 2005 年的 65.21 分增加到 2023 年的 90.73 分，保持了"十八连升"态势，公共卫生、公共秩序、公共交往、公共观赏、公共参与五大领域文明水平显著提升，充分彰显了近 20 年来首都精神文明建设的实效，为新时期继续树牢首善旗帜，汇聚建设合力，推进社会风气和道德风尚首善之城建设奠定了坚实基础。

## （二）公共行为文明指数研究的未来方向

### 1. 确立全球视野，开放互鉴探索研究新范式

市民公共文明素质是北京建设国际交往中心的重要内容，对彰显自信、包容、开放、创新的城市形象，展现大国首都风采具有重要意义。《北京市国际交往语言环境建设条例》等相关法规的出台进一步对提升公共交往、公共参与的国际化素养提出了新要求。面对全球发展新形势、国际交往新变化以及公共文明建设新要求，北京市民公共行为文明指数研究要积极响应习近平总书记"以文明交流超越文明隔阂，以文明互鉴超越文明冲突，以文明共存超越文明优越"的倡议，以更开放包容的态度、更自觉的文明意识、更宽广的国际文明视野不断拓展研究领域、创新研究范式，兼收并蓄各国文明建设的先进经验成果，在融通中外、互鉴互促中探索出一条更加科学严谨、更具前瞻思维、更贴近城市实际的发展之路，助力北京更好肩负时代新使命、展现大国新风采，在推进全国文化中心和国际交往中心建设中做好表率，为谱写新时代中国特色社会主义文化强国建设篇章贡献首都力量。

### 2. 直面技术冲击，与时俱进拓展文明新内涵

一是不断加强公共文明建设形式手段创新，做好数字赋能。更

加关注新科技、新平台在公共文明治理中的应用，围绕发挥微博、微信、短视频新媒体优势做大做强网络文明宣传矩阵，利用人工智能技术提供精准科学的文明行动方案，运用现代信息技术构建"技术+制度"融合治理模式为文明实践赋能，应用算法规则提升文明宣传广度精度等方面开展研究，为高效统筹文明培育、文明实践、文明创建，推动公共文明建设提升精准化、精细化程度，实现"出圈出彩"提供对策建议。二是积极引导互联网平台重视算法文明，培育算法道德。将互联网平台"算法优化"纳入网络文明建设范畴，围绕引导互联网平台企业强化社会责任、优化外卖快递平台效率至上的"算法规则"、强化对内容创作服务平台"算法推荐"机制的文明引导等方面开展研究，培育适应算法体系的道德意识与文明行为准则。三是着力推动公共文明治理，重视数字鸿沟，优化治理路径。高度关注不同教育、年龄、职业、受教育水平群体对新技术适应能力和适应程度差异带来的数字鸿沟，关注公共文明问题在数字空间中的新表现与新动因，研究以设施服务均等化夯实数字时代公共文明环境基础，以更加深刻广泛的宣传引导政府和市民群体用好科技红利，进一步提升公共文明程度。

3. 关注重点群体，多元多维拓展研究新视角

一是关注外籍人士及海归人员对北京市民公共行为文明的评价。相较于本地市民，海归人员与来自世界各国的外籍人士一般具备更加国际化的视野和独特的感受，是折射首都公共文明建设成效与不足的一面镜子。研究这一群体对北京市民在公共卫生、公共秩序、公共交往、公共观赏、公共参与方面具体表现的评价，一方面有助于从外部审视北京市民公共行为文明表现及成因，更深层次地比较北京与世界一流都市在公共文明建设方面的优势与差距，形成更加客观全面、更具国际视野的认知；另一方面能够推动这一群体发挥示范引领作用，带动市民进一步树立国际意识和理念，有效提升公共行为尤其是公共交往行为的文明水平。二是关注青少年思想引领

和文明意识塑造。随着经济社会的快速发展，青少年生活及受教育水平显著提高，群体特征更加多样，利益诉求更加多元，科学技术变革为这一群体接触各类价值取向提供了比以往任何时候都要便利的渠道，传统的公共文明活动组织形式和宣传教育模式影响力进一步下降，青少年思想引领和价值观塑造工作面临巨大挑战。未来需要更加重视对青少年群体公共行为文明的研究，围绕健全育人体系、培育文明意识、加强思想道德建设等方面开展专项调研，为结合首都实际，更好贯彻落实加强新时代未成年人思想道德建设的要求提供助力。

4. 聚焦德法共治，走深走实文明建设新路径

一是聚焦"德治"，从宣传先进典型与树立"德者受尊、好人好报"价值导向、拓展"北京榜样"品牌矩阵与加强子品牌建设、推动冬奥精神实践与志愿服务成果转化、营造广泛践行核心价值观氛围等方面拓宽研究维度，为研究能够始终紧跟时代、提出有价值的对策建议提供支撑。二是聚焦"法治"，围绕《北京市文明行为促进条例》的实施及其与相关法律法规的协同、公共政策道德风险评估、公共政策与文明行为促进工作互动等方面开展研究，为更好发挥"法治"在公共文明建设中的作用提供依据。


（李海龙，中国人民大学中国经济改革与发展研究院；王卫东，中国人民大学中国调查与数据中心）

# 北京市民公共行为文明指标体系的构建与完善

李海龙　靳永爱

党的二十大报告提出以中国式现代化全面推进中华民族伟大复兴,强调中国式现代化是物质文明和精神文明相协调的现代化,对推进精神文明建设、提高全社会文明程度做出战略部署,把精神文明建设的地位和作用提到新的高度。

市民文明素质作为城市文明进步的重要承载,直接关系城市风貌和气质,是城市发展阶段和内涵特质的重要表现。因此,紧扣时代脉搏,立足新发展阶段、贯彻新发展理念、构建新发展格局,深入落实习近平总书记关于精神文明建设的重要论述,与时俱进创新北京市民公共行为文明指标体系,对于科学引导市民文明素质提高,打造践行社会主义核心价值观和思想道德高地,建设社会风气和道德风尚首善之城具有重要意义。

## 一 指标体系构建的理论基础

构建北京市民公共行为文明指标体系,需要首先明确"公共行为文明"的含义。"公共行为文明"既包含市民的公共行为,也包含市民公共行为的核心品质,它是精神文明的具体表现。

### (一) 公共文明的内涵与外延

"公共文明"(public civilization)概念的形成以社会学、人口学、政治学等多个学科领域的研究为基础，旨在强调个体和社会共同进步的重要性，促进社会的和谐与稳定。

从内涵看，"公共文明"是精神文明在公共生活领域的体现，是市民在社会公共生活领域表现出来的精神生活进步与开化的状态，既包括人们公共生活的价值观、道德风貌、觉悟、信念等思想方面的内容，又包括由这种思想指导的人们的公共行为风尚、公共生活制度、法规、设施等文化方面的内容。

从外延看，"公共文明"几乎涵盖了公共生活的所有领域，包括公共卫生、公共秩序、公共交往、公共欣赏、公共服务、公共参与、公共资源保护与利用、公共物品使用与消费等。随着现代社会生活的日益丰富，公共生活的范围日益拓展，"公共文明"的外延逐步扩大，呈现开放式的兼收并蓄的状态。作为社会文明的重要组成部分，公共文明发展水平直接反映社会的整体文明程度。对北京市民公共行为文明的研究，有助于更深入地理解文明发展进程，揭示文明发展的内在动力和机制，为北京市公共文明的持续进步提供理论支持。

### （二）市民公共行为的基本要素

"公共行为文明"作为一个抽象概念，可被拆分为"公共""行为""文明"三个具象化的内容，分别对应公共行为的空间载体、承担主体和具体内容。因此，构建北京市民公共行为文明指标体系，需要进一步对公共行为文明进行拆分，并从上述三方面阐明公共行为文明的具体含义。

#### 1. 公共行为的空间载体

根据哈贝马斯的理论，公共领域（public sphere）指一个国家和社会之间的公共空间，此后美国托马斯·雅诺斯基在《公民与文明社会：自由主义政体、传统政体和社会民主政体下的权利与义务框架》一书中基于20世纪后期学者的诸多研究，将社会的公众领域与家庭等私人领域，劳动、消费等市场领域，体制、法律等国家领域（见图1）相互关联起来，对文明社会的四种空间及其相互间的关系进行了综合分析，通过对公民身份的论证，揭示了国家与公民的关系尤其是权利与义务的关系，并聚焦被社会科学所忽视的"义务"，提出重构义务的见解，将权利与义务予以"平衡"，提出了"负责的爱国主义"这一体现公民义务的总概念。

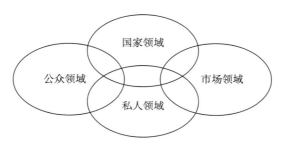

**图 1　文明社会的四种空间**

公共空间是承载普遍公共行为的空间，当公共设施与公共空间中的经济、社会、文化环境等因素相结合，使人们潜在的各种行为意识（自我表现、思想交流、文化共享）得到一定的满足时，就会得到人们的认可与赞美，人们则会同时产生对公共空间的认同，进而在两者间形成"共鸣"。

因此，北京市民主要出现的公共场所及其对所处公共场所的评价是本研究关注的一大重点，即市民眼中公共场所的公共设施是否齐全、能否有效预防市民不文明行为的发生并引导市民做出文明行为，其中公共场所类型参考《城市用地分类与规划建设用地标准（GB50137—2011）》中列出的公共场所并补充一些公认的合理的公共场所。

2. 公共行为的承担主体

公共文明作为人类文明的重要组成部分，其产生和发展归根结底是由人的行为创造和推动的，人作为公共行为的主体，既是"行为"的载体，又是"行为意义"的负荷者，并通过"相互"或"互动"实现行为价值。

市民作为城市公共文明行为的主体，其普遍素质的高低不仅影响着城市的形象，更在一定程度上决定了城市的发展走向。在本研究中，公共行为主体即北京市民，课题组通过考察北京市民的人口学特征及他们各自的文明素质特征以及年龄、受教育程度等人口学特征，建立起首都公民的基本形象，其中，文明素质特征包括公共行为者在公共文明素质方面接受的宣传教育以及市民心中对于自身行为的观念。同时，课题组基于社会学家查尔斯·库利提出"镜中我"的概念（人的自我观念是在与其他人的交往中形成的，个人对自己的认识是其他人关于自己的看法的反映，每个人都是对方的一面镜子，反映出对方的情况），从人的主观性和客观性出发，不仅考量市民对自己公共行为文明程度的评价，也考察他们对身边其他北京市民公共行为文明程度的评价。

3. 公共行为的内容

公共行为是指在公众场合或公共领域中，个人或群体的行为对他人或社会产生影响的具体行为。这些行为可以是自发的，也可以是有组织的或是官方的，它们构成了公共空间活力和多样性的重要来源。公共行为一方面反映人们的生活方式和需求，塑造了公共空间的形态和功能，另一方面也展现了社会的文化和价值观。因此，对公共行为具体内容进行深入分析将有助于我们更好地理解不同行为的影响，尊重不同文化和价值观。在此基础上，市民公共行为的内容主要指市民在城市公共场所进行公共交往、公共活动等做出的能够体现文明素养高低的公共行为。

## （三）市民公共行为文明的五大指标

在汲取社会学、人口学、统计学等相关学科研究范式理论精髓的基础上，课题组聚焦新时代中国公共生活场域，以美好生活为价值牵引，以公民间日常交往为生成路径，将"人群-场合-行为"相叠加，直接关注行为结果，将公共行为解构为公共卫生行为、公共秩序行为、公共交往行为、公共观赏行为、公共参与行为五个具体维度。

从内容看，公共卫生是人们为保证健康生活所需的条件和环境而进行的活动，自觉遵守公共卫生制度是公民应具备的基本道德修养；公共秩序是人们在社会生活中依据维护公共事业、集体利益和正常社会公共生活所必须遵守的行为规范进行活动；公共交往是行动者之间在公共领域进行的以语言为主要媒介的互动，相互理解是公共交往的核心；公共观赏是在公共领域中进行观赏活动，体现观赏者的文明意识和行为方式，是社会精神文明形态的重要组成部分，承载了社会文化传承与个人精神追求双重功能；公共参与是通过合理合法的途径和方法有序参与公共事务，是城市公共文明建设的目标和有效实现途径。

从层级看，五大指标从生物生理到社会制度再到文化价值，与马斯洛需求层次理论中的"生理需求、安全需求、归属和爱的需求、自尊需求、知的需求、美的需求与自我实现需求是人的基本需求"相对应。其中，公共卫生与生理需求相关联，生理需求是维持人作为生物体的正常状态的基本需求，当市民身处的环境保持卫生整洁，能够为其身体健康和心理舒适提供最基础的保障时，才能进一步追求其他层次需求的实现。而环境的卫生与整洁不仅依赖政府的规划、物业的管理与服务，也有赖于每个市民良好的公共卫生素质，并落实在具体的公共卫生行为上。公共秩序与安全需求相对应，安全需求大体可以归纳为"安全，稳定，依赖，保护，对体制、秩序和法律的要求"，而人们一般更喜欢一个安全、可以预料、有组织、有秩序、有法律的世界。在现今社会，作为文明都市的市民，同样有对公共秩序的需求，表现为个体对公共场所秩序、交通秩序和旅游秩序等的遵守。公共交往则可以归入关于归属和爱的需求以及自尊需求，即渴望同人们建立关系，在团体和家庭中有一个位置，归属于一个群体并在其中体验爱，获得自尊、自重和来自他人的尊重的需求。人们通过现实生活的交往与网络交往不仅可以获得对自我所观和所属社会群体的确认从而获得自尊，更能够通过交流互动对他人给予尊重。公共观赏反映出人们对知与美的需求，是对人类心智、情感和社会责任感的全面培育与发展，人类在公共观赏活动中，不仅满足了对新知的探索欲望，还通过审美体验满足了心灵对美的渴望。在这一过程中，观赏者的文明意识、文化修养和行为方式得以体现，表现为对秩序的维护、对环境的尊重以及对他人权益的尊重。这种行为不仅是个人素养的外在表达，更是社会精神文明的重要组成部分。公共参与则体现了自我实现这一最高层次需要，即人对于自我发挥和自我完成的欲望，大致可以被描述为充分利用和开发天资、能力和潜力。在公众场所中，人们的公益参与、环保行动和见义勇为行为在一定程度上都通过发挥自我潜力满足自我实现的需要。

从侧重点看，公共卫生与公共秩序更多地表现为物理空间的物理行为，给人以直观的瞬时感受，多受社会管理的规制；公共交往与公共观赏更多地表现为人文空间的符号行为和内在审美，体现主体的内在涵养与心理品质；公共参与更多地体现主体对于公共文明的自觉与笃行，是对前四者素养的综合、认同和提升，主要通过主体对自己、他人和社会的责任实践来实现。

总体而言，五大一级指标从不同侧面衡量和评价某种公共生活中的公共行为表现以及人们作为公共行动者的行动特点，既相互独立又相互影响，共同构成一个涵盖市民公共行为表现及其意义的有机整体。

## 二　北京市民公共行为文明指标体系的创建

城市的文明与市民以及城市管理息息相关，其中市民在公共领域中的行为尤为关键。2001 年，国际奥委会宣布北京成为 2008 年奥运会主办城市，这为北京人文行动提供了难得的发展机遇。以此为契机，中共北京市委、北京市政府组建成立中国人民大学人文奥运研究中心①，并组织大批优秀学者参与北京"人文奥运"研究。在此背景下，首都精神文明办委托中国人民大学开展北京市民公共行

---

① 后来本机构名称改为：中国人民大学人文北京（人文奥运）研究中心。

为文明指数调查这一长期跟踪研究项目。该研究以公民社会理论、社会心理学为基础，旨在构建北京市民公共行为文明指标体系和指数，用以研究社会文化公共场景中群体和群体心理的公共性、整体性特点及其附加性效应，并为日后市民公共行为文明的长期跟踪调查研究奠定可操作的、可测度的基础。由于市民公共行为文明所包含的内容极为广泛，难以在操作层面上"类别"化，因此课题组在构建指标体系的过程中，将外延限定在市民"公共行动"上，使问卷立足在"行动"上，以行动者作为基本单元构建指标体系，使得被调查者不仅是概率性的代表者"样本"，而且是"事实"中的符号性"行动者"，使调查研究具备了可操作性和可测度性。

## （一） 指标体系建立过程

2005 年，北京市民公共行为文明指标体系第一次提出。课题组以北京市民公共行为文明状况和评价为主题，以构建北京市民公共行为文明指标体系和指数为目标，建立指标体系，深入考察首都市民在公共领域的行为文明程度。

课题组从上千个社会经济指标中选择有代表性的重要指标作为一级指标，在此基础上围绕在公共活动领域内的公共行为，依据行为的选择倾向、态度、看法等构建逐级深入的考察项，进而确定各级指标所要考察的具体项目，最终形成公共行为文明指标体系。指标体系首次将公共行为分为公共卫生、公共秩序、公共交往、公共观赏、公共参与五大主要方面，将其作为"一级指标"，在此基础上根据北京市民日常行为偏好设立 17 个考察项，并将其细分为若干个具体指标，形成衡量北京市民公共行为文明程度的指标体系（见表 1）。

### 表 1  2005 年北京市民公共行为文明指标体系

| 一级指标 | 考察项 | 具体指标 |
|---|---|---|
| 公共卫生 | 随便扔垃圾、吐痰 | 不管什么地方都扔垃圾 |
| | | 不管什么地方都吐痰 |

| 一级指标 | 考察项 | 具体指标 |
|---|---|---|
| 公共卫生 | 找不易被发现的地方扔垃圾、吐痰 | 找不易被看见的地方扔垃圾 |
| | | 找不易被看见的地方吐痰 |
| | 宠物粪便处理现状 | 自觉处理宠物粪便 |
| 公共秩序 | 穿行 | 走路或骑自行车时闯红灯 |
| | | 在并行者或交谈者中间穿行 |
| | | 非过街通道穿行 |
| | | 驾车时穿非机动车道，超行、插行 |
| | 公共场所拥挤 | 高峰时间自觉排队 |
| | | 突发事件时冷静应对 |
| | 公共场所保持安静不喧哗 | 公共场所能否保持安静、不喧哗 |
| 公共交往 | 公共场所着装和仪容整洁 | 公共场所着装和仪容整洁 |
| | 得到帮助或服务时表达谢意 | 得到帮助或服务时表达谢意 |
| | 向陌生人提供帮助 | 乘车让座 |
| | | 指路 |
| | 善待他人（表意） | 给予微笑 |
| | | 给予善待 |
| | | 给予理解 |
| 公共观赏 | 准时进退 | 准时进退 |
| | 手机静音 | 手机静音 |
| | 静心观赏 | 静心观赏 |
| | 适时鼓掌鼓励 | 适时鼓掌鼓励 |
| 公共参与 | 公共参与意识 | 人们在公共场所的文明行为对他人都有示范作用 |
| | | 公共文明示范行为会得到人们的尊重 |
| | | 人们看到了公共文明示范行为会给以实际配合 |
| | | 当出现不文明行为时，人们的引导文明行为比单纯指责更有效果 |
| | | 自觉的示范行为是一种公共参与 |
| | | 向有关部门提出改进公共行为的建议是一种公共参与行为 |

| 一级指标 | 考察项 | 具体指标 |
|---|---|---|
| 公共参与 | 公共参与行为 | 日常公共场所人们比较注意自己的行为 |
| | | 文明示范行为影响周围人 |
| | | 在公共场合，当人们看到别人的示范行为时都给以配合 |
| | | 采用文明性引导的方式去对待不文明行为 |
| | | 公共场合出现了危害性行为，人们比较主动向有关部门提出改进建议 |
| | 公共参与建议 | 本地人与流动人员的互助合作 |
| | | 学校有关公共文明的教育要补课 |
| | | 克服社区公共文明管理的形式化 |
| | | 大众传媒增加公共文明的栏目 |
| | | 加强基层城管人员的职业培训 |
| | | 完善市政的公共设施分布地点 |
| | | 优化不文明行为治理条例，纠正有法不依现象 |
| | | 倡导市民自觉提高修养和对城市的责任感 |
| | | 倡导市民齐心协力改进行为 |
| | | 倡导市民认真看待公共毛病的危害性 |
| | | 形成社会氛围与公众监督力量 |

## （二）指标体系构建原则

### 1. 科学性原则

指标体系的科学性是确保评估结果准确合理的基础，一项评估活动是否科学很大程度上取决于其指标、标准、程序等方面是否科学。因此，测评指标体系要能够客观地反映城市公共行为文明程度，应以社会学、统计学及其他学科的有关理论知识为基础，每个指标必须概念清晰、科学含义明确，指标之间既要有内在联系，又要避免重复。同时，具体的评价方法和程序也应该科学和规范，以取得客观、准确、公正的评价结果。

### 2. 综合性原则

北京市民公共行为文明指标体系的评价对象是由人群、场合等多种要素构成的综合复杂系统，系统内要素间存在多种结构联系、领域交叉、跨学科综合，仅根据某个单一要素进行分析判断，很可能得出不正确甚至错误的结论，因此在设计评价指标时要统筹兼顾，通过多参数、多标准、多尺度分析、衡量，从整体联系出发，综合平衡各要素，形成各项指标相互配合的最佳评价体系。

### 3. 针对性原则

确立指标的取舍原则，不能无所不包地将一切反映城市公共文明的指标都包含在内，而是要根据城市公共文明的内涵、特征与要求，有针对性地选取那些与城市公共文明直接相关的指标，要考虑到城市实际情况，每项指标要具有独立性。

### 4. 可操作性原则

建立评价维度及每个具体指标的评价标准，明确每个量化标准的基准值和权重，以保证测评体系的可操作性。充分考虑数据来源的权威性、可靠性和口径的统一性，以基于客观存在事实所取得的数据为依据，尽可能采用可量化指标。设计简明、规范的评价与核算方法，确保操作的便捷性与评价结果的客观科学性。

# 三 新时代北京市民公共行为文明指标体系的优化与调整

北京市民公共行为文明指标体系（以下简称"指标体系"）作为评估和提升市民公共行为文明程度的重要工具，通过设定一系列具体指标，为分析市民公共行为情况、引导提升市民公共行为文明程度提供工作框架。回顾北京市民公共行为文明指标体系的发展历程可以看到，公共行为不仅是公共空间活力和多样性的重要来源，而且在塑造城市文化和社会价值观方面发挥着重要作用。随着社会的发展和变化，指标体系需要不断调整优化，以更好地反映时代特征。党的二十大报告中明确将"提高全社会文明程度"作为"推进文化自信自强，铸就社会主义文化新辉煌"的重要内容并进行了全面部署。习近平总书记关于精神文明建设和城市工作的重要论述更为深化文明创建工作、提升全社会文明程度指明了方向。

在此背景下，优化创新指标体系既是对新时代文明创建工作新要求的积极响应，也是对新时代首都现代化建设新要求的深刻践行，对于准确反映市民公共行为的新特征、新情况、新问题，全面提升社会文明程度、丰富人民精神世界，充分发挥首都市民"热情开朗、大气开放、积极向上、乐于助人"的独特精神品质，调动向善向好的内驱力，树牢首善文明旗帜具有重要意义。

**（一）传承·包容·创新：新时代指标体系优化的总体思路**

1. 优化重点

课题组按照党的二十大报告提出的"提高人民道德水准和文明素养""统筹推动文明培育、文明实践、文明创建，推进城乡精神文明建设融合发展"的要求，立足加强"四个中心"功能建设、提高"四个服务"水平、建设首善之城的目标任务，以 2005 年提出的"公共卫生、公共秩序、公共交往、公共观赏、公共参与"五大指标为基础，结合 2020 年 4 月 24 日通过的《北京市文明行为促进条例》中的"公共卫生、公共场所秩序、交通安全秩序、社区和谐、文明旅游、医疗秩序、网络文明、文明观赏、健康文明和绿色环保"9 个维度，对指标体系进行综合优化，以提升指标体系的准确性与科学性。

同时，为确保问卷调查质量，课题组在正式调查前组织开展了预调查，以判断问卷实际是否有效，进一步提高问卷的可行性和可靠性，规避在正式调查中可能出现的问题，为后续研究提供易于量化的调查结果。

2. 优化原则

可比性。沿用 2005 年设计的"公共卫生""公共秩序""公共交往""公共观赏""公共参与"分类标准,保留部分仍有较强代表性的具体指标,确保指标在时间上具有纵向可比性,使历年的数据分析结果能够相互比较、相互印证,展现城市公共文明的过去、现在和将来,反映城市公共文明的发展和变化趋势,为考察公共行为文明的发展与面临问题的变化,研究背后的个人及社会原因提供重要依据。

动态性。整体性的相互联系是在动态中表现出来的。增加的指标主要考察以前不被关注而后来引发社会热议的不文明行为,对新现象新问题新情况的考虑,体现了指标体系的动态性原则。

大众性。由于指数的构建主要基于被访者回答所提供的信息,需要尽可能保证所设计的问题能够被大众理解和易于回答,避免数据缺失。如果一些问题只有极少部分被访者能够理解和回答,将影响指数结果的效度。

变异性。变异性是社会科学研究的三大原则之一,要求指标能够反映统计数据的差异程度。对问卷调查而言,如果期望调查结果能够反映不同人群、地区、时间等不同维度的差异,就要求所设计的问题能够在被访者的回答中形成区分度,如果统一打最高分或者最低分,就无法给研究提供有价值的信息。

### (二) 总体延续,精细调整:新时代指标体系优化的具体内容

新时代北京市民公共行为文明指标体系在延续"公共卫生、公共秩序、公共交往、公共观赏、公共参与"5 个一级指标整体构架的基础上,新增二级指标层级,设计了 12 个二级指标,并结合原有的 17 个考察项进一步设计了细分的 43 个三级指标,以充分体现一级指标所涵盖的内容,提升指标体系的准确性与科学性,调整后的指标体系见表 2。

## 表2　2023年北京市民公共行为文明指标体系

| 一级指标 | 二级指标 | 三级指标 |
|---|---|---|
| 公共卫生 | 环境卫生 | 随地吐痰、擤鼻涕 |
| | | 打喷嚏不遮掩口鼻 |
| | | 随地便溺 |
| | | 乱丢废弃物 |
| | | 随意焚烧、抛撒丧葬祭奠物品 |
| | | 乱涂乱画和张贴广告 |
| | 社区卫生 | 在楼道、电梯吸烟 |
| | | 遛狗时及时清理粪便 |
| | | 将垃圾准确投放到垃圾箱中 |
| 公共秩序 | 公共场所秩序 | 控制手机音量 |
| | | 在等候各种服务或乘车时有序礼让 |
| | | 不与他人大声交谈、打闹或大声喧哗 |
| | 交通秩序 | 行人不按照道路标志、标线、交通信号灯指示通行 |
| | | 使用共享单车乱停乱放 |
| | | 驾车或乘车时从车辆中向外抛物 |
| | | 机动车在交通路口、斑马线前礼让行人 |
| | | 乘坐公交或地铁时不抢座、主动让座 |
| | 旅游秩序 | 踩踏花草、攀折花木、采摘果实 |
| | | 伤害或者违规投喂动物 |
| | | 攀爬触摸、乱涂乱刻文物 |
| | 社区秩序 | 在公共区域/房前屋后乱堆放垃圾、杂物 |
| | | 占用堵塞小区楼层消防通道 |
| | | 不牵引宠物 |
| 公共交往 | 人际交往 | 使用粗鲁冒犯性语言对他人进行侮辱或表达歧视 |
| | | 常说"请、谢谢、对不起"等文明用语 |
| | | 在别人需要帮助时主动伸出援助之手 |
| | | 热情回答陌生人询问，为他人指路 |
| | 线上交往 | 不故意挑衅和使用脏话 |
| | | 抵制网络谣言和不良信息，不造谣不信谣不传谣 |
| | | 在网上传播身边好人好事、弘扬正能量 |

续表

| 一级指标 | 二级指标 | 三级指标 |
|---|---|---|
| 公共观赏 | 观赏体育比赛 | 不朝场内丢杂物 |
| | | 不翻越护栏、踩踏座椅 |
| | | 退场时带走自己的垃圾 |
| | 观赏文艺活动 | 在演员谢幕前不提前离场 |
| | | 保持安静，不追逐打闹 |
| | | 手机调至无声状态，不在场内接打电话、高声交谈 |
| 公共参与 | 公益活动 | 参加无偿献血等公益活动 |
| | | 参与公益扶贫或救助等献爱心活动 |
| | | 参加志愿服务活动 |
| | 文明实践 | 用实际行动支持北京举办国际、国内重大活动 |
| | | 参与节水节电节粮环保行动 |
| | | 用餐时不铺张浪费，践行"光盘行动" |
| | | 按标志将垃圾分类投放 |

其中，"公共卫生"一级指标下设"环境卫生"和"社区卫生"2个二级指标，在反映一般公共场所中市民卫生行为的同时，重点关注市民在社区中的卫生意识及其对公共卫生制度的遵守情况。

"公共秩序"一级指标下设公共场所秩序、交通秩序、旅游秩序、社区秩序4个二级指标。党的二十大提出要"广泛践行社会主义核心价值观""提高全社会文明程度"，加强对遵守公共场所秩序、交通秩序、旅游秩序、社区秩序的宣传、教育和引导，强化文明意识正是对上述要求的深刻把握，是精神文明建设的重要组成部分，同时也涵盖了《北京市文明行为促进条例》中的"公共场所秩序、交通安全秩序、文明旅游、社区和谐"4个维度，体现了指标内容的与时俱进。同时，这4个二级指标也属于社会学理论中的"公共秩序"范畴，维护这些秩序则是公共文明在行为和意识层面的重要表现形式，体现了作为主体的公民对社会生活共同规则和秩序的尊重，因此将其纳入"公共秩序"一级指标。

"公共交往"一级指标下设"人际交往"与"线上交往"2个二级指标。互联网的发展使得市民在网络与现实中公共交往行为的差异化特征日益显著，2022年指标体系中仅有"网络文明"指标，未能充分反映现实生活中的人际交往情况，因此增设"人际交往"指标，用以考察市民在现实生活中与人交往时的文明程度，并将"网络文明"改为"线上交往"以便与线下交往行为进行区分。

"公共观赏"一级指标下设"观赏体育比赛"与"观赏文艺活动"2个二级指标。习近平总书记强调："体育是综合国力和社会文明程度的重要体现，在丰富人民精神文化生活方面有着不可替代的重要作用"；"新时代加强精神文明建设，要坚持文艺为人民服务、为社会主义服务的方向，积极支持和推广直接为基层老百姓服务的文艺活动"。因此，重视体育比赛和文艺活动中的观赏文明，是对习近平总书记关于社会主义精神文明建设重要论述的深入贯彻，是对党的二十大提出的"繁荣发展文化事业和文化产业"实践要求的深刻把握；同时，依据社会学理论，"公共观赏"不仅包括对艺术产品的欣赏，也包括对文艺体育等活动的关注和参与。因此，设立上述2个二级指标，以进一步细化公共观赏行为发生场域，提升指标精度。

"公共参与"一级指标下设"公益活动"和"文明实践"2个二级指标。党的二十大报告明确提出"引导、支持有意愿有能力的企业、社会组织和个人积极参与公益慈善事业"；习近平总书记在全国宣传思想工作会议上进一步强调，要"推进新时代文明实践中心建设，不断提升人民思想觉悟、道德水准、文明素养和全社会文明程度"。参与公益活动、开展文明实践是贯彻习近平新时代中国特色社会主义思想、提高社会文明程度的重大举措，也是市民实现自我价值、提升文明意识的重要途径，因此，设立上述2个二级指标，能够较好体现市民对公共参与的深入实践。

# 四　文明指数的加权与计算

统计指数简称指数，是表明复杂社会经济现象总体数量综合变动的相对数。通过理论分析确定公共行为文明指标体系后，还需通过合理设计指标权重、科学选取计算方法，将不同的指标通过某种方法联系起来，形成统一、可计算、可比较的北京市民公共行为文明指数，并确定各个指标对总指数的相对影响，用以反映市民整体文明水平与各具体领域的现状和变化趋势。

## （一）权重设计

在统计理论和实践中，权重是表明各个评价指标或者项目重要性的权数，反映各评价指标对总体评价的不同影响，能够有效权衡指标的相对重要性，消除现象间的不可加性与不可比性，对所研究问题进行科学、客观、综合的评价。

权重设计主要遵循以下原则：一是针对性原则，测评变量的特征决定了某个评价指标对整体的影响程度，需要针对不同指标变量所对应的不同测评维度设计不同权重。二是系统平衡原则。将整体最优化作为出发点和目标，系统协调不同指标间的关系，合理分配权重，避免单个指标权重过高对指数计算造成偏差。三是目标导向原则。依据研究重点将评价指标分为人群、场所和行为三类，着重考量历史指标与现实指标、社会共性指标与个体特性指标、具体指标与综合指标间的对比。

## （二）权重计算

权重计算综合采用层次分析（AHP）法和主成分分析（PCA）法相结合的层次-主成分分析组合评价方法，简称层次-主成分分析法。其中，层次分析法（简称 AHP 法）由美国运筹学家 T. L. Saaty 最先提出，能够将复杂问题层次化，建立多层次的分析结构，对同一层次有关因素的相对重要性进行两两比较，并按层次从上到下得到各指标在总指标中的权重，解决了定性指标难以度量、比较、最终做出评价的困难。主成分分析法利用多元统计方法，以不同人群不同场合公共行为的差别（方差）为依据，将众多具有复杂关系的指标归结为少数综合指标，能够有效弥补层次分析法难以考虑指标间相互关系、难以明确影响评价结果的主要指标的缺陷，简化系统识别特征，更集中更典型地表明研究对象的特征。层次-主成分分析法能够兼顾二者优点，尽量消除评价过程中由人为主观意志和数据局限性带来的不利因素，使得指数的综合评价更加科学、准确。

### （三）数据处理

为尽可能地在获得的调查数据中提取有效信息，更有效地发挥调查资料的效能，需要按照如下方法对原始数据进行处理分析。

首先，依据样本及指标数量构建矩阵，若样本量为 $N$，每个样本包含 $P$ 个指标，则可将原始数据构建为 $N \times P$ 维矩阵。其次，对矩阵数据进行标准化处理，若存在逆向指标，则通过差式变换、极差标准化等方法将逆指标转化为正指标。最后，将矩阵中心化标准化，得到标准化矩阵 $Y$，作为进行多元回归分析与加权计算的基础数据。

### （四）加权计算

对各级指标参数及得分进行多元回归分析，得到一级指标得分，在此基础上依据所设计的权重对各指标进行加权求和，最终得到北京市民公共行为文明指数综合得分 $\sum X$，其中权重大小表示指标对总指数的重要程度，具体过程可分为三个步骤。

首先，对二级指标指数进行加权，即将每个二级指标下属所有三级指标数值加权求和，得到每个二级指标数值，具体公式如下：

$$二级指标数值_j = \sum_{i=1}^{m} （三级指标权重_{ij} \times 三级指标得分_{ij}）$$

其次，对一级指标指数进行加权，即对每个一级指标下属所有二级指标数值进行加权求和，得到每个一级指标数值，具体公式如下：

$$一级指标数值_j = \sum_{i=1}^{n}（二级指标权重_{ij} \times 二级指标得分_{ij}）$$

最后，对总指数进行加权，将标准化处理后的 5 个一级指标数值线性加权得到总指数数值，加权公式如下：

$$总指数数值_j = \sum_{j=1}^{5}（一级指标权重_j \times 一级指标数值_j）$$

# 五 总结与展望

在建设新时代北京市民公共行为文明指标体系的过程中，课题组基于 2005 年沙莲香教授带领研究团队所创建、以"公共卫生、公共秩序、公共交往、公共观赏、公共参与"五大一级指标为核心的北京市民公共行为文明指标体系，立足时代发展的新形势、新要求，深入贯彻习近平总书记对社会文明和精神文明建设的要求，紧密结合首都发展实际，不断优化完善指标体系，在传承中实现了创新发展。

未来，课题组将更加聚焦"人群-场合-行为"的叠加分析，加强对不同人群、不同场合的公共行为进行细分与研究，通过主客观评价结合与行为态度考察，分析市民在做出不文明行为时，是根本不以为意，还是明知自己的行为不文明但认为"法不责众"而选择随大流，抑或是基于其他心理活动。据此挖掘其行为背后的深层驱动因素，进一步剖析影响北京市民公共行为文明水平提升的主要问题，为精准施策提供依据。同时，课题组将时刻关注城市化进程中公共行为形式与现象的变迁，紧跟时代步伐，不断更新指标体系，确保其始终具有精准预测和有效引导的功能。对于指标体系的权重设计，课题组将更加注重指标体系的传承与创新，充分借鉴国内外先进经验，同时结合城市发展实际情况，不断完善评价维度，推动北京市民公共行为文明水平不断提升，为实现中国式现代化目标提供有力支撑。

展望未来，随着全球文明倡议影响力的不断扩大以及中国式现代化所蕴含的中国文明观的进一步彰显和传播，我们相信，北京市民公共行为文明指标体系建设将持续向纵深推进并取得更大成就。同时，我们也期待更多城市能够加入这一行列，共同推动社会文明程度全面提升，为人类文明进步做出更大的贡献。

（李海龙，中国人民大学中国经济改革与发展研究院；靳永爱，中国人民大学人口与健康学院）

**参考文献**

［1］安东尼·吉登斯．社会的构成［M］.李康，李猛译．北京：生活·读书·新知三联书店.1998.

［2］曾云莺．耻感、耻德与公共文明的培育［C］.世界城市与精神文明建设论坛论文集.2010.

［3］贾春增主编．外国社会学史［M］．北京：中国人民大学出版社，2008.

［4］崔浩．文明城市创建中的公众参与问题研究［D］.苏州大学，2011.

［5］哈贝马斯．公共领域的结构转型［M］.曹卫东，王晓珏，刘北城，宋伟杰译．上海：学林出版社，1999.

［6］凯文·林奇．城市形态［M］.林庆怡等译．北京：华夏出版社，2001.

［7］刘建荣．公共秩序——人类德性与理性之维［J］.道德与文明，2008（03）.

［8］裴冰燕，李颖．市民公共文明素质研究述评［J］.学理论，2014（20）.

［9］沙莲香．"北京市民公共行为"的理论核心和研究思路［J］.北京社会科学，2010（04）.

［10］托马斯·雅诺斯基．公民与文明社会：自由主义政体、传统政体和社会民主政体下的权利与义务框架［M］.柯雄译．大连：辽宁教育出版社，2002.

# 北京市民公共行为文明指数问卷调查的设计与实施

李海龙　谢毓兰

## 一　调查基本情况

### （一）调查背景介绍

城市公共文明是经济发展和社会进步的重要标志，新时代公共文明实践与每个市民息息相关，公共行为文明的核心是人，市民应当成为城市文明的"代言人"。推动城市公共行为文明进步、提升市民公共文明素养，是全面提升城市品质和形象的关键。

北京市民公共行为文明指数调查项目（以下简称"文明指数调查"）自 2005 年起每年开展一次，至今已持续了 20 年，旨在客观、科学、全面地评价北京市民公共文明素养的发展情况，更加准确地把握与比较城市和城区之间的公共文明状况和发展趋势，成为提升市民公共文明素养的现实依据。文明指数调查自实施以来不仅为首都公共文明建设的政策制定和实践提供了量化依据，成为分析首都精神文明建设现状、重难点的重要参考，是精神文明工作的着力点；而且为全国文明城市建设提供了可供参考的科学量化指标体系，使软环境的建设更加科学化、规范化，促进城市"文明指数"向人民"幸福指数"转变。

### （二）调查对象介绍

文明指数调查的对象为居住在北京市 16 个区，年龄在 16~65 岁且在京常住半年及以上的城乡居民，涉及不同年龄、户籍、职业、受教育程度和收入水平等。问卷调查样本量不低于 10000 份。

在抽样设计方面，以《北京统计年鉴》的行政区划为依据进行抽样。进入 21 世纪以后，北京城市面积进一步扩大，城区人口进一步增加。2001 年，大兴县、平谷县、怀柔县先后撤县设区，北京城市区划调整为 16 区 2 县。16 区 2 县的行政框架持续了近 10 年，2010 年，崇文区、宣武区分别与东城区、西城区合并，形成了 14 区 2 县的行政框架。2015 年，密云县和延庆县被撤销，组建了密云区、延庆区，至此北京市 16 区的行政框架形成。

以 2023 年调查为例，根据《北京统计年鉴 2023》将北京市 16 区常住半年及以上的城乡居民作为调查对象，样本量不低于 15000 份。2023 年北京市行政区划概览如表 1 所示。

**表 1　2023 年北京市行政区划概览**

| 分类 | 区 | 街道/乡镇数量 | 社区/村数量 |
|---|---|---|---|
| 中心城区 | 东城区 | 17 | 168 |
| | 西城区 | 15 | 263 |
| | 朝阳区 | 43 | 688 |
| | 海淀区 | 29 | 643 |
| | 丰台区 | 26 | 408 |
| | 石景山区 | 9 | 151 |
| 城市发展新区 | 通州区 | 22 | 625 |
| | 昌平区 | 22 | 553 |
| | 顺义区 | 25 | 578 |
| | 大兴区 | 22 | 691 |
| | 房山区 | 28 | 650 |
| 生态涵养区 | 门头沟区 | 13 | 300 |
| | 延庆区 | 18 | 429 |
| | 密云区 | 20 | 426 |

| 分类 | 区 | 街道/乡镇数量 | 社区/村数量 |
|------|-----|------|------|
| 生态涵养区 | 怀柔区 | 16 | 320 |
| | 平谷区 | 18 | 321 |
| 合计 | | 343 | 7214 |

# 二 问卷调查的总体思路

问卷调查的流程具体包括五个步骤，图 1 是问卷调查的技术路线，也是整个问卷调查的工作流程。第一，调查开始前需要准确全面了解调查背景和调查对象，以明确调查目的；第二，项目立项后，需要根据现实需要合理设计问卷、抽样调查方案，明确调查的思路；第三，在做好全面的准备工作后进入问卷调查的实施阶段；第四，在完成问卷调查后，需要根据回收的问卷开展数据分析并撰写相关报告；第五，为确保调查问卷的准确合理、科学有效，进行全过程的质量控制。

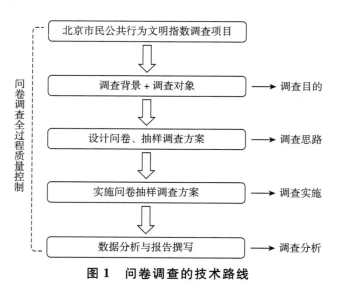

**图 1 问卷调查的技术路线**

# 三　问卷调查的抽样设计

## （一）调查方法——多阶段 PPS 抽样

PPS 抽样是按规模大小成比例的概率抽样，通过多阶段不等概率抽样，实现总体中每个个体被抽中的概率相等。此方法提高了样本的代表性，减少了抽样误差。在初级阶段，大规模单元被抽中概率大；在次级阶段，这些单元内个体被抽中的概率相应减小，从而平衡了概率差异。PPS 抽样确保样本对总体具有较强代表性，是问卷调查的优选方法。问卷采用多阶段 PPS 抽样，将每个市辖区视为1 个子总体，以社区（居委会）/村（村委会）为基本抽样单元，在每个区内分别进行抽样，便于进行各个市辖区全面的评价与比较，具体分为两个步骤实施。

步骤一：每个区在第一阶段先抽取街道/乡镇，按照其所包含的调查对象人数给予不等的抽样概率（人数越多，则被抽中的概率越大）；

步骤二：在抽中的街道/乡镇采用随机抽样的方法抽取相同数量的社区（居委会）/村（村委会），从每个抽中的社区（居委会）/村（村委会）中选取相同数量的居民/村民作为调查对象。

## （二）抽样框准备

在 PPS 抽样设计步骤的基础上，根据总体样本来准备调查的抽样框。抽样以社区（居委会）/村（村委会）为基本抽样单元，2023年抽样框以表 1 为基础。

## （三）样本量分配

为确保样本结构与北京市实际情况一致，2023 年问卷调查结合第七次全国人口普查数据和 2022 年《北京统计年鉴》，按北京市各区人口分类统计结果对城乡样本量进行合理分配，其中在中心城区不抽取农村样本，只抽取城镇样本，其余则按照城乡人口比例进行分配。同时，在市级层面和区级层面控制了调查对象的性别比例、年龄段比例以及城乡居民比例，样本量情况如表2所示。

**表2　2023年北京市各区城乡样本量情况**

| 分类 | 区 | 样本总量 | 城镇样本 | 农村样本 |
|---|---|---|---|---|
| 中心城区 | 东城区 | 938 | 938 | — |
| | 西城区 | 938 | 938 | — |
| | 朝阳区 | 938 | 938 | — |
| | 海淀区 | 938 | 938 | — |
| | 丰台区 | 938 | 938 | — |
| | 石景山区 | 938 | 938 | — |
| 城市发展新区 | 通州区 | 938 | 752 | 186 |
| | 昌平区 | 938 | 752 | 186 |
| | 顺义区 | 938 | 752 | 186 |
| | 大兴区 | 938 | 752 | 186 |
| | 房山区 | 938 | 752 | 186 |
| 生态涵养区 | 门头沟区 | 938 | 752 | 186 |
| | 延庆区 | 938 | 752 | 186 |
| | 密云区 | 938 | 752 | 186 |
| | 怀柔区 | 938 | 752 | 186 |
| | 平谷区 | 938 | 752 | 186 |
| 合计 | | 15008 | 13148 | 1860 |

## （四）抽样示例

中心城区以东城区为例，截至2022年底，东城区共辖17个街道168个社区。从中随机抽取15个社区，每个社区随机调查62~63个城镇居民户，每户调查一人，共调查938个城镇居民户。

城市发展新区以通州区为例，截至2022年底，通州区共辖11个街道、10个建制镇和1个建制乡，155个社区、470个村。在社区抽样框中随机抽取15个社区，每个社区随机调查50~51个城镇居民户，每户调查一人，共计调查 752 个城镇居民。在村抽样框中随机抽取 9 个村，每个村随机调查 20~21 个农村居民户，每户调查一人，共计调查 186 个农村居民户。

生态涵养区以怀柔区为例，截至 2022 年底，怀柔区共辖 2 个街道、12 个建制镇、2 个建制乡，36 个社区、284 个村。在社区抽样框中随机抽取 15 个社区，每个社区随机调查 50~51 个城镇居民户，每户调查一人，共计调查 752 个城镇居民户。在村抽样框中随机抽取 9 个村，每个村随机调查 20~21 个农村居民户，每户调查一人，共计调查 186 个农村居民户。

# 四 问卷调查实施过程

## （一）问卷调查整体实施流程

图 2 显示了问卷调查的整体实施流程。第一，问卷调查实施团队需要对调查项目有整体性认知，广泛搜集相关资料信息；第二，进行项目准备，并进行项目培训；第三，组织项目的调查实施，在实施过程中需要做好问卷调查的质量控制；第四，调查结束后需要进行数据录入等方面的工作，检查异常值、缺失值，并进行必要的审核与复核工作；第五，项目总结，撰写相关报告。

## （二）调查准备

问卷调查实施小组通常由负责人、执行督导、质控督导及数据员构成。小组内职责明确，负责人统筹全局，执行督导负责试访、培训（含撰写《培训大纲》）、登记（含制作《入户登记表》）及选定访问员，质控督导则负责准备抽样框，抽样、画图，撰写复核问卷及选定审核员、复核员，数据处理员则专注于数据表制作、编写校对程序及选定录入员。各成员紧密协作，确保调查高效、准确进行，如图 3 所示。

在项目前期工作准备就绪后，需要组织开展调查成员培训，图 4

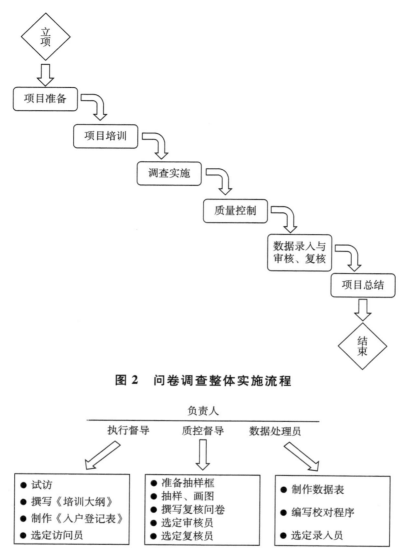

**图 2　问卷调查整体实施流程**

**图 3　问卷调查实施小组职责划分**

展示了调查成员培训过程。首先，研究员需要对执行督导、质控督
导和数据处理员等人员进行培训；其次，执行督导需要围绕访问技
巧、问卷内容和试访等方面，对访问员进行培训；质控督导需要给
审核员和复核员进行培训；数据处理员需要针对数据格式、逻辑校
对等方面对录入员开展培训。

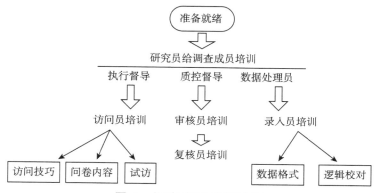

**图4 调查成员培训过程**

## （三）调查实施

调查实施采用入户调查的方式进行。简单来说，入户调查就是采用面对面的方式，直接完成对受访者的调查。在访问式调查中，入户调查相对较为耗费时间、人力和费用，但样本的真实性较高。虽然网络调查具有回收样本快、成本低等优点，但样本的真实性不高。入户调查流程主要包括调查准备、访问前的准备、实地准备、调查记录和数据处理等具体环节。图5是入户调查实施流程。

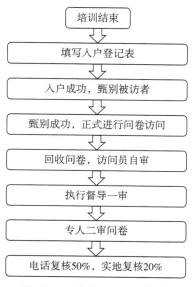

**图5 入户调查实施流程**

第一，在问卷调查成员培训结束后，需要按照抽选的样本户情况并填写入户登记表；第二，访问员根据样本户的信息进行入户，甄别个体是否满足本次抽样调查中关于样本的要求，甄别成功后，正式进入问卷的访问；第三，访问结束后回收问卷，访问员需要进行现场自审，如有遗漏或矛盾的地方，应当进行补问、追问；第四，收回问卷后，执行督导先对问卷进行一审，检查回收问卷的完整性和访问质量；一审结束后，安排专人进行问卷二审，再进行50%的电话复核和20%的实地复核，如果发现问卷存在质量问题，则问卷作废，加大回收问卷的抽查比例并补充回访等量的样本户。

# 五 问卷调查质量控制方案

为了确保问卷数据的质量，需要采取有效措施对问卷调查质量进行控制。本项目问卷调查的质量控制方案分为：问卷质控、项目人员专业性质控和调查环节质控三个方面。

## （一）问卷质控

质量是问卷调查的生命，在进行问卷调查时，课题组结合多年的调查工作经验和现代化的信息技术手段，构建了如图6所示的质控管理方案，进一步确保问卷调查的合理性、科学性、完整性和有效性。

首先，在完成问卷清理后，需要对问卷数量、样本构成是否符合要求进行检查，如果发现问卷数量或者样本构成不符合要求，则返回补问或者重做；其次，在问卷数量和样本构成均符合要求后，要进行问卷审核，检查回收的问卷是否存在漏选、错选和逻辑错误等方面的问题，一旦问卷中存在漏选、错选或者逻辑错误，同样需要返回补问或者重做；最后，在问卷不存在漏选、错选或者逻辑错误的情况下，执行问卷复核，复核合格则可以根据样本数据进行数据录入、分析等工作。反之，则需要进行返回补问或者重做。

此外，在问卷调查后期质量控制阶段，课题组按照核查指标管

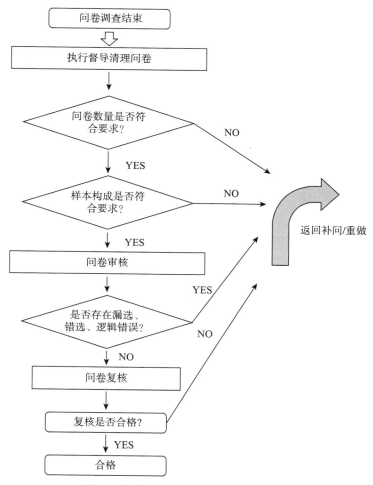

**图6 问卷调查后期质控管理方案**

理、核查任务设置、审核执行、复核执行、质控统计等流程，采用全面核查与定向核查相结合的方式，对访问员完成的所有问卷进行多轮核查，并由经验丰富的专业核查督导进行全程监督管理，确保调查数据准确可用。质量控制工作具体要点及操作方式如表3所示。

**表3 质量控制要点与操作描述**

| 序号 | 属性 | 质控方案操作描述 |
|---|---|---|
| 1 | 任务名称 | 核查任务的名称 |

| 序号 | 属性 | 质控方案操作描述 |
|---|---|---|
| 2 | 选择调查 | 选择需要进行核查的调查，下拉菜单内为系统中所有已启用的调查 |
| 3 | 问卷提交时间 | 选择在某一时间段内提交的问卷进行核查 |
| 4 | 指定访问员 | 选择问卷需要被核查的访问员，下拉菜单内为系统中所有调查员 |
| 5 | 核查指标 | 选择需要在核查窗口中显示的核查指标组别，若不选择，核查窗口的"核查记录"栏将显示暂无数据 |
| 6 | 成功问卷比例 | 对数据核查结果为"成功"的问卷进行核查的比例 |
| 7 | 超额问卷比例 | 对数据核查结果为"拒绝回答超额"的问卷进行核查的比例 |
| 8 | 未完成问卷比例 | 对未完成问卷进行核查的比例 |
| 9 | 访问员首份成功问卷 | 核查选定时间段内每位访问员提交的首份成功问卷 |

## （二）项目人员专业性质控

项目调查的顺利实施离不开课题组成员的专业性。调查参与成员要具备专业知识和技能，以适应调查要求，并有效应对调查的突发情况。一方面，在调查过程中要打造一个多层级管理的数据工厂模式，此外，在问卷调查后期质量控制阶段，课题组按照核查指标管理、核查任务设置、核查执行、复核执行、质控统计等流程，采用全面核查与定向核查相结合的方式，对访问员完成的所有问卷进行多轮核查，并由经验丰富的专业核查督导员进行全面的监督管理，确保调查数据准确可用。质量控制要点与操作描述如表 4 所示。

表 4　质量控制要点与操作描述

| 序号 | 要点 | 操作描述 |
|---|---|---|
| 1 | 任务名称 | 核查任务的名称 |
| 2 | 选择调查 | 选择需要进行核查的调查，下拉菜单内为系统中所有已启用的调查 |
| 3 | 问卷提交时间 | 选择在某一时间段内提交的问卷进行核查 |

| 序号 | 要点 | 操作描述 |
|------|------|----------|
| 4 | 指定访问员 | 选择问卷需要被核查的访问员，下拉菜单内为系统中所有调查员 |
| 5 | 核查指标 | 选择需要在核查窗口中显示的核查指标组别，若不选择，核查窗口的"核查记录"栏将显示暂无数据 |
| 6 | 成功问卷比例 | 确定对数据核查结果为"成功"的问卷进行核查的比例 |
| 7 | 超额问卷比例 | 确定对数据核查结果为"拒绝回答超额"的问卷进行核查的比例 |
| 8 | 未完成问卷比例 | 确定对未完成的问卷进行核查的比例 |
| 9 | 访问员首份成功问卷 | 核查选定时间段内每位调查员提交的首份成功问卷 |

调查参与成员除了要具备专业知识和技能外，还需要具备丰富的调研经验，特别是核查员，需要经验非常丰富，这样科学的指标才能够落到实处。目前，我们在岗质控经验丰富的核查员共计 57 名，这些核查员具备至少 100 项不同的调查核查经验，在项目调查期间他们会采用轮岗制全天候值班，以确保将核查标准落到实处，并且能够将访问的问题逐一反馈给访问员，从而保证数据的高质量。

**（三）调查环节质控**

（1）执行、质控督导和数据处理员必须接受与调查项目相关的专业培训。

（2）质控督导培训抽样员，并督促严格按照要求进行基础抽样。

（3）对抽中的居委会绘制居民户分布图，据此对居民户编号，按照随机等距原则进行样本户抽样。

（4）抽样员按照抽样原则抽中的样本户不能随意更换。

（5）在项目前期，执行督导根据问卷及研究要求进行模拟访问，了解访问时间和难点。

（6）执行督导根据项目要求及试访情况撰写针对访问员培训管理的规范文档。

（7）项目培训必须包括问卷内容培训、技巧培训及模拟访问。

（8）访问员对受访者进行问卷填写要求培训，确保受访者掌握填写方法。

（9）审核员对全部问卷进行 100% 的审核，质控督导进行 20% 的抽查审核。

（10）对受访者的复核率达到 100%，其中 20% 实地复核、80% 电话复核。

（11）数据处理员根据某份问卷专门建立数据库、编写逻辑校验程序。

### （四）小结

自 2005 年至今，北京市民公共行为文明指数调查已连续进行 20 年，中国人民大学课题组始终坚持设计科学的评价指标体系，严格按照概率抽样方法进行样本数据采集，对调查项目的全过程严把质量关，保障测评结果的权威可靠和真实准确，经得起历史的检验。近年来，在信息化的时代背景下，中国人民大学课题组的评估工作也与时俱进，实现了从纸质问卷到电子化问卷的转型。中国人民大学课题组探索使用了智能手机和平板电脑等智能调查平台，实现远程管理访问并及时掌握调查进度和确保问卷质量，进一步保障了测评结果的准确性和时效性。此外，随着人工智能技术的不断发展，中国人民大学课题组在问卷的检验审核校对环节也引入了 AI 模型。AI 模型能够自动执行一部分逻辑校验工作，快速识别并纠正问卷中的错误和异常数据，从而进一步提高了数据处理的准确性和效率。中国人民大学课题组在北京市民公共行为文明指数的评估工作中，始终坚持科学严谨的态度和方法，不断探索和创新，为首都公共文明建设提供了更加准确、可靠的数据支持。

（李海龙，中国人民大学中国经济改革与发展研究院；谢毓兰，中国人民大学中国经济改革与发展研究院）

**参考文献**

［1］赵杉．对应用 PPS 抽样方法开展城镇居民问卷调查效果的评估［J］．金融发展研究，2018（10）．

［2］艾小青，胡丹丹．PPS 适应性整群抽样设计及估计［J］．统计与信息论坛，2017，32（09）．

［3］周秀平．北京市民公共文明：中国民族性研究行动化［J］．中国农业大学学报（社会科学版），2013，30（03）．

［4］陈灵肖．推进城市公共文明建设的实证研究——基于浙江省台州市的抽样调查［J］．农村经济与科技，2012，23（05）．

# 北京市民公共行为文明实地观测的设计与实施

李海龙　杨小琼

　　北京市民公共行为文明实地观测自 2005 年实施至今已近 20 年，观测区域从 2005 年最初的天安门、天坛、西单、国贸、香山、颐和园、紫竹桥等以城市中心区为主的区域拓展到 16 个区 "全覆盖"，点位数量也从 2005 年的 150 余个增加到 2023 年的 500 个，累计观测时长超过 15000 小时。中国人民大学课题组通过长期现场观测与记录，跟踪研究北京市民公共行为文明的发展与变化情况，同时不断更新完善实施方案，以适应经济社会发展的新形势与社会调查领域的新变化，为公共文明建设工作提供了大量翔实的一手资料。本文以 2023 年为例阐述北京市民公共行为文明实地观测的实施情况，并立足新发展阶段的新要求，展望探索新时代的发展方向与前景，为进一步做好北京市民公共行为文明调查工作提供助益。

## 一　实施目的：眼观心察，求真求证

　　实地观测是一种直接的、不借助其他工具或仪器，直接在现实生活场景中对人们的行为现象做出最为直观记录与感受的方法。它作为观测者单方面的观测活动，被观测者可以在毫无察觉的情况下自然地行动，观测者能够顺利地观测到人们在自然状态下最真实的行为表现，简便易行，适应性强，灵活性大，并具有书面调查、口头调查难以比拟的可靠性。开展北京市民公共行为文明实地观测，可以获得翔实、全面的一手资料，从而直观、具体地反映现实生活中北京市民的公共行为文明表现，为更加客观、准确地分析、评价公共文明的发展变化提供坚实的证据支持。

# 二 方案设计：以 2023 年北京市民公共行为文明实地观测为例

## （一）观测内容的确定

按照全市公共场所（区域）类别分布确定观测范围、点位类型并依据不同点位性质设计具体观测指标。其中，观测范围覆盖北京市 16 个区，点位类型包括主要交通路口、公交地铁站、背街小巷、主次干道、社区、公共厕所、公共文化场所、公园景区、公共广场、商业大街、影剧院所、火车站、商业中心 13 个大类（见表 1）。

**表 1 观测点位类型及时间分布**

| 地点 | 观测时间占比（%） |
|---|---|
| 主要交通路口、主次干道、背街小巷、公共广场、公园景区 | 70 |
| 社区 | 15 |
| 公交地铁站、火车站、公共厕所 | 5 |
| 商业中心、商业大街、公共文化场所、影剧院所 | 10 |

观测内容聚焦人们在各种不同公共场合中的行为。考虑到公共参与指标难以直接观测，因此实地观测围绕公共行为文明指数五个方面中的四项展开，即公共卫生、公共秩序、公共交往与公共观赏，具体指标在结构上与问卷基本保持一致，能够与问卷调查结果进行交叉验证，同时形成纵向对比数据基础，为在长期内观测市民公共文明发展变化趋势提供实证依据。

其中，公共卫生领域着重观测是否有随地吐痰、擤鼻涕，乱丢废弃物，打喷嚏不遮掩口鼻，随地大小便，遛狗时不及时清理粪便，不按规定进行垃圾分类等不文明现象。公共秩序领域聚焦主要交通路口、主次干道、公交地铁站、火车站、社区、公园景区等点位，主要观测车辆及行人不遵守交通规则、等候时插队加塞、共享单车乱停乱放、争吵打架、大声喧哗打闹、不爱护花草树木、损坏文物古迹与旅游设施、遛狗时不牵绳、堵塞消防通道等情况。公共交往领域主要观测说脏话、用语不文明，穿着不得体、不整洁，吵骂、打架，公共场所行为过分亲密等不文明行为。公共观赏领域主要观测朝场内丢杂物，翻越护栏、踩踏座椅，不控制手机音量，大声交谈或喧哗，不遵守拍照、录音、录像规定等不文明行为（见表2）。

**表 2　实地观测主要内容**

| 观测项目 | 观测对象 | 观测内容 |
|---|---|---|
| 公共卫生 | 人与宠物 | 随地吐痰、擤鼻涕、乱丢废弃物，打喷嚏不遮掩口鼻，随地大小便，遛狗时不及时清理粪便，不按规定进行垃圾分类等 |
| 公共秩序 | 人、车辆与宠物 | 车辆及行人不遵守交通规则、等候时插队加塞、共享单车乱停乱放、争吵打架、大声喧哗打闹、不爱护花草树木、损坏文物古迹与旅游设施、遛狗时不牵绳、堵塞消防通道等 |
| 公共交往 | 人与人的互动 | 说脏话、用语不文明，穿着不得体、不整洁，吵骂、打架，公共场所行为过分亲密等 |
| 公共观赏 | 人 | 朝场内丢杂物，翻越护栏、踩踏座椅，不控制手机音量，大声交谈或喧哗，不遵守拍照、录音、录像规定等 |

## （二）观测点位的选取

确定抽样方法和抽样框后，结合典型抽样和便利抽样的调查方法，根据街道区域位置、区域人口数量、时空人流量、点位影响力、位置重要性等要素，选择不同点位类型的代表性场所进行实地观测，基本覆盖全市重点公共区域。同时，为探究市民公共行为文明水平的长期动态变化，每一年度具体点位的选择均会在保持基本观测点位连续性的同时，依据当年实际情况增加对重点领域、重点地区的观测。此外，逐步增加远郊区县和乡村观测点位，以适应远郊区县人口显著增加、活动日益频繁的趋势，保证实地观测的科学性与真实性。

## （三）观测方法

实地观测采取结构观测法与非参与观测法相结合、动态静态相结合的方式进行定量观测。一方面通过结构观测法，观测员根据统一要求，按照一定的程序、采用明确的提纲与记录表格对现象进行统一观测和记录，记录结果将作为测算公共行为文明水平的数据支撑。另一方面通过非参与观测法，立足被观测群体或现象之外，尽可能减少观测行为对群体或环境的影响，该方法常用于研究公共场合及公众闲暇活动中人们的行为。此外，根据具体观测对象状态，选择静态或动态方法进行观测。例如，对堵塞消防通道的情况进行静态观测，对车辆及行人不遵守交通规则等情况则进行动态观测。

## （四）观测时段的设定

观测时段确定考虑季节的均匀分布，包括周末节假日和工作日的不同时段，工作日时段涵盖早晚高峰期。每个点位至少观测 4 次，每次选择不同的时段，每次观测时长不少于 20 分钟。

## （五）观测记录表的设计

在采用结构观测法时，需要设计观测记录表，确保观测员能够对观测情况进行规范记录。记录表在形式上近似于结构式问卷，基本形式见表 3。

表 3　社区公共行为文明实地观测记录表（示例）

| 时间：　月　日　时至　时　　观测小组：　　具体地点：　　　页数：　　观测员： | | |
|---|---|---|
| 观测项目 | | 数量记录 |
| 社区卫生 | 随地吐痰、擤鼻涕 | |
| | 在小区内乱扔垃圾、烟头等废弃物 | |
| | 随地大小便 | |

| 观测项目 | | 数量记录 |
|---|---|---|
| 社区卫生 | 随意焚烧、抛撒丧葬祭奠物品 | |
| | 在楼道、电梯内等禁烟区吸烟 | |
| | 随意倾倒生活垃圾，不按规定进行垃圾分类 | |
| | 遛狗时不及时清理粪便 | |
| 社区秩序 | 机动车占道停车 | |
| | 非机动车占用楼道公共空间停车 | |
| | 非机动车乱停乱放 | |
| | 乱涂乱画和张贴广告 | |
| | 遛狗时不牵绳 | |
| | 在公共区域/房前屋后/楼道等乱堆放垃圾、杂物 | |
| | 占用堵塞小区楼层消防通道 | |
| | 不爱护花草树木、踩踏花草、攀折花木、采摘果实等 | |
| | 在树上晾晒衣物等 | |
| | 破坏社区公共设施，如篮球场、健身器械等 | |
| | 在阳台外、窗外、屋顶等空间悬挂或者堆放物品 | |
| | 高空抛物 | |
| | 在共用走道、楼梯间、安全出口处等公共区域为电动车充电 | |
| | 占用、堵塞、封闭消防通道和疏散通道 | |
| 社区交往 | 穿着不得体、不整洁（如赤膊、光膀子等） | |
| | 吵骂、打架、骂街等行为 | |
| | 说脏话，用语不文明 | |
| | 产生摩擦时礼貌道歉、谅解 | |
| | 为跟随进入者扶门 | |
| 社区观赏 | 在社区文化站、图书馆内与他人大声交谈或喧哗 | |
| | 手机不静音，接打电话时高声交谈 | |
| | 在等候各种服务时，不按秩序排队，插队加塞 | |
| 观测时间段人流量 | | |
| 住户的总体数量 | | |

续表

| 观测项目 | 数量记录 |
|---|---|
| 机动车大概总数量 | |
| 非机动车大概总数量 | |
| 文化站/图书馆内活动人员数量 | |

复核员签字：　　　　　　　　组长签字：

# 三　实地观测的执行：从队伍组建到组织实施

## （一）观测队伍组建

### 1. 观测员选择

按照"以专业人员为主，涵盖各层次群体"的基本原则，依据实际情况，综合考虑观测队伍的学历、专业、经验、年龄、性别、地域等方面因素，组建涵盖高校教师、大学生、专业调查员、社会志愿者、社区工作人员、普通市民等多层次群体，具备社会学、统计学、信息学、社会工作、数据科学、公共管理等多领域背景，新手老手搭配、老中青相结合、男女比例合适的观测员队伍，在保证总体水平的同时，合理权衡专业与非专业人员、高文化水平与中等文化水平人员比例，减少因专业人员在调查时不自觉带入主观看法而造成的结果偏差。

### 2. 观测员培训

培训内容主要包括3个方面。一是基本情况培训，包括项目的背景，实地观测的内容、范围、程序、基本要求及具体工作安排等。二是纪律要求培训，包括观测重要性、开展观测工作的原则与态度、需要遵守的规章制度等。三是技术标准培训，主要包括观测指标含义与观测标准、不同点位的观测技巧、观测记录的要求与方法、观测中可能出现的偏移及控制方法等。培训通常采用集中讲授、示范模拟与现场预演相结合的方式进行，在集中讲授的基础上，一方面邀请有经验的观测员对观测流程、表格填写、特殊情况应对等方面进行示范模拟，另一方面组织观测员进行现场预演，对预演中出现的问题及时进行改进。

## （二）观测组织实施

### 1. 前期准备

由课题组与交通委员会、城市管理委员会、社区居民委员会、村民委员会等相关单位联系沟通，取得必要的支持。由督导员带领观测员熟悉观测点位一般情况，并检查每位观测员是否能够熟练掌握观测记录方法。准备观测时所需的记录表格、工作证件、计时器、照相机/摄像机等必要工具设备并进行检查校准。编写并分发备忘录，备忘录内容包括本次观测的重点、基本观测流程、实地观测组成人员及职责分工、需携带的物品与工具及其他注意事项。

### 2. 预观测

在正式观测开始前，进行小范围预观测，用于评价观测方案的可行性，如观测方式是否合适，观测员培训是否到位等，并根据预观测结果和遇到的问题对设计时考虑得不充分、不完善的环节加以调整和规范。

### 3. 正式观测与记录

由督导员带领观测员根据观测内容选择合适的位置进行观测，如在主要交通路口、主次干道观测时选择视野较好的人行道、过街天桥或红绿灯等待区，在公园景区观测时选择出入口、热门观景区等点位；在观测公共卫生项目时既要选择人流量大的点位，也要选择监管较少、相对隐蔽的点位等。在选定观测位置后，依据观测方案对市民公共行为文明情况进行纸质表格和影像记录，记录过程需要做到具体、客观、真实。

一是对观测到的典型不文明行为、四大领域关注的重点问题、新出现且高发的问题进行单独标记，描述其严重程度。二是对观测范围内可能引起相关行为的重要因素进行单独记录。三是在主要交通路口、公交地铁站、火车站、主次干道、公园景区等行人及车辆流量大、涉及多个观测领域或观测指标较多的点位，依据公共卫生、公共秩序、公共交往、公共观赏四大领域对观测员进行分组，分别记录各领域相应指标情况，以确保记录的准确性。四是在进行表格记录的同时利用电子设备进行摄影录像，一方面为观测结果提供影像资料支撑，另一方面对观测员遗漏或难以捕捉的现象进行记录，作为补充和扩展，为后期研究、分析和回顾提供原始数据支持。

4. 结果整理

观测结束后由督导员带领观测员第一时间审核观测记录，剔除明显错误、无关或不合逻辑的记录，对于拍摄内容做简明编号和文字说明，对漏记的指标或数据可结合同组观测员的观测记录进行校补，对难以校补的予以标注并在之后的同类观测中再次进行记录。

### （三）观测质量控制

1. 强调客观原则

由督导员采用现场或远程方式对观测员进行实时监督，确保其观测过程中时刻遵循客观性原则，完全依据被观测对象的实际情况进行记录，避免出现按照个人价值取向对客观事实进行增减、修正、歪曲或选择性记录，或凭主观想象臆造不存在的事实等情况。

2. 进行预先试练

在实地观测前进行必要训练，提高观测员的感知能力。如组织新观测员与有经验的观测员同时观测某一不文明行为，并进行现场记录，再对双方记录进行对比研究，分析观测结果的优劣及其原因，从而增强新观测员对观测工作的切实体验与理解。

3. 合理安排任务

在观测内容方面，确保每个观测员在同一时间段内的观测对象尽可能专一，避免因观测项目过多、过于分散造成遗漏；需要进行多主体或多指标观测的，同一时段内的主体或指标数量一般不超过5个，最多不超过9个，避免产生过大的观测误差。在观测时长方面，确保单次观测时间基本控制在20~30分钟，避免因长时间观测感官过度疲劳，增加观测误差的发生率。

4. 应用现代技术

在进行人工观测与记录的同时，充分发挥照相机、摄影机、智能手机、平板电脑、APP及其他智能终端的放大、延伸、计量、记录等功能和高容量、高效率、高精度的优势，丰富观测记录的细节与维度，提高观测客观性、准确性，防止和减少观测误差，为观测结果的校审提供参考。

5. 控制观测影响

要求观测员尽可能控制观测工作对周边环境、人群的影响，除特殊、突发情况外，不得对观测对象的行为进行干预，必要情况下可采取隐蔽、伪装等方式进行观测，减少反应性偏差，即人群因知晓自己正在被观测而有意做出更符合社会预期的行为所带来的偏差。

6. 进行必要对比观测

选择公共行为文明的重点领域、突出问题、重大变化以及受经济发展、政策变化等外部因素影响较大的方面进行横向与纵向对比观测，提升实地观测结果的准确性。其中，横向对比观测是由同一观测员对不同行为进行对比观测，或由不同观测员对同一行为进行对比观测。纵向观测则是由观测员在不同时段、不同点位对同一行为进行对比观测，通过多点对比观测和重复对比观测得出的观测结论，进一步降低观测误差的发生概率。

# 四　总结

随着数字技术的飞速发展，移动智能终端的普及对社会调查方法产生了深远的影响，但大数据的局限性依然明显，需要实地观测等介入性调查手段来补充。为了提升实地观测的效率与质量，课题组在未来将深化数字技术与实地观测的结合。

一方面，数字技术将在观测执行中发挥更大作用，记录载体将从传统纸张拓展至智能手机、平板电脑等智能终端，实现资料的联网上传、信息捕捉、分类存储和快速调用。同时，智能云平台的建设有助于实时掌握观测进度，提供技术支持，实现数据全量监测、共享调用和动态分析，提高实地观测的科学性、精准性和时效性。

另一方面，实地观测将聚焦大数据未能涵盖的复杂信息，拓展观测的深度和广度，形成与数字技术的优势互补。未来将继续增加观测占比，增加观测点位，提升客观数据在指数中的权重，以便更客观地反映公共文明的发展水平。同时，结合 OCR 技术提高观测数据的精准度与实效性，并探索行为干预实验的方法与效果，为公共行为文明建设提供更有价值的参考。

（李海龙，中国人民大学中国经济改革与发展研究院；杨小琼，北京城市学院）

**参考文献**

[1] 江立华，水延凯主编．社会调查教程［M］.北京：中国人民大学出版社，2018.

[2] 董海军主编．社会调查与统计［M］.武汉：武汉大学出版社，2015.

# 北京市民公共行为文明网络监测的设计与实施

王卫东　　胡以松

　　在数字化和网络化日益深入的当今社会，公共文明及其在网络空间的延伸——网络文明，成为重要研究主题。设计并实施北京市民公共行为文明网络监测旨在通过量化评估网络空间中的文明行为，促进市民文明素养提升，构建更加和谐文明的网络环境。利用数据分析技术监测网络文明水平，及时识别并干预不文明行为，为政策制定和社会教育提供科学依据。本文通过研究网络文明，构建量化评估体系，利用数据抓取与处理技术确保分析准确。

## 一　网络文明指标体系研究设计

### （一）指标体系的理论框架

　　网络文明研究的理论框架是一个多维度、多层次的复杂结构，旨在全面理解和指导网络空间的文明建设和发展。公民文明素质既是影响和提升公民个体和群体文明素质的"软环境"，又是一种增强城区、城市综合竞争力的"软实力"。

　　考虑到网络文明是一个不断发展变化的现象，需要长期关注公众的网络文明行为表现，从而需要采用动态研究方法来追踪网络文明的发展过程和演变趋势，即对其进行长期观测。在研究方法上，采取定性、定量方法综合分析。采用行为观察法、内容分析法等，通过"质"的研究深入网络文明现象本质，分析公众集中关注点和相关特征词，探索潜在信息；建构评价指标体系，进行统计建模，通过"量"的研究得到数据间的特征，从而得出科学客观的研究结论。在结果呈现中，通过可视化与案例说明相结合的方式进行研究，形成直观而立体的表述。最终得出公众网络文明概况，并为未来研究和政策实施提供建议。

## （二）建立网络文明指标体系

网络文明指标体系是描述和评估一个地区公民网络文明素质发展情况和地区精神文明建设的重要工具，旨在对公民的网络进行分类、观测、量化和评估。而公民作为文明行为的行动者，通过对公民行为建构指标体系，能够有效折射出地区网络文明建设情况。评价指标体系本身是由不同的评价维度、评价指标、评价标准建构起来的"指标系统量化模型"。因此，评价维度的逻辑建构，评价指标及其标准的效度、信度和效用都是极其重要的。基于公共行为文明领域的已有研究，结合《北京市文明行为促进条例》相关内容，本文构建包含 4 个一级指标、15 个二级指标的网络文明监测指标体系（见表 1）。

**表 1 网络文明监测指标体系**

| 一级指标 | 二级指标 | | 定义 |
|---|---|---|---|
| 文明互动理性表达 | 文明理性 | | 有理有据、认知全面、理性客观，以较为温和的态度表明自己的观点 |
| | 非文明互动 | 讽刺挖苦 | 通过比喻、夸张等方式，以讥刺和嘲讽的语气对人或事进行恶意的评价 |
| | | 言语粗俗 | 在评价中出现粗俗下流、不堪入耳（目）的话语或词汇 |
| | 非理性表达 | 地域攻击 | 针对其他地区用户发布的带有地区歧视性色彩的贬义评论 |
| | | 盲目跟风 | 不管是否切合实际，缺少主见、盲目地跟随不文明评论的行为 |
| 侮辱诽谤 | 侮辱 | | 用粗俗的语言公然损害他人人格、毁坏他人名誉的行为 |
| | 诽谤 | | 捏造并散布某些虚假的事实、破坏他人名誉的行为 |

续表

| 一级指标 | 二级指标 | 定义 |
|---|---|---|
| 泄露隐私 | 信息隐私 | 信息隐私主要包括姓名、性别、年龄、民族、身体状态（身高、体重、疾病等）、财务状况等 |
| | 通信隐私 | 通信隐私主要包括微信号码、QQ 号码、电话号码、邮箱和一些个人社交媒体账号等 |
| | 空间隐私 | 空间隐私包括个人行程、户籍地、居住地、单位所在地等 |
| | 社会隐私 | 社会隐私包括个人的教育背景、工作经历和恋爱婚姻状况 |
| 不良信息 | 虚假信息 | 指有意或无意扭曲过的消息，或凭空捏造的消息 |
| | 低级庸俗信息 | 指宣扬暴力、凶杀、色情及诱发青少年不良思想行为和违背伦理道德的信息 |
| | 封建迷信信息 | 指陈规陋俗、请神降仙、迷信治病、算命、相面、看风水、网络占卜等愚弄群众、腐蚀人们思想、败坏社会风气的内容 |
| | 网络诈骗信息 | 以非法占有为目的，用虚构事实或者隐瞒真相的方法骗取公私财物的行为 |

"文明互动理性表达"来自《北京市文明行为促进条例》第二十二条文明行为规范中的"文明互动、理性表达"，下设文明理性、非文明互动、非理性表达 3 个二级指标，其中非文明互动又包括讽刺挖苦、言语粗俗，非理性表达包括地域攻击、盲目跟风。

"侮辱诽谤"来自《北京市文明行为促进条例》第二十二条文明行为规范中的"拒绝网络暴力"和第三十二条不文明行为治理中的"以发帖、跟帖、转发、评论等方式侮辱、诽谤他人"，下设侮辱、诽谤 2 个二级指标。

"泄露隐私"来自《北京市文明行为促进条例》第二十二条文明行为规范中的"尊重他人权利"和第三十二条不文明行为治理中的"擅自泄露他人信息和隐私"，按照隐私的分类下设信息隐私、通信隐私、空间隐私、社会隐私 4 个二级指标。

"不良信息"来自《北京市文明行为促进条例》第二十二条文明行为规范中的"抵制网络谣言和不良信息，不造谣、不信谣、不传谣"和第三十二条不文明行为治理中的"编造、发布和传播虚假、低级庸俗、封建迷信等不良信息"，下设虚假信息、低级庸俗、封建迷信、网络诈骗4个二级指标。

# 二 网络数据的抓取与处理

## （一）网络数据抓取的技术和方法

观测以新浪微博、小红书、百度贴吧、抖音、人民网新闻客户端、澎湃新闻客户端、腾讯新闻客户端为主体的平台，从多种渠道观测公民的网络文明情况。新浪微博、小红书、百度贴吧、抖音作为自媒体平台，是近年来中国人民针对社会议题、社会现象发表意见和进行交流的主要渠道。而人民网新闻客户端、澎湃新闻客户端、腾讯新闻客户端作为新闻媒体平台，能够有效把握并针对中国政治、经济、社会、文化的各类热点事件进行传播。新闻事件可激发大众表达观点，是观测公民网络文明的重要数据来源。

技术层面，依托各平台全面开放展示发文和评论IP属地功能，平台根据用户近期发文的IP属地判定账号所属地区，国内用户显示到省份/地区，国外用户显示到国家，从而能够进行地区公民网络文明的数据爬取。

研究使用网络爬虫和数据API获取数据。网络爬虫是一种自动化程序，能够自动访问互联网上的网页，并按照特定规则下载和存储网页内容，以便进行后续的数据处理和分析。数据API是一种允许应用程序之间进行交互的接口。通过API可以获取来自其他网站的数据，而无须手动下载和解析网页内容，许多网站和公司都提供了API接口，允许其社交网络数据被获取。

## （二）数据预处理与质量保证

随着媒介环境的变化，互联网平台为公众提供了可以进行多元对话的空间，上述平台作为近年来代表性网络公众领域——受众广泛、信息公开、内容丰富度高，为在新媒体时代对公民网络文明进行调研提供了良好的观察窗口。从多个平台维度获取数据信息，提高了数据质量和研究的科学性。

依托北京市民公共行为文明指数测评指标体系，本文根据该体系的 43 个三级指标设置 79 个相关关键词作为样本选取的内容来源。其中包括公民针对生活中、网络中的不文明现象和文明行为，以及文明建设相关热点事件的发文和评论。在初步收集各平台数据后，人工筛选出文本内容无意义的数据（如文本长度极短、仅分享风景图片等）、与文明行为或不文明现象无关等，同时处理模糊性指标，进一步提高数据的质量，从而保证研究结果的有效性。在进行数据清洗后，根据建立的网络文明指标体系对收集到的数据进行编码和格式化，确保后续分析的准确性和有效性。

# 三　网络文明指标的数据分析

## （一）量化分析方法

在网络文明指标体系构建中，本文建立了量化模型，以便对公民网络文明行为进行定量评估。基于上述指标体系，本文采用综合指数法中的线性加权模型逐级递进计算样本，对"网络文明"分类指数和综合指数进行纵向比较和动态分析，从历时性和共时性的维度系统、客观、量化反映公民"网络文明"的最新发展状况。

此外，本文采用交叉分析法对数据进行分析。交叉分析法可以从立体的角度出发分析两个变量的关系，得到数据的特征。本文采用卡方检验和方差分析针对公民发文和评论文本的情感倾向、模态（文字、文字和图片、文字和视频）、发表时间、转评赞数据之间的关系进行了探索。在作为传播主体之外，交叉分析法提供了一个接受者视角，客观分析公民公共行为文明在不同受众间的流动，结合网络传播的独特视角形成公民文明行为网络参与特点。

## （二）定性分析方法

在运用定性研究方法中，本文主要应用了行为观察法、内容分析法。

行为观察法是指观测者针对确定的观测内容指标对被观测者的行为、语言等外部表现做出的观察活动，是一种比较自然和有效的方式。与问卷调查、深度访谈等方法相比，被观测者的反应是在不受观测者干扰的情况下自发做出的，可以排除观测过程中一些不相关因素的干扰，能够获得更加真实的资料，形成客观结论。

内容分析法是指对文本内容做系统、客观、定量的分析，是一种非介入性研究方法。本文采取内容分析法对收集到的数据进行编码，并运用统计学方法对编码类目和分析单元中的出现频数进行计量，通过可视化与案例说明相结合的方式客观表述公民网络文明情况。此外，本文还对观测内容数据进行了文本分析，分析数据集的集中关注点和相关特征词，探索潜在信息特征。

# 四　不文明网络行为的识别与分析

## （一）不文明行为的类型与特征

公民的网络不文明行为主要可以分为非文明互动、非理性表达、侮辱诽谤、泄露他人隐私和传播不良信息五类。整体来看，语言维度的不文明（讽刺挖苦、言语粗俗、侮辱诽谤等）是公民网络不文明行为的主要特征。语言文明是网络文明的重要组成部分，在匿名化的网络空间中，没有现实世界各种框架与规则的约束，公众在表达发言时拥有极高的自由度。一些网民在网络空间无所顾忌、信口开河、"出口成脏"、随意攻击，造成网络环境污染。

非文明互动类数据中讽刺挖苦和言语粗俗是主要表现形式。言语粗俗类数据往往包含骂人的低俗语言，以及一些脏话或不文明用语的谐音、字母变体等。讽刺挖苦类数据虽不含脏话，但常使用反话，明褒暗贬。可见对于不文明用语的规范和引导依旧是网络文明治理的关注点，网民也需要同时提高自觉性，规范网络语言。相较于言语粗俗类数据，讽刺挖苦类的发文和评论更难以判定和监管，尤其需要关注。

非理性表达类数据中以地域攻击类和盲目跟风类为主。地域攻击指针对其他地区用户发布的带有地区歧视性色彩的内容，往往针对地域本身进行攻击，缺乏理性。盲目跟风则指缺少主见、盲目地跟随不文明评论的行为，往往出现在热点新闻事件的评论中，不能客观地认识事件全貌，严重偏离实际。

侮辱行为多因为网民对当下环境或生活现象不满，出于压力、烦躁、焦虑、不满等情绪而进行的情绪发泄。相较于新闻媒体平台的评论，侮辱行为主要出现在自媒体平台，虽然整体出现频次不高，但需要进一步规范并加强文明引导。诽谤行为是指捏造事实并散布虚假信息，损害他人人格和名誉，多出现在热点事件中的争议性话题，集中在社会民生事件和明星文娱事件中。值得关注的是，在争议性话题中，也有较多网民提到了不造谣、不信谣、不传谣，呈现理性的网络参与特点。

泄露他人隐私主要指公开了他人认为是自身敏感的且不愿公开的信息，按照隐私类别可以具体分为信息隐私、通信隐私、空间隐私和社会隐私。公民的隐私泄露行为多为无意识泄露，具体表现为@好友账号或在日常生活分享中无意透露等。虽并非恶意泄露他人隐私，但也表明公民需要进一步增强网络空间中的隐私意识，以免个人隐私信息泄露产生的风险。

传播不良信息主要包括传播虚假信息、低级庸俗信息、封建迷信信息以及网络诈骗信息。公民传播不良信息行为多集中于低级庸俗信息，且多以短视频形式作为媒介，如演绎炒作、造假摆拍、色情低俗等。针对新媒体时代这一特殊传播渠道，需要相关监管部门强化内容审核制度，规范价值导向，减少不良内容的传播，更好地满足人民群众的精神文化需求。

## （二）数据驱动的不文明行为分析

本文针对公民网络发文内容进行了文本分析，其中公共交往中的不文明行为仍是公民关注的重点，拥有较多的评论和转发等反馈及二次传播。这反映了网络空间与现实空间的公共交往会引发人们较多共鸣，网络空间中的语言文明依旧是需要重点规范治理的领域。因此，在"人人都有麦克风"的时代，网络空间中的语言文明依旧是需要重点规范治理的领域，同时网民也需要增强文明自律，自觉文明用网。其中点击量极高的大部分内容为明星或公共人物在网络空间或现实生活中的不当言论和行为。整治娱乐新闻中的低俗内容、谣言传播等依旧是网络文明治理需要关注的重点。

通过交叉分析以及结合相关案例，本文发现相比纯文字，带视频图片的内容信息丰富度会更高，也能够更好地表达用户的情绪。图片和视频一方面可以进一步佐证文字内容，另一方面也能引发更多的关注，可信度高，更容易得到传播。考虑到短视频是当下热门的信息传播渠道，演绎炒作、造假摆拍、色情低俗等都是短视频中经常出现的亟须治理的问题，图片和视频是新媒体时代网络文明建设的新重点。此外，负面情绪对点赞数的影响要显著大于中性情绪和正面情绪。这可能是因为用户对不文明行为的吐槽抱怨往往会引起更多网民的共鸣，情绪也是引发传播的重要因素。在网络空间中，这代表着不文明行为一定程度上会得到用户更广泛的传播，不利于良好网络文明空间的建设。

（王卫东，中国人民大学中国调查与数据中心；胡以松，中国人民大学中国调查与数据中心）

**参考文献**

［1］高菊．论和谐社会的网络文明［J］.社会主义研究，2007（01）.

［2］鲍宗豪．市民文明素质评价研究——以对北京东城区市民文明素质的评价为例［J］.湖南社会科学，2008（04）.

# 情景构建与公共文明：基于实地
# 观测的实证研究

廖　菲

公共行为文明建设不仅是北京首善之城建设的重要举措，也是推动北京高质量发展的必然要求。近年来，北京坚持首善标准，深入推进新时代公民道德建设，大力开展文明培育、文明实践和文明创建活动，为新时代首都发展注入了更大的精神力量。本文选取2005～2017年北京市民公共行为文明指数调查项目的实地观测结果，分析首都公共文明建设的成效与问题，借助典型案例和行为干预实验进行归因研究，深入研究公共行为文明领域问题的成因，探索提出公共行为文明的干预策略，力图为深入推进首都公共文明建设提供决策参考。

## 一　数据来源与区域

为多场景、多维度搜集客观、真实反映北京市民公共行为文明情况的第一手资料和数据，课题组在北京全市开展实地观测，观测点位涵盖主要交通路口、公交地铁站、背街小巷、主次干道、社区、公共厕所、公共文化场所、公园景区、公共广场、商业大街、影剧院所、火车站、商业中心13类。观测区域从2005年的香山、颐和园、紫竹桥、西单、天安门、天坛、国贸等主要以城市中心区为主的区域拓展到16个区"全覆盖"，点位数量也从2005年的150余个增加到 2017 年的 400 余个，累计观测时长超过 15000 小时。

# 二 北京市民公共行为文明建设的现状描述及分析

## （一）北京公共文明建设成效显著

实地观测结果显示，北京市民公共行为文明取得了长足的进步，在公共卫生、公共秩序、公共交往方面的表现尤为突出。

### 1. 公共卫生领域整体文明水平显著提升

2005 年以来，全市公共卫生领域整体文明水平显著提升，地区间差异逐渐缩小，不文明行为发生率总体呈现 2005~2008 年"奥运拉动、大幅下降"，2009~2013 年"巩固发展、平稳下降"以及 2013 年以后"总体稳定、小幅反弹"的阶段性特征，环境卫生方面不文明现象明显减少，社区卫生状况稳步改善。

环境卫生方面，乱扔垃圾发生率从 2005 年的 8.40% 下降到 2017 年的 0.9%，累计下降 7.5 个百分点，随地吐痰发生率从 2005 年的 9.1% 下降到 2017 年的 0.2%，累计下降 8.9 个百分点。从趋势特征看，2005~2008 年，得益于北京奥运会的成功申办对市民公共卫生意识的促进，"乱扔垃圾"和"随地吐痰"等主要不文明行为发生率大幅度快速下降，降幅分别达到 7.3 和 8.3 个百分点。2008~2012 年，在践行"北京精神"的宣传引导下，二者发生率呈现稳步下降态势。2013 年以后，随着社会发展环境和市民生活方式的变化，二者均经历了小幅反弹、持续下降与波动变换的过程，乱扔垃圾发生率在 2013 年反弹至 1.2% 后连续下降，于 2016 年达到历史最低水平的 0.1%，2017 年反弹到 0.9%。随地吐痰发生率同样在 2013 年出现小幅反弹，达到 1.1%，此后持续下降，2017 年达到最低水平 0.2%（见图 1）。

社区卫生方面总体改善显著，乱扔垃圾、遛狗时不及时清理粪便等行为的发生率分别从 2009 年的 2.3%、1.2% 下降到 2017 年的 0.4%、0.1%。

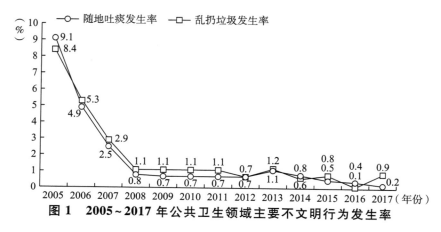

**图 1  2005~2017 年公共卫生领域主要不文明行为发生率**

### 2. 公共秩序领域的不文明行为发生率大幅下降

2005 年以来，公共秩序领域的不文明行为发生率大幅下降，从发展的总趋势看，非机动车、行人的通行秩序以及市民的乘车秩序显著改善，整体秩序向好。具体分析如下。

非机动车闯红灯、逆行、在人行便道上行驶等现象的发生率分别从 2006 年的 11.0%、15.2%、11.0% 下降到 2017 年的 2.5%、2.1%、0.8%（见图 2），下降了 8.5 个、13.1 个、10.2 个百分点。

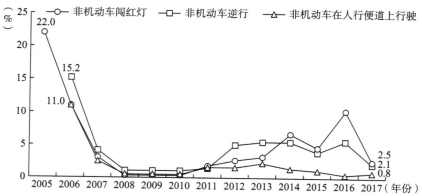

**图 2  2005~2017 年公共秩序领域非机动车主要不文明行为发生率**

行人闯红灯和横穿马路的发生率从 2005 年的 4.0% 和 24.0% 下降到 2017 年的 1.6% 和 0.1%，分别累计下降了 2.4 个和 23.9 个百分点；行人乘滚动电梯占左侧快行道的发生率从 2009 年的 32.0% 下降到 2017 年的 3.2%（见图 3），累计下降了 28.8 个百分点。

市民乘车拥挤的发生率从 2005 年的 38.0% 下降到 2017 年的 9.1%，累计下降了 28.9 个百分点，下降幅度最大。

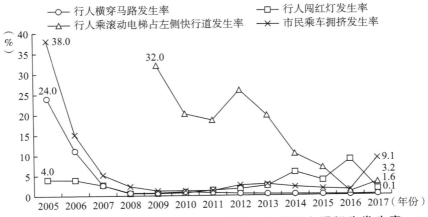

图 3　2005～2017 年公共秩序领域行人主要不文明行为发生率

分阶段看，公共秩序领域不文明行为的发生率变化大致经历了 4 个阶段：2005～2008 年"快速下降期"、2008～2011 年"持续保持期"、2011～2016 年"小幅反弹期"、2016～2017 年"稳定发展期"。

其中，2011～2016 年的"小幅反弹"是伴随"互联网+"战略的推广和共享经济的快速崛起出现的，这一时期大量配送快递和外卖的摩托车、电动车、三轮车涌入公共交通，给公共秩序建设带来了挑战。快递员、外卖配送员在行驶过程中存在较多的"逆行""闯红灯""横穿机动车道""占用非机动车道"等不文明问题，导致公共秩序领域不文明现象的发生率有所反弹。

然而，通过积极推行"认领爱心斑马线"、"礼让斑马线示范路口"、"我认领我服务"路口文明引导志愿服务等活动，公共秩序得以显著改善，2016 年后公共秩序建设进入稳定发展阶段。

**3. 公共交往领域文明举止比例显著提升**

在公共交往中，能够做到"遇到问路时主动热情给予帮助""为跟随进门者扶门""碰撞他人后礼貌道歉并取得谅解"的市民占比显著提升，其中"遇到问路时主动热情给予帮助"的市民占比从2005年的71%上升到2017年的99%，增长28个百分点，几乎所有市民都愿意热情帮助他人。

同时，市民在乘坐交通工具时主动让座、使用礼貌用语时的占比也有所增加，其中"乘坐公交或地铁时主动让座"的市民占比从2005年的78%上升到2017年的98%，增长20个百分点。

4. 公共观赏领域不文明行为发生率显著降低

在公共观赏时，市民自觉遵守场所秩序的意识大幅增强，观赛观演时的不文明行为显著减少。数据显示，与2005年相比，2017年市民在观赛时"翻越护栏、踩踏座椅"，在观演时"起哄、大声交谈或喧哗"等现象已鲜有发生，"不控制手机音量"发生率降幅达到86.5个百分点，充分展现了公共观赏领域文明引导与培育工作所取得的积极成果。

## （二）北京市民公共行为文明存在的问题与挑战

目前，北京市民公共行为文明依然存在一些问题，公共卫生、公共秩序、公共交往、公共观赏领域中的部分不文明现象依然存在。

1. 公共卫生领域的顽疾是乱扔垃圾、烟头和随地吐痰

在公共卫生领域，乱扔垃圾和随地吐痰等不文明行为虽得到改善，但仍然相对突出。2017年实地观测数据显示，"乱扔垃圾"和"随地吐痰"发生率在所有不文明行为中仍居于第一、第二位，尤其是"随地吐痰"行为发生后，由于痰迹难以清除、保留时间长久，对环境卫生和市容市貌的影响更大，需要持续加强引导教育和监督管理，避免个人不文明行为影响城市整体风貌。

实地观测发现，公共卫生领域不文明行为的分布具有地区差异，具体表现为人群密集的地区不文明行为的出现率更高，如车站、公园座椅周围、商场入口、天桥、地下通道和街口，尤其是有小广告和摊贩聚集的地方；管理和治理措施较松弛的地区不文明行为的出

现率更高。在实地观测中发现，受到重点管理的天安门广场和西单地区卫生状况尤为良好。

## 2. 公共秩序领域的主要问题是交通秩序问题

实地观测发现，公共秩序领域不文明行为主要发生在公共场所秩序和交通秩序方面，其中等候时插队加塞、非机动车闯红灯、非机动车逆行是相对突出的 3 个问题，2005～2017 年，上述行为的发生率虽然均有相当程度的下降，但在所有公共秩序相关不文明行为中始终居于前列。

此外，行人闯红灯、横穿马路，乘坐公交或地铁时占用老幼病残孕专座，机动车强行超车、违规使用应急车道超车以及和非机动车争抢道路等行为也时有发生，不仅导致交通秩序混乱，更增加了出现交通事故的风险。这些现象反映出市民交通不文明行为的普遍性和复杂性，需要持之以恒地将提升市民公共秩序行为文明的工作深入开展下去。

## 3. 公共交往领域部分问题依然存在

公共交往领域的实地观测重点关注市民的衣着是否得体、在公共场所的音量控制、文明用语的使用、对陌生人提问的反应以及发生碰撞后的处理方式等行为。从实地观测数据看，虽然市民在观赛观演时已基本能够做到"不大声交谈或喧哗""控制手机音量"，但在其他公共场所对上述行为的自我约束意识仍然相对淡薄，尤其是在公共交通工具、商业中心和公共广场等空间中大声外放音频、视频等行为仍较为突出，成为引发人际冲突的一大导火索，需要重点加以关注。

## 4. 公共观赏过程中的不文明行为依然存在

在公园景区等场所，随地吐痰仍是最为突出的问题，发生频次占全部不文明行为的 32.0%。不爱护花草树木、践踏草坪现象居第二位，占 29.0%。乱扔垃圾、烟头以及在禁烟区内吸烟现象也比较严重，分列第三、四位。这些不和谐的行为令美丽景区"颜色顿失"。

在影剧院所，观影观演过程中迟到、早退等"来去自由"现象较为严重。在一次演讲观测中，一个拥有 190 个座位的报告大厅共容纳了 220~230 人，在两个半小时内，有高达 44 人次在演讲开始后才陆续入场，同时有多达 51 人次在演讲期间出去。由于会场出入口与演讲台在同侧，人们频繁地进出对演讲者和听众都造成了影响。此外，尽管主持人在活动开始前提醒大家将自己的手机设置为静音状态，但电话响铃及低声接电话的情况仍有发生。在博物馆、剧场，不文明观赏现象仍然存在，尤以迟到早退问题最为突出。

### （三）北京市民公共行为文明存在问题的归因分析

#### 1. 设施完善度提升

心理学家库尔特·勒温将环境中对个体行为有"实际影响"的事物或因素分为准物理的、准社会的和准概念的，三者构成紧密关联的整体。基于库尔特·勒温的理论，本部分以 2005 年以来北京城市环境的变化及市民相应行为的调整为例，分析公共设施完善度作为一种情境变化，对公共文明建设的显著影响。

一是准物理情境构建变化。从垃圾箱的设置看，2006 年北京街道两侧及候车站等地的垃圾箱数量较少、位置不明显，人们投放不方便。以中关村大街为例，从中国人民大学到白石桥十字路口，全长约 5 公里，共设置有 12 个公交车站。2006 年，道路两侧平均 2 公里 1 个垃圾箱，1 个车站 1.5 个垃圾箱。即使车站有垃圾箱，民众也需要通过分道线，到候车站去丢垃圾。可见，垃圾箱的设置无论是数量，还是分布点位都无法满足过往行人的基本需求。随地扔垃圾或吐痰的"加脏现象"自然相应增加。2008 年，不仅平均每个候车站设置 2 个垃圾箱，而且还在道路两侧对应均匀地设置垃圾箱，平均 200 米距离就有 1 个垃圾箱；沿街商场门前或单位门前也都备有垃圾箱，与 2006 年相比，垃圾箱增加了 5 倍多，构建出一个便于扔垃圾、吐痰的准物理环境场域。从候车站的设置看，候车站空间没变，车辆数有增无减，人数依旧，但候车站增加了一些醒目的标志：地上划出了不同进站车辆停车线；划出候车人排队线或挂上自制木牌，标出不同车辆序号等。这些标志发挥着重要的认知与识别作用，从而构建出良好的秩序环境，引导、规范市民的公共行为。

二是准社会环境构建变化。几年间，北京市政府及相关组织加大治理与维护力度，且成效显著。从候车站公共文明引导员设置看，该群体的数量从2001年的200多人增加到了2007年底的4500人，分布在1870多个公交及地铁站。此外，还有交通协管员、卫生监督员、工商协管员、治安员等，他们扮演着城市环境维护者的重要角色。从舆论环境的构建看，自2001年北京奥运会申办成功起，北京市政府、各大媒体紧锣密鼓地开展大规模的舆论环境构建工作，构建出一种与时代需求相适应的社会舆论氛围，促使民众改正不文明行为，建立良好的社会秩序，倡导民众间的相互友爱与关怀。

三是准概念环境构建变化。作为首善之城的北京，在政治、文化、城市管理和市民文明素质等各方面都备受全国乃至世界的关注。每一位居住在北京的市民都深刻感受到这种责任，自觉适应和调整以应对情境变化，从而形成了人们对自身文明行为改善的自我驱动力。

综上所述，情境改变显著促使情境中人的行为改变。多年来，北京城市环境显著提升，公共设施建设逐步完善，北京营造出文明有序、和谐安定的城市环境，促使民众在思想和行为上高度重视公共行为文明，北京市民公共行为文明水平快速提升。

2. 民众自律度提高

以2011年进行的干预实验结果为例，有92.0%的北京市民将城市公共文明建设引导监督的责任赋予他者，认为需要依靠外界"他律"来约束监督人的行为，只有8%的民众期待自觉、自律实现行为文明（见表1）。该结果一方面表明民众对政府的城市公共文明建设与管理抱有高度期待，另一方面也说明强化"他律"仍是当下公共文明建设的主要路径与手段。

在深入研究分析不文明行为背后的动因时发现，有 58%的不文明行为者归因于"习惯了，无意识"，即有一种根深蒂固的"惯性无觉察"。可见，相当一部分社会民众并没有对自身的不文明行为给予足够的关注和反思，并且缺少对个体行为与社会结构相互作用关系的认识，他们将这种不符合社会规范、干扰城市公共秩序、影响城市公共文明，乃至侵犯他人权益的不文明行为，简化为一种"习得性行为"或"非意识性行为"。也就是说，社会民众的自律性还远远不够。

表1　2011 年北京市民对"提高或监督民众文明行为"责任主体归属的认知

| 公共文明提高或监督责任选择 | 占比 | 责任赋予对象 |
| --- | --- | --- |
| 通过协管、处罚等强制方式 | 50% | 外界——"他律" |
| 加大对文明行为的宣传教育 | 31% | 外界——"他律" |
| 增加公共设施，如垃圾箱、护栏等 | 11% | 外界——"他律" |
| 从自我做起，提高个人素质 | 8% | 自身——"自律" |

课题组对参与行为干预实验者的实时态度收集和事后态度追访的结果进一步印证了强化"他律"对提升市民行为文明水平的积极作用。结果（见表2）显示，在他人对受试者不文明行为进行干预的当下，54%的受试者表现出积极反应，35%表现出中性反应，而11%表现出负面反应。在事后追访中，高达 86%的受试者在事后表示愿意接受干预，其中包括 32%在被干预时表现出"中性"态度的受试者，虽然在被干预时的反应是中性的，但在事后的态度询问中却表示愿意接受干预。可见不文明行为更多地是"无意识"的，只要加以正确引导，打破民众内心根深蒂固的"惯性无觉察"状态，多数居民都能够主动接受干预，认识并改进自身的不文明行为。

**表 2　被干预时及被干预后追访时市民对是否接受干预的态度**

| 被干预后追访时的态度 ＼ 被干预时的即时态度 | 积极 | 中性 | 消极 | 小计 |
|---|---|---|---|---|
| 接受干预 | 54% | 32% | 0 | 86% |
| 不接受干预 | 0 | 2% | 9% | 11% |
| 拒绝回答 | 0 | 1% | 2% | 3% |
| 小计 | 54% | 35% | 11% | 100% |

### 3. 宣传覆盖度更加广泛

根据实地观测及对市民进行的不文明现象归因调查，宣传覆盖度不足也是影响公共行为文明的重要因素。在信息化社会中，信息的传播和接受有利于构建公民意识和行为模式。宣传是增强公民自我约束力和文明意识的关键手段，宣传的积极作用在公共文明建设中尤为明显。

部分不文明行为的发生率难以下降是由于文明宣传缺失，文明宣传的不足意味着公民缺乏正确的行为引导。这种引导对于树立正确的社会行为标准很重要。如果民众未能获得关于如何在公共场合中保持文明行为的信息，那么不文明行为的发生概率就会增加。社会文明的进步依赖于文明标准的普及和认可。不足的宣传难以形成强大的社会共识，使得文明行为标准不能广泛被认同和遵循，进而容易使不文明行为在社会中出现和蔓延。

同时，宣传不仅仅是信息的传播，同样也是一种社会监督形式。足够的宣传能够促使社会公众对不文明行为进行自我监督和互相监督。宣传力度不够，意味着这种监督机制的缺失，从而减少了不文明行为的社会成本，使得个体更容易产生违规行为。宣传是激发公众参与公共事务的重要途径。如果宣传工作不到位，公众对于参与维护和促进公共文明的意识将会降低，导致公共文明建设缺乏广泛的民众基础，使得不文明行为得不到有效的社会制约。

### 4. 民众参与意识增强

民众参与不足也是影响公共文明的重要因素。一直以来，为提升全社会公共文明水平，各类社会组织参与举办了大量活动，然而，公共文明水平的提升也受到民众参与的限制。当民众参与不足时，公共文明的维护可能面临多方面的挑战。首先，没有足够社会共识和行动的支持和维持，公共文明行为的标准可能会被边缘化。其次，因为缺少民众的合作和支持，个人的社会责任感可能会下降，缺乏对公共空间和环境的关心与尊重。这也可能导致公共空间管理变得更加困难。再次，社区内的信任和凝聚力可能会减弱，因为人们不再愿意为共同的公共利益和文明价值观做出贡献。最后，如果社会成员不参与到公共文明的实践中，那么文明行为和意识的传承就可能受阻，影响社会文明的长期发展。

党的十八大以来，习近平总书记围绕加强社会主义精神文明建设发表的一系列重要论述是指导我们做好社会主义精神文明建设工作的强大思想武器。习近平总书记强调："文明素质培养和提高需要一个长期过程，但也要从一些小事抓起，持之以恒，久久为功。"[1] 民众参与的提升同样是一个长期过程，需要从小事做起。

## 三　基于实地观测的北京市民公共行为文明提升策略

### （一）完善设施，优化环境，助推公共文明

推动公共文明建设，需要进一步增强并优化基础设施建设，确保设计过程中充分考虑人性化特征，提升设施本身为人民服务的属性与功能，促进秩序的建立和环境质量的改善。

基于实地观测结果，本文认为可供参考的具体措施包括在排队

---

[1]　十八大以来重要文献选编（下）［M］.北京：中央文献出版社，2018：92.

或等候区域设置栏杆和画线，有效引导人们有序排队；优化过街天桥或地下通道的设计，并完善道路中央隔离设施，减少行人横穿道路的风险；增设垃圾箱并合理布置点位，保持垃圾箱周围环境的清洁，激励人们正确处置垃圾，避免不当行为所带来的环境污染。

**（二）强化"他律"，培养"自律"，唤醒群体"自觉"**

为了促进公民公共行为文明的持续和稳定提升，亟须构建一个完善的、长效的常态化机制。此机制应通过加强外在规范的"他律"、培育内在自制的"自律"，以及激发内心深处的"自觉"，引导公民行为文明水平的长期稳定发展。

首先，需要强化"他律"。在完善各项设施的同时，需要通过进一步严格日常执法，加强法律法规约束力，促进市民彻底改正陋习或毛病，养成良好习惯。在社会中，与各种不文明行为的斗争常常像在进行"猫捉老鼠"的游击战，违规者经常持有规避规章制度的消极态度。因此，通过加大日常执法力度、持续发挥监督作用、避免仅仅依赖突击式执法，确保规章制度能够发挥实际的约束作用。

其次，需要培养"自律"。培养自律的核心在于理解个体（"己"）与他人（"他"）的关系，倡导相互关爱的精神。在中国传统文化中，人际关系的建立以个体为中心，但中国人的行为及性格特质中包含了深厚的"社会取向"，这种似乎矛盾的特性为培养社会成员的他人意识、推广相互关爱精神提供了理论支撑。"社会取向"作为个体行为的参考基准，与个体自身相互作用、相互制约。从关系上看，"己"与"他"都处于同一个社会空间中，在这个"大空间"中，"他"是"己"的"他"，而"己"是"他"的"他"，二者彼此联系、相互影响，没有和谐美好的大空间，小空间的和谐就难以实现，即使实现，也常常会受到大空间的干扰，因而难以平稳或维持。由于"己"不可能脱离社会这一"大空间"而生活，因此，人们要想"己"不受侵扰，就必须考虑到看似与"己"并不相关的"他"。在多元化社会中，不仅人的个性得到了彰显，同时，

"己"与"他"的关系也得到了强化。

最后，需要唤醒"自觉"。在中国社会中，个体（"己"）常被感知为渺小的存在，因此，责任感往往被视为一种外在的强制性要求，而非内生的自觉行动。广大人民群众对于周遭发生的事件，若非直接关系己身，常常缺乏主动介入的意愿，这归因于与"己"无关的心态。正是这种"与己无关"的态度，催生了某些不良行为的泛滥与不文明现象的扩散。许多公民在行事时，并不是无视其行为的不当性，而是出于以自我为中心的思考，轻视公共规则，怀有侥幸心理，缺乏自发规范意识。而自觉性与责任感一旦在社会成员中形成普遍共识，处理各种社会事务将变得更加顺畅。因此，加强对市民自觉性的培育，促进市民责任感的落实，无疑有利于营造一种有助于提升公共行为文明水平的良好社会氛围。这种氛围的存在，通过其强大的感召力，正面地影响着生活在其中的个体，最终达到人与环境的相互作用与影响，实现协同构筑和谐社会的宏伟目标。

### （三）宣传引领，示范带动，增强社会影响

加强宣传教育是解决市民认知层面上问题的重要手段。有效的宣传教育可以提高市民对环境问题和公共秩序的认知，使他们理解维护良好环境秩序的重要性，并促使他们形成符合社会预期的行为。

首先，要重视青少年教育。习近平总书记指出，未来属于青年，希望寄予青年。青年是整个社会力量中最积极、最有生气的力量，国家的希望在青年，民族的未来在青年。在青少年的社会化过程中，认知构成了行为的底层基石，青少年对规则的理解、对他人的感知，以及对国家、社会与个人关系的思考都将深刻地影响他们未来的思维模式、态度与行为习惯。我国现行的教育体系存在一定的缺陷，青少年社会活动参与度较低，因此，要对青少年实施全面的素质教育，鼓励青少年积极参与社会活动；另外，还应鼓励家风建设，促使青少年和家长之间形成一种良性互动，以良好家风拉动全民素质提升。

其次，要发挥文明示范作用，以榜样力量引领市民向上向善。示

范是推动高素质行为的重要手段。在人类社会中，积极典范不断展示其深远的影响力。良好的社会秩序得以维护，很大程度上归功于正面的示范行为。这些行为能够产生一种社会压力，有效地遏制和减少不文明举动。市民长期亲历文明行为也逐渐培养出自主善行，在无形中塑造社会行为规范。通过将具有良好素质的人群设置为文明典范，可以激发其他市民的良好行为表现，形成积极的社会风气。此外，仅靠政府和媒体的倡导与推广来提升文明行为是远远不够的。文明的行为需要通过人与人之间的积极展示和传播来巩固，进而形成一种强大的正能量，鼓励人们自发地执行文明的社会准则，发挥积极的榜样作用。

最后，要提高职业教育质量，以文明意识促进从业队伍提质。公共行为文明水平的提升不是依靠个别人的力量可以达成的，它需要全社会各方面人员的共同努力。加强职业教育、提高从业人员素质，对提升全社会文明素养有重要促进作用。对各行各业人员进一步加强职业教育，规范行为准则，提高综合素质，倡导示范效应，是展示文明行为的重要方面。

### （四）多方参与，共同协作，形成文明新风

多方参与、共同治理的文明共创模式既符合我国国情，也是现代社会管理的要求所在，即由政府把握公共文明建设发展的宏观理念与发展目标，营造良好适宜的公共场域和环境，由社会各类组织、广大社会民众对政府倡导的公共文明理念达成共识，并以此为引领，从自己做起，从小事做起，实践之，推广之，通过越来越多市民参与公共文明建设，成为公共文明的践行者、监督者、维护者，最终实现全社会公共文明水平的提高。无论是社会管理创新，还是城市公共文明建设，都需要最广大社会民众的参与，只有广大社会民众自主参与、身体力行才能实现公共文明建设的常态化，实现建设世界文明大都市的理想。

（廖菲，中国人民大学社会学院）

**参考文献**

［1］廖菲．对公共文明建设与管理的思考：基于北京市民公共行为文明现场观察的研究［J］.江西青年职业学院学报，2014，24（01）.

［2］廖菲．人文奥运与市民素质——对北京民众公共行为的实地观察［J］.北京社会科学，2007（01）.

［3］廖菲，符隆文，尤思远．北京与台北公共文明比较研究［J］.道德与文明，2013（06）.

［4］廖菲．公共文明与情境构建［J］.北京社会科学，2010（04）.

# 北京市流动人口公共行为文明的流变：影响因素与趋势分析

王卫东　胡以松

　　流动人口是指在京居住未满半年的非北京市户籍人员，包括城际流动人口和农民工。流动人口在北京这座国际化大都市中扮演着不可忽视的角色。他们既是城市快速发展的见证者，也是社会多元化构成的重要部分。随着城市化进程的加快，流动人口在城市公共生活中发挥的作用越来越重要，这一群体公共行为文明的演变不仅映射了城市文化如何融合，也反映了城市管理与政策制定的现实需求。北京流动人口在多个层面展现出了独有的特征，为深入了解并改善这一群体的城市融合情况，提升他们的城市认同感，课题组在2007年专门对北京市流动人口的公共行为文明进行了调查，在2023年的北京市民公共行为文明指数调查中也将北京市流动人口纳入被调查者群体之中，通过比较这两期调查数据中流动人口公共行为文明的变化及主要影响因素，对提高城市管理水平、促进社会和谐具有重要意义。

## 一　样本基本信息

　　从2023年的问卷调查中选取1011个流动人口有效样本。在数据清理过程中，我们仔细检查问卷问题中变量值的有效范围，将其中的错误值去除，然后通过检验问卷的整体信度和效度来确保数据的可靠性。接下来，我们对三级指标值进行多种统计分析，包括均值、标准差、相关性检验等。通过对数据的细致审查和应用多种统计分析方法，本文试图揭示北京市流动人口公共行为文明的现状及其变化趋势，为今后的政策制定和社会管理提供科学依据。

表1呈现了被调查者的基本信息。

### 表1　样本基本信息

| 特征 | 类别 | 占比（%） |
|------|------|---------|
| 性别 | 男 | 65.88 |
| | 女 | 34.12 |
| 年龄 | 15~25岁 | 6.31 |
| | 25~35岁 | 30.23 |
| | 35~45岁 | 34.37 |
| | 45~55岁 | 18.01 |
| | 55岁以上 | 11.08 |
| 学历 | 小学及以下 | 2.78 |
| | 初中 | 17.79 |
| | 高中或中专 | 29.13 |
| | 大学专科 | 23.66 |
| | 大学本科及以上 | 26.64 |
| 职业 | 商业与服务业人员（如售货员、中介、厨师） | 34.42 |
| | 技术工人（如司机、水电工、机械修理工等） | 13.06 |
| | 退休、无业、失业、下岗、操持家务 | 12.27 |
| | 个体工商户（如开小店、摆摊、做小生意等） | 11.87 |
| | 普通工人（如搬运工、生产线工人等） | 4.35 |
| | 农民、牧民、渔民 | 1.78 |
| | 初级劳动者（如保洁、保安、保姆、环卫工人等） | 1.58 |
| | 其他 | 18.3 |
| 月收入 | 0~3000元 | 18.20 |
| | 3000~6000元 | 26.51 |

| 特征 | 类别 | 占比（%） |
|------|------|----------|
| 月收入 | 6000～9000 元 | 15.83 |
| | 9000～12000 元 | 10.68 |
| | 12000～15000 元 | 3.46 |
| | 15000 元以上 | 7.72 |
| | 拒绝回答 | 17.61 |
| 婚姻状况 | 已婚 | 67.75 |
| | 未婚 | 23.05 |
| | 离异 | 6.03 |
| | 丧偶 | 0.79 |
| | 拒绝回答 | 2.37 |

1. 一般人口特征

在 1011 个样本中，男性占调查总数的 65.88%；女性占总数的 34.12%。被调查者最大年龄为 77 岁，最小年龄为 18 岁，平均年龄为 39.69 岁，标准差为 11.11，说明年龄分布跨度较大，年龄在 15～45 岁的样本数占样本总量的 70.91%，35 岁以下的被调查者占比超过样本总量的 1/3，达到 36.54%。

2. 学历

被调查者以高中或中专学历为主，占调查总数的 29.13%，其次是大学本科及以上学历，占总数的 26.64%，排在第三位的是大学专科学历，占比为 23.66%，三项合计为 79.43%。不同于我们的设想，高学历者在外地进京务工群体中占据了相当大的比重，初中及以下学历的受访者仅占总数的 20.57%。

3. 职业

从样本分布来看，北京市流动人口中从事商业与服务业（如售货员、中介、厨师等）的人数最多，占调查总数的 34.42%；其次是技术工人（如司机、水电工、机械修理工等），占总数的 13.06%，两者合计占总数的 47.48%。

### 4. 收入

本次调查中被调查者的平均月收入为 8786.57 元，有 44.71% 的被调查者月收入在 6000 元以下，其中 18.20% 的被调查者月收入在 3000 元以下，26.51% 的被调查者月收入在 3000~6000 元。月收入在 15000 元以上的样本占总数的 7.72%，同时还有近 1/5（17.61%）的受访者不愿意透露自己的收入状况，因此可以看出北京市流动人口的收入差距较大。

### 5. 婚姻状况

从婚姻状况来看，大多数被调查者已婚，占样本总量的 67.75%，未婚者占样本总量的 23.05%，离异或丧偶者占总数的 6.82%。

## 二 北京流动人口公共行为文明的统计分析

### （一）调查指标情况

我们将公共行为文明分为五大指标，分别是"公共卫生""公共秩序""公共交往""公共观赏""公共参与"。这五个方面涵盖了物理空间的文明行为和心理层面对文明行为的认识和观念。在 2007 年的问卷中，公共卫生指标主要涉及扔垃圾、吐痰和对宠物粪便的处理问题；公共秩序指标主要涉及行人和非机动车穿行、公共场所拥挤和公共场所喧哗等问题；公共交往指标主要涉及公共场所着装和仪容、文明用语和向陌生人提供帮助等问题；公共观赏包括准时进退场、手机静音、静心观赏和适时掌声鼓励等问题；公共参与包括公共参与意识、公共参与行为和公共参与建议等问题。

相较于 2007 年，2023 年的调查在各维度上都做了相应的调整和完善，以期更准确地反映当前社会的实际情况。具体而言，公共卫生部分，增加了对打喷嚏不遮掩口鼻，随地便溺，随意焚烧、抛撒丧葬祭奠物品，乱涂乱画和张贴广告和在楼道、电梯吸烟等不文明现象的考察；公共秩序部分，增加了对使用共享单车乱停乱放、不牵引宠物、在社区公共区域/房前屋后乱堆放垃圾、杂物和在旅游时发生的不文明现象等项目的考察；公共交往部分，增加了对网络不文明现象的考察；公共观赏部分，完善了对观赛和观演礼仪的考察；公共参与部分，将问题精简为对公共参与行为的考察，使问题更具有针对性。

**（二）2023 年调查数据中的常见文明、不文明行为**

针对 2023 年数据，问卷中问到的问题可按照文明行为和不文明行为分为两类。结果表明，2023 年最常见的十大不文明行为分别是："使用共享单车乱停乱放"（57.27%）、"遛狗时不及时清理粪便"（51.23%）、"不牵引宠物"（43.81%）、"行人不按照道路标志、标线、交通信号灯指示通行"（41.45%）、"在楼道、电梯吸烟"（35.11%）、"观赏体育比赛退场时不带走自己的垃圾"（34.52%）、"乘坐公交或地铁时抢座、不主动让座"（32.54%）、"随意将垃圾扔在垃圾箱附近"（31.56%）和"在公共区域/房前屋后乱堆放垃圾、杂物"（31.05%）。相应的，最常见的十大文明行为分别是："热情回答陌生人询问，为他人指路"（93.27%）、"常说'请、谢谢、对不起'等文明用语"（88.53%）、"在等候各种服务或乘车时有序礼让"（81.70%）、"用实际行动支持北京举办国际、国内重大活动"（79.72%）、"参与节水节电节粮环保行动"（77.94%）、"机动车在交通路口、斑马线前礼让行人"（77.75%）、"参加志愿服务活动"（77.35%）、"用餐时不铺张浪费，践行'光盘行动'"（76.76%）和"在网上传播好人好事、弘扬正能量"（72.31%），见表 2。

以上数据表明，北京市民文明行为仍需进一步重视和提高。

**表2  2023年常见不文明行为和文明行为的比较**

| 不文明行为 | 占比（%） | 文明行为 | 占比（%） |
|---|---|---|---|
| 使用共享单车乱停乱放 | 57.27 | 热情回答陌生人询问，为他人指路 | 93.27 |
| 遛狗时不及时清理粪便 | 51.23 | 常说"请、谢谢、对不起"等文明用语 | 88.53 |
| 不牵引宠物 | 43.81 | 在等候各种服务或乘车时有序礼让 | 81.70 |
| 行人不按照道路标志、标线、交通信号灯指示通行 | 41.45 | 用实际行动支持北京举办国际、国内重大活动 | 79.72 |
| 在楼道、电梯吸烟 | 35.11 | 参与节水节电节粮环保行动 | 77.94 |
| 观赏体育比赛退场时不带走自己的垃圾 | 34.52 | 机动车在交通路口、斑马线前礼让行人 | 77.75 |
| 乘坐公交或地铁时抢座、不主动让座 | 32.54 | 参加志愿服务活动 | 77.35 |
| 随意将垃圾扔在垃圾箱附近 | 31.56 | 用餐时不铺张浪费，践行"光盘行动" | 76.76 |
| 在公共区域/房前屋后乱堆放垃圾、杂物 | 31.05 | 在网上传播身边人好事、弘扬正能量 | 72.31 |

## （三）2023年调查数据与2007年的对比

调查显示，与2007年相比，2023年流动人口在公共卫生、公共秩序、公共交往、公共观赏和公共参与5项指标上均有不同程度的提升。

### 1. 公共卫生

在公共卫生方面，2007年公共卫生问题被操作化为三个方面的问题，分别是吐痰、乱扔垃圾和处理公共场所宠物粪便问题；2023年，考虑到社会环境的剧烈变迁，课题组将其操作化为九个具体方面，分别为："随地吐痰、擤鼻涕""打喷嚏不遮掩口鼻""随地便溺""乱丢废弃物""随意焚烧、抛撒丧葬祭奠物品""乱涂乱画和张贴广告""在楼道、电梯吸烟""遛狗时不及时清理粪便""随意将垃圾扔在垃圾箱附近"。

2023年北京市流动人口在公共卫生方面的表现突出。例如，有

34.62%的受访者表示自己很少见到"随地吐痰、擤鼻涕"现象，有2.37%的人表示自己从未见过这一不文明行为（见表3）。"打喷嚏不遮掩口鼻"比较普遍和非常普遍的占比达到了30.07%。相比之下，"随地便溺"这一不文明行为仅有3.66%的人表示比较普遍或非常普遍。"乱丢废弃物"比较普遍或非常普遍的占比为22.45%，"随意焚烧、抛撒丧葬祭奠物品"比较普遍或非常普遍的占比为23.74%。横向比较之下，公共卫生方面最严重的三个不文明行为是"遛狗时不及时清理粪便"（51.23%）、"在楼道、电梯吸烟"（35.11%）和"随意将垃圾扔在垃圾箱附近"（31.56%）。

### 表3　公共卫生方面问卷调查结果

单位：%

| 指标 | 非常普遍 | 比较普遍 | 比较少见 | 很少见 | 完全没有 |
|---|---|---|---|---|---|
| 随地吐痰、擤鼻涕 | 7.02 | 19.88 | 36.00 | 34.62 | 2.37 |
| 打喷嚏不遮掩口鼻 | 7.52 | 22.55 | 32.34 | 34.72 | 2.57 |
| 随地便溺 | 1.19 | 2.47 | 16.62 | 45.00 | 34.72 |
| 乱丢废弃物 | 5.24 | 17.21 | 32.64 | 39.76 | 5.14 |
| 随意焚烧、抛撒丧葬祭奠物品 | 7.52 | 16.22 | 25.22 | 35.91 | 14.64 |
| 乱涂乱画和张贴广告 | 8.90 | 19.88 | 30.07 | 34.52 | 6.63 |
| 在楼道、电梯吸烟 | 10.48 | 24.63 | 26.11 | 30.66 | 7.81 |
| 遛狗时不及时清理粪便 | 20.47 | 30.76 | 22.95 | 20.87 | 3.76 |
| 随意将垃圾扔在垃圾箱附近 | 8.51 | 23.05 | 29.87 | 32.05 | 6.43 |

通过对比2007年与2023年的数据可以发现，随地吐痰、擤鼻涕和乱丢废弃物这两种不文明行为的发生率出现了显著下降。具体而言，随地吐痰、擤鼻涕的占比从2007年的41.01%降至2023年的26.9%，而乱丢废弃物的占比也从2007年的42.83%降至2023年的22.45%。然而，遛狗时不及时清理粪便的行为在同期内显示出增长趋势，从2007年的13.94%增长至2023年的20.47%（见图1）。

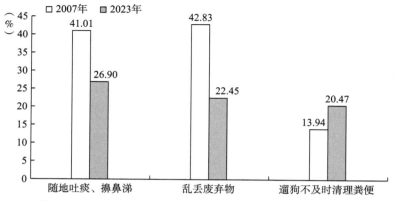

**图 1　2007 年和 2023 年公共卫生方面主要数据比较**

### 2. 公共秩序

在公共秩序方面，2007 年，公共秩序问题主要关注行人及机动车对交通规则的遵守以及在公共场所的行为规范；到 2023 年时，随着社会的发展，我们将公共秩序问题细化为 14 个具体方面，见表 4。

**表 4　公共秩序方面问卷调查结果**

单位：%

| 指标 | 非常普遍 | 比较普遍 | 比较少见 | 很少见 | 完全没有 |
|---|---|---|---|---|---|
| 不控制手机音量 | 8.11 | 20.77 | 35.91 | 30.96 | 3.86 |
| 在等候各种服务或乘车时有序礼让 | 35.21 | 46.49 | 9.50 | 7.12 | 1.29 |
| 与他人大声交谈、打闹或大声喧哗 | 5.14 | 17.21 | 42.73 | 30.86 | 4.06 |
| 行人不按照道路标志、标线、交通信号灯指示通行 | 13.75 | 27.70 | 29.87 | 25.22 | 3.36 |
| 使用共享单车乱停乱放 | 21.17 | 36.10 | 23.34 | 17.21 | 1.98 |
| 驾车或乘车时从车辆中向外抛物 | 1.48 | 5.74 | 32.64 | 45.2 | 14.64 |
| 机动车在交通路口、斑马线前礼让行人 | 37.59 | 40.16 | 12.27 | 8.21 | 1.48 |
| 乘坐公交或地铁时抢座、不主动让座 | 11.08 | 21.46 | 26.31 | 32.34 | 6.43 |
| 在旅游时踩踏花草、攀折花木、采摘果实 | 5.93 | 16.32 | 31.95 | 36.99 | 7.62 |
| 在旅游时伤害或者违规投喂动物 | 4.15 | 14.64 | 27.99 | 37.78 | 11.87 |
| 在旅游时攀爬触摸、乱涂乱刻文物 | 1.88 | 6.82 | 31.65 | 43.03 | 14.84 |

| 指标 | 非常普遍 | 比较普遍 | 比较少见 | 很少见 | 完全没有 |
|---|---|---|---|---|---|
| 在公共区域/房前屋后乱堆放垃圾、杂物 | 8.70 | 22.35 | 28.19 | 34.22 | 6.53 |
| 占用堵塞小区楼层消防通道 | 8.90 | 19.49 | 28.78 | 30.96 | 10.58 |
| 不牵引宠物 | 15.13 | 28.68 | 26.31 | 25.22 | 4.55 |

特别地，在这些细分公共秩序行为中，认为"在等候各种服务或乘车时有序礼让"非常普遍和比较普遍的占比为81.7%，同时认为"机动车在交通路口、斑马线前礼让行人"非常普遍和比较普遍的占比也达到了77.75%，显示出人们具有较高的文明意识；反观不文明行为，认为"使用共享单车乱停乱放"非常普遍和比较普遍的占比达57.27%，认为"不牵引宠物"非常普遍和比较普遍的占比高达43.81%，而"行人不按照道路标志、标线、交通信号灯指示通行"的占比也达到了41.45%。此外，我们还注意到，"乘坐公交或地铁时抢座、不主动让座""在公共区域/房前屋后乱堆放垃圾、杂物""不控制手机音量"这三方面的行为发生率也占据了一定的比重，分别为32.54%、31.05%和28.88%。这表明，非机动车和行人的不文明现象仍旧是主要问题。所以，道路秩序不仅仅是机动车的问题，也要关注非机动车的问题。

进一步比较分析2007年和2023年的数据表明，2007年，在北京的流动人口中，最普遍的不文明行为是行人闯红灯，此类行为的占比达到了43.64%，其中"非常普遍"的占比达23.64%；2023年，虽然这类行为占比降幅不大，但其中"非常普遍"的占比降低至13.75%，降幅超过40%。同时，文明行为如机动车在交通路口、斑马线前礼让行人和在等候各种服务或乘车时有序礼让的占比则有了显著提升，分别从2007年的51.41%和48.49%上升到2023年的77.75%和81.70%。比较这两个年份，无论是机动车还是非机动车的公共秩序都有了明显改善。但是，需要特别指出的是，在乘坐公

交或地铁时抢座位、不主动让座的情况有所增加，占比从 2007 年的
4.04% 上升至 2023 年的 32.54%，如图 2 所示。

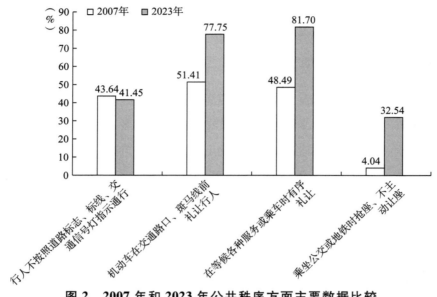

**图 2    2007 年和 2023 年公共秩序方面主要数据比较**

### 3. 公共交往

在公共交往领域，我们重点考察"使用粗鲁冒犯性语言对他人
进行侮辱或表达歧视""常说'请、谢谢、对不起'等文明用语"
"在别人需要帮助时主动伸出援助之手""热情回答陌生人询问，为
他人指路""在线上交往时故意挑衅和使用脏话""自觉抵制网络谣
言和不良信息、不造谣不信谣不传谣"和"在网上传播身边好人好
事、弘扬正能量"。

公共交往方面表现较好的文明行为有"热情回答陌生人询问，
为他人指路""常说'请、谢谢、对不起'等文明用语""在网上传
播身边好人好事、弘扬正能量"，认为这三项非常普遍、比较普遍的
占比分别达到了 93.27%、88.53% 和 72.31%。同时，我们也发现在
"使用粗鲁冒犯性语言对他人进行侮辱或表达歧视"和"在线上交
往时故意挑衅和使用脏话"这两项不文明行为的发生率保持在一个

较低的水平，分别为 10.19% 和 17.61%（见表 5）。

**表 5　公共交往方面问卷调查结果**

单位：%

| 指标 | 非常普遍 | 比较普遍 | 比较少见 | 很少见 | 完全没有 |
|---|---|---|---|---|---|
| 使用粗鲁冒犯性语言对他人进行侮辱或表达歧视 | 2.67 | 7.52 | 40.75 | 39.17 | 9.79 |
| 常说"请、谢谢、对不起"等文明用语 | 47.68 | 40.85 | 6.03 | 4.45 | 0.89 |
| 在别人需要帮助时主动伸出援助之手 | 22.06 | 50.15 | 18.4 | 7.91 | 0.89 |
| 热情回答陌生人询问，为他人指路 | 47.87 | 45.4 | 4.35 | 1.98 | 0.3 |
| 在线上交往时故意挑衅和使用脏话 | 5.84 | 11.77 | 32.25 | 38.87 | 9.2 |
| 抵制网络谣言和不良信息、不造谣不信谣不传谣 | 18.2 | 37.69 | 21.07 | 16.72 | 3.86 |
| 在网上传播身边人好事、弘扬正能量 | 30.96 | 41.35 | 18.5 | 7.91 | 0.3 |

通过对 2007 年和 2023 年北京市流动人口在公共交往方面的数据进行比较分析，我们发现：相较于 2007 年仅有 8.28% 的受访者表示周围人"热情回答陌生人询问，为他人指路"，2023 年这一占比大幅增加至 93.27%。此外，近九成（88.53%）的受访者表示在日常生活中常说"请、谢谢、对不起"等文明用语（见图 3），这些数据共同反映出北京市流动人口在公共交往中表现出更多的热情和更开放的态度。

4. 公共观赏

公共观赏代表着公共行为的较高层面，是对公共行为文明更进一步的要求。我们将公共观赏的场域限定在比赛或演出现场，并从观众应持有的公共修养角度进行了深入探讨。2023 年问卷中的公共观赏行为被细分为六项具体内容，包括："朝场内丢杂物""翻越护栏、踩踏座椅""退场时不带走自己的垃圾""在演员谢幕前提前离场""不保持安静，追逐打闹""手机不调至无声状态，在场内接打电话、高声交谈"。

通过对问卷数据的比较分析可以发现：与其他各项相比，2023

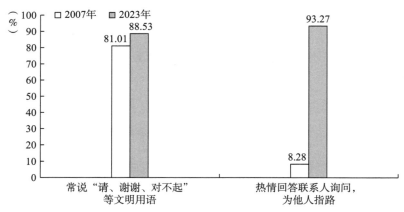

**图 3  2007 年和 2023 年公共交往方面的主要数据比较**

年北京市流动人口在公共观赏方面较为普遍的不文明行为是"退场时不带走自己的垃圾",占比为 34.52%,其次是"在演员谢幕前提前离场",占比为 26.21%(见表 6)。

**表 6  公共观赏方面问卷调查结果**

单位:%

| 指标 | 非常普遍 | 比较普遍 | 比较少见 | 很少见 | 完全没有 |
|---|---|---|---|---|---|
| 朝场内丢杂物 | 3.26 | 10.19 | 29.48 | 32.84 | 13.16 |
| 翻越护栏、踩踏座椅 | 1.98 | 6.13 | 30.96 | 37.59 | 14.64 |
| 退场时不带走自己的垃圾 | 9.1 | 25.42 | 23.44 | 27.89 | 6.03 |
| 在演员谢幕前提前离场 | 4.15 | 22.06 | 32.15 | 28.29 | 5.84 |
| 不保持安静,追逐打闹 | 2.77 | 8.7 | 31.75 | 40.26 | 12.56 |
| 手机不调至无声状态,在场内接打电话、高声交谈 | 3.56 | 12.96 | 30.46 | 41.35 | 8.51 |

进一步与 2007 年的数据进行比较分析表明,"不保持安静,追逐打闹"和"手机不调至无声状态,在场内接打电话、高声交谈"这两种不文明行为的发生率呈现明显下降,前者从 13.09% 下降到了 11.47%,后者从 20.23% 下降到 16.52%(见图 4)。但值得注意的是,"在演员谢幕前提前离场"现象发生率有所回升,可能与观演市

民数量增加、更多市民开始关注不文明观演行为有关。

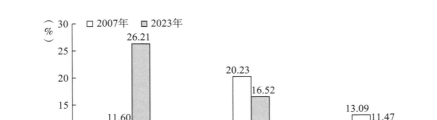

**图 4 2007 年和 2023 年公共观赏方面的主要数据比较**

### 5. 公共参与

在公共参与方面，2023 年主要考察了北京市流动人口对各项公共活动的参与意愿和参与程度，具体来说，这包括了对以下几类公共活动的参与情况："参加无偿献血等公益活动""参与公益扶贫或救助等献爱心活动""用实际行为支持北京举办国际、国内重大活动""参与节水节电节粮环保行动""参加志愿服务活动""用餐时不铺张浪费，践行'光盘行动'""按标志将垃圾分类投放"。

表 7 的数据显示，2023 年北京市流动人口对于"用实际行动支持北京举办国际、国内重大活动"的参与意愿最为高涨，认为非常普遍和比较普遍的占比高达 79.72%。紧随其后的是"参与节水节电节粮环保行动"，认为非常普遍和比较普遍的占比达到 77.94%。此外，超过半数的受访者也表示对参与公益献爱心活动或志愿服务活动有着比较普遍或非常普遍的参与。这些数据不仅展现了北京市流动人口在公共参与方面的积极态度，也反映了他们对于提升社区和社会整体福祉的重视。

表7　公共参与方面问卷调查结果

单位：%

| 指标 | 非常普遍 | 比较普遍 | 比较少见 | 很少见 | 完全没有 |
|---|---|---|---|---|---|
| 参加无偿献血等公益活动 | 15.13 | 42.14 | 27.2 | 11.08 | 1.29 |
| 参与公益扶贫或救助等献爱心活动 | 16.62 | 47.38 | 24.63 | 8.9 | 0.79 |
| 用实际行为支持北京举办国际、国内重大活动 | 39.86 | 39.86 | 11.28 | 5.14 | 1.58 |
| 参与节水节电节粮环保行动 | 31.65 | 46.29 | 12.66 | 7.22 | 1.09 |
| 参加志愿服务活动 | 29.67 | 47.68 | 14.74 | 6.73 | 0.49 |
| 用餐时不铺张浪费，践行"光盘行动" | 29.97 | 46.79 | 13.95 | 7.62 | 0.99 |
| 按标志将垃圾分类投放 | 23.54 | 43.52 | 17.8 | 11.77 | 3.07 |

## （四）公共行为文明程度分析及主要影响因素

2023年的调查显示，北京市流动人口对当前市民公共行为文明程度的平均评分为3.92分（满分为5分）。在区域差异上，东城区评价最低（3.57分），而平谷区评价最高（4.67分）。性别方面，男性评分略高于女性，男性、女性评分分别为3.94分和3.89分。年龄上，年轻人（18~35岁）评分最低（3.82分），而55岁以上人群评分最高（4.14分）。教育程度方面，小学及以下学历者评分最低（3.75分），高中或中专学历者评分最高（4.00分）。月收入水平也影响评价，月收入15000元以上者评分最低（3.79分），而月收入在3000~6000元者评分最高（4.01分）。最后，已婚人士的评分（3.97分）略高于未婚或离异人士（3.82分）。这些数据显示，北京市民公共行为文明程度在不同维度上存在差异，但整体评价较高，表明首都在公共文明建设方面取得了一定成效。

为了检验北京市流动人口的公共行为文明程度与不同特征人群评分差异之间的关系，我们对公共文明程度评分和其他变量进行了相关性检验，结果如表8所示。结果表明，北京市流动人口对公共行为文明程度评价与若干关键人口统计特征，如年龄、学历、月收入水平以及婚姻状况之间具有显著相关关系。具体分析如下。

**表 8　相关性检验结果**

| 指标 | 行政区划 | 性别 | 年龄 | 学历 | 月收入 | 婚姻状况 |
|---|---|---|---|---|---|---|
| 相关系数 | −0.0115 | −0.0324 | 0.1468 | −0.0998 | −0.0724 | −0.0934 |
| 显著性水平 | 0.7141 | 0.3031 | 0 *** | 0.0015 *** | 0.0367 ** | 0.0029 *** |

注：显著性水平 * 表示 $p<0.1$，** 表示 $p<0.05$，*** 表示 $p<0.01$。

### 1. 年龄因素

结果表明，随着年龄的增长，对公共文明程度的评价趋向于更高的评分。这可能是因为不同年龄段人群对于公共行为标准的期望和容忍度的差异，或者随着年龄增长人们更加重视社会秩序和公共道德。

### 2. 教育水平因素

教育水平较高的个体倾向于给予较低的公共文明程度评价，这一结果可能是因为教育程度较高的人群有着更高的期望值和更严格的公共行为评价标准。

### 3. 月收入因素

较高月收入水平的受访者对公共文明程度的评价较低。这可能与高收入群体对生活质量和社会环境有更高要求相关，因此其对公共文明程度持有更严格的评价标准。

### 4. 婚姻状况因素

相比已婚人士，未婚或离异人群对公共文明的评价相对较低。这一差异可能源于不同婚姻状况下个体的生活经验和社会参与程度不同，这些影响了他们对公共文明的感知和评价。

通过这些分析我们可以发现，对公共文明程度的评价受到多种社会和个人特征的影响。这些发现为理解北京市流动人口对公共行为文明态度的差异提供了有价值的视角，因此，提升公共文明程度可能需要更多地考虑多元化的背景因素。

# 三 北京流动人口公共行为文明方面存在的主要问题及相关政策建议

北京作为中国的政治与文化中心，人口规模庞大且构成复杂，其中包括大量的外来流动人口。流动人口的大规模涌入，不仅给城市管理带来了挑战，也对文明建设提出了更高的要求。综合来看，2007~2023 年，在北京生活、工作的流动人口的公共行为文明意识和水平在不断提升，这也体现了首都在公共文明建设方面取得的进步。然而，仍存在一些顽固问题需要注意。总体而言，可以将成就和问题总结如下。

一是北京市流动人口对文明行为规范的认同水平较高。调查显示，2007~2023 年，北京市流动人口的公共行为文明程度不断提升。这表明首都的公共文明建设取得了显著成效，受访者的文明意识明显增强，这也显示，北京市流动人口对公共场所的文明行为规范有很高的认同，展现出较强的公共参与意识和公民责任感。

二是北京市流动人口文明行为的日常生活实践在五大指标上存在差异。虽然北京市流动人口已经具备了较高的公共交往水平和公共参与意识，但在"公共卫生"和"公共秩序"方面，一些不文明行为如使用共享单车乱停乱放、行人为图方便不遵守交通规则以及"不牵引宠物"等现象难以禁止，需要我们在后续的城市规划和政策制定中重点把控和引导，在培育公共秩序意识和改善日常行为方面仍有大量工作要做。我们要认识到公共文明建设是一个长期、系统性的工程，需要个体和社会的共同参与。

北京城市管理体系的不足、公共设施建设的短板以及公众道德意识的欠缺，影响了流动人口的公共行为文明。由于个体在自我监管上的局限，以及制度与个人责任之间的不平衡，不文明行为在日常生活中仍时有发生。当遵守交通规则、合规投放垃圾等文明行为的成本过高时，一些人可能会选择不文明行为以节省成本。随着新经济和新技术的快速发展，公共文明建设面临新的挑战，物流与外卖配送服务的兴起，虽然为市民生活带来了便利，但也带来了新的不文明行为。共享单车的普及，虽然推动了绿色出行，但也带来了管理上的难题。

针对上述公共行为文明方面存在的问题，建议采取以下措施以改善现状。

### （一） 进一步完善制度并严格执行

快速更新与公共行为文明相关的法规制度，尤其针对新兴不文明现象制定具体的管理措施。利用现代科技手段，如智能监控系统，加强行为监控和管理，确保规章制度的有效执行。同时，提升对违规行为惩处力度，发挥其警示和震慑作用。

### （二） 加强公民教育与提升文明意识

利用教育系统、媒体和网络平台等多元化途径，加强对市民特别是流动人口的文明行为教育，提升市民法律意识和文明素养。开展形式多样的文明行为宣传活动，激发公民自觉遵守公共规范的意识。

### （三） 增强流动人口的城市归属感

通过社会融合政策，如加强社区文化建设、提供优质公共服务等措施，增强流动人口对北京市的认同感和归属感。鼓励他们积极参与城市公共文明建设，形成良好的社会支持系统。

### （四） 构建多方参与的公共文明建设机制

推动政府、企业、社会组织和市民个体等多方共同参与公共文明建设，形成共建共治共享的社会治理格局。特别是在共享经济和新兴服务领域，需要各方力量协同合作，共同应对管理挑战。

### （五） 针对不同人群采取不同策略

针对影响北京市流动人口公共文明认知的因素，建议对年轻人加强公共文明教育，通过多渠道提升意识；对未婚或离异人士，营造包容性社区环境，鼓励文明参与；推动社会融合政策，减少城区间文明差异，组织交流活动增进理解。

通过上述措施，可以预料在不断发展变革的社会环境中，文明素质提升与城市管理水平将同步进步，各方将共同构筑和谐、有序、美丽的首都风貌。公共文明是一个长期系统的过程，不可能一蹴而就。五大文明的各个方面是相互连接、相互制约、相互作用的，最终会产生连锁效应，因此，要协同提升北京市流动人口的公共文明程度，为构建更加和谐、文明的城市环境做出贡献。

（王卫东，中国人民大学中国调查与数据中心；胡以松，中国人民大学中国调查与数据中心）

# 首都青年群体公共行为文明特征分析

靳永爱　杨小琼

　　"北京市民公共行为文明指数调查"（以下简称文明指数调查）自 2005 年开始已连续进行了 20 年，调查测量了包括公共卫生、公共秩序、公共交往、公共观赏和公共参与的五大公共行为指标，见证了北京市民公共行为文明的改善和精神文明素养的提升。

　　青少年处在价值观形成和确立的关键时期，抓好这一时期的价值观养成十分重要。因此，本文重点关注首都青年群体，运用 2005 年、2012 年和 2023 年三期调查数据分析并展示北京市青年群体公共文明的变化及特征。由于调查跨越时间较长，不同社会经济条件下研究者关注的重点存在差异，数据变量无法逐一进行对比分析，经过处理后，本文利用 2005 年、2023 年数据对比展示青年群体各类公共文明行为的变化情况，2012 年数据能够展示青年群体对各类不文明行为影响因素的主、客观认识。

## 一　首都青年群体公共行为文明发展特征

### （一）公共卫生领域

#### 1. 首都青年群体公共卫生行为文明程度显著提升

　　数据显示，在公共卫生领域，青年群体的文明程度显著提升。①

---

　　①　可对比的 2005 年和 2023 年不文明公共卫生行为包括：随地吐痰、擤鼻涕以及乱扔垃圾。

2005 年，北京市 23.6% 的青年人有随地吐痰、擤鼻涕的不文明行为。2023 年，仅有 4.7% 的青年人经常随地吐痰、擤鼻涕，这一不文明行为的发生率下降了 18.9 个百分点，在可对比的不文明公共卫生行为中改善得最多。

乱扔垃圾行为可细化为两个具体的不文明行为，即：第一，市民有应该将垃圾投入垃圾箱的公共卫生意识，但随意将垃圾扔在垃圾箱附近；第二，市民没有应该将垃圾投入垃圾箱的公共卫生意识，在公共场所乱丢废弃物。就第一种乱扔垃圾的不文明行为而言，2005 年，19.5% 的青年人会随意将垃圾扔在垃圾箱附近，而 2023 年仅有 7.8% 的青年会随意将垃圾扔在垃圾箱附近，发生率下降 11.7 个百分点，这表明青年群体的公共卫生文明情况有了进一步改善。就第二种乱扔垃圾的不文明行为而言，2005 年有 6.7% 的青年人会在公共场所乱丢废弃物，2023 年，仍有 6.5% 的青年人会做出这一不文明的公共卫生行为（见图 1）。

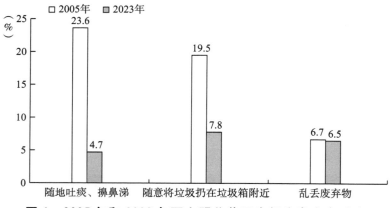

**图 1　2005 年和 2023 年不文明公共卫生行为发生率对比**

2.2023 年首都青年群体公共卫生领域文明程度维持在较高水平

随着社会经济的发展，文明指数调查项目将数量更多、种类更丰富、更符合当下社会状况的公共行为纳入社会调查范畴。除前述可跨年度对比的不文明行为外，数据显示，2023 年首都青年其他不文明公共卫生行为的占比也保持在较低水平，其中，仅有 10.9% 的青年人在遛狗时不及时清理粪便，仅有 8.2% 的青年人在公共场所打喷嚏不遮掩口鼻，仅有 7.8% 的青年人会在楼道、电梯吸烟，4.3% 的青年人会在公共场所随意焚烧、抛撒丧葬祭奠物品，乱涂乱画和张贴广告，青年人中没有人会在公共场所随地便溺（见表 1）。总体而言，2023 年首都青年群体的公共卫生文明素质维持在较高水平。

**表 1　2023 年不文明的公共卫生行为发生率**

| 不文明的公共卫生行为 | 占比（%） |
| --- | --- |
| 遛狗时不及时清理粪便 | 10.9 |
| 打喷嚏不遮掩口鼻 | 8.2 |
| 在楼道、电梯吸烟 | 7.8 |
| 随意焚烧、抛撒丧葬祭奠物品 | 4.3 |
| 乱涂乱画和张贴广告 | 4.3 |
| 随地便溺 | 0 |

### （二）公共秩序领域

1. 首都青年群体在公共秩序领域的行为素质普遍得到改善

调查结果表明，近 20 年来首都青年在公共秩序领域的文明程度显著提高。2005 年和 2023 年可比较的不文明公共秩序行为包括三个：行人不按照道路标志、标线和交通信号灯指示通行，在驾车或乘车时从车辆中向外抛物以及在公共场所不控制手机音量。

2005 年，在青年群体中，有近四成（39.4%）的青年作为交通参与者不按照道路标志、标线和交通信号灯指示通行，而到 2023 年，仅约一成（10.8%）的青年人会做出相应的不文明行为，不文明行为发生率下降了 28.6 个百分点；对于在公共场所不控制手机音量这一不文明行为，2005 年有 15.0% 的青年人会做出这一不文明的公共秩序行为，到 2023 年时这一占比下降到 9.5%，比 2005 年下降了 5.5 个百分点；2005 年，3.7% 的青年群体会在驾车及乘车时从车辆中向外抛物，而到了 2023 年，仅有 1.3% 的青年会做出同一不文明行为（见图 2），这一不文明行为的占比下降了 2.4 个百分点。

相比 2005 年，2023 年首都青年在公共秩序领域的精神文明程度显著提升，青年群体中有越来越多的人能够自觉做到在等候各种服务或乘车时有序礼让，在公共场所不与他人大声交谈、打闹或大声喧哗等，越来越多的青年人有秩序地参与公共生活。

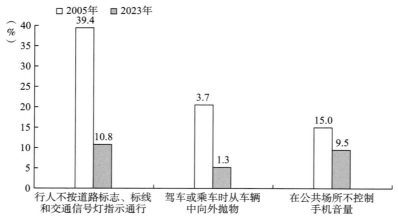

**图 2 2005 年和 2023 年不文明的公共秩序行为发生率对比**

**2. 2023 年首都青年群体能够在公共生活各方面自觉维护公共秩序**

2023 年文明指数调查项目在问卷调查中新增了部分不文明公共秩序行为，涵盖社区生活、公共交通和旅游行为多个方面。

在社区生活方面，调查具体考察了四种不文明的公共秩序行为，包括：不牵引宠物，占用堵塞小区楼层消防通道以及在公共区域/房前屋后乱堆放垃圾、杂物。数据显示，做出上述不文明行为的青年人占比较小。具体而言，仅有 8.6% 的青年人不牵引宠物，3.5% 的青年人会占用堵塞小区楼层消防通道以及 2.6% 的青年人会在公共区域/房前屋后乱堆放垃圾、杂物（见表 2），因此，在社区生活领域，绝大部分青年人能够自觉维护公共秩序。

表 2　2023 年不文明的公共秩序行为发生率

单位：%

| 场所 | 不文明的公共秩序行为 | 占比（%） |
|------|--------------------|---------|
| 社区生活 | 不牵引宠物 | 8.6 |
| | 占用堵塞小区楼层消防通道 | 3.5 |
| | 在公共区域/房前屋后乱堆放垃圾、杂物 | 2.6 |
| 公共交通 | 使用共享单车乱停乱放 | 10.3 |
| | 乘坐公交或地铁时抢座、不主动让座 | 8.2 |
| 旅游行为 | 踩踏花草、攀折花木、采摘果实 | 3.0 |
| | 伤害或者违规投喂动物 | 3.0 |
| | 攀爬触摸、乱涂乱刻文物 | 0 |

在公共交通领域，调查关注了两种不文明行为，即使用共享单车乱停乱放，乘坐公交或地铁时抢座、不主动让座。共享单车是共享经济模式下的新设施。目前，仅有约一成（10.3%）的青年人使用共享单车时会乱停乱放，这表明，面对新生事物，青年群体仍能够自觉维护公共秩序。对于在乘坐公交或地铁时抢座、不主动让座这一不文明公共秩序行为，仅在 8.2% 的青年人身上会发生，因此，青年群体在参与公共交通时能自觉维护公共秩序。

针对旅游行为，调查关注了受访者在旅游过程中对待自然景观和文物古迹的不文明行为，包括踩踏花草、攀折花木、采摘果实，伤害或者违规投喂动物以及攀爬触摸、乱涂乱刻文物三个不文明的公共秩序行为。数据显示，首都青年群体在旅行中能够自觉维护公共秩序，仅有 3.0% 的青年人在旅游时踩踏花草、攀折花木、采摘果实以及伤害或者违规投喂动物，调查样本中没有青年人攀爬触摸、乱涂乱刻文物。

综上所述，首都青年群体的公共秩序文明素质维持在较高水平，不论是身处自己居住的社区，还是在旅游目的地，无论是面对传统公共交通，还是面对新经济模式下的新共享设施，青年群体都能比较自觉地维护公共秩序。

### （三）公共交往领域

**1. 首都青年群体的公共交往更加礼貌和友善**

调查表明，近年来，北京市青年群体公共交往行为文明程度显著提升，2005 年和 2023 年可对比的不文明公共交往行为包括：不愿意为他人指路和不使用"请、谢谢、对不起"等文明用语。

数据显示，2005 年，近四成（38.1%）青年人不愿意为他人指路，2023 年，青年群体中仅有 4.7% 的人会做出这一不文明的公共交往行为，人数占比下降了 33.4 个百分点。在文明用语使用方面，2005 年，26.0% 的青年人不使用"请、谢谢、对不起"等文明用语，2023 年，仅 10.8% 的青年人不使用文明用语（见图3），人数占比下降了 15.2 个百分点。这表明，2023 年，青年群体能够更友善地对待陌生人，文明用语在青年群体内的普及度也有所上升。

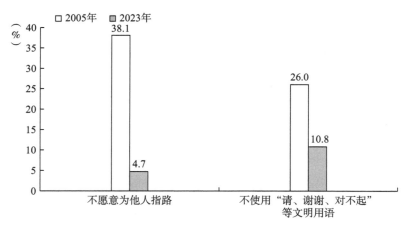

**图 3　2005 年和 2023 年不文明的公共交往行为发生率对比**

**2. 2023 年首都青年群体在日常交往和网络交往中的不文明行为发生率较低**

互联网的发展为人们开拓了新的交往空间，目前，公共交往同时存在于日常线下生活和线上网络生活中。2023 年北京市民公共行为文明调查数据显示，目前青年群体的公共交往文明素质维持在较高水平。具体而言，在日常交往中，近3.0%的青年人会使用粗鲁冒犯性语言对他人进行侮辱或表达歧视，仅1.7%的青年人会在别人需要帮助时拒绝伸出援助之手。在线上交往中，有13.9%的青年人会传播网络谣言和不良信息，约一成（11.6%）青年人会在线上交往时，故意挑衅和使用脏话；拒绝传播身边好人好事、传播负能量的人数占比仅为7.3%（见表3）。

**表3　2023年不文明的公共交往行为发生率**

| 场所 | 不文明的公共交往行为 | 占比（%） |
| --- | --- | --- |
| 日常交往 | 使用粗鲁冒犯性语言对他人进行侮辱或表达歧视 | 3.0 |
|  | 在别人需要帮助时拒绝伸出援助之手 | 1.7 |
| 线上交往 | 传播网络谣言和不良信息 | 13.9 |
|  | 故意挑衅和使用脏话 | 11.6 |
|  | 拒绝传播身边好人好事、传播负能量 | 7.3 |

### 3. 个人因素是导致不文明公共交往行为出现的主要原因

2012年文明指数调查关注市民对公共交往行为影响因素的主客观评价。数据显示，无论是评价他人不文明公共交往行为背后影响因素的"客评"还是解释自己不文明公共交往行为背后影响因素的"自评"，青年群体都认为导致不文明公共交往行为出现的最重要的三个影响因素为："缺乏个人修养""缺乏公共生活常识"和"人与人之间缺乏相互照应"（见表4）。因此，加强文明用语宣传，创造和谐社区，将有助于青年群体公共交往领域精神文明素质的提升。

另外，考虑到网络交往对青年群体日常生活的影响程度不断加深，应携手建设文明、和谐的互联网交往空间，利用互联网传播公共交往生活常识，鼓励青年群体通过互联网传播正能量，帮助青年群体提升个人修养。

表4　各因素对改善不文明的公共交往行为的影响程度

| 不文明公共交往行为的影响因素 | 客评 | | 自评 | |
|---|---|---|---|---|
| | 均分 | 排序 | 均分 | 排序（差异） |
| 缺乏个人修养 | 4.2 | 1 | 4.4 | 1（0） |
| 缺乏公共生活常识 | 4.1 | 2 | 4.2 | 3（-1） |
| 人与人之间缺乏相互照应 | 4.1 | 3 | 4.3 | 2（+1） |
| 是一种"习惯" | 4.0 | 4 | 3.7 | 6（-2） |
| 公共生活中缺乏文雅的氛围 | 3.9 | 5 | 4.0 | 4（+1） |
| 对人说话缺乏对对方的欣赏 | 3.7 | 6 | 3.8 | 5（+1） |

## （四）公共观赏领域

### 1. 首都青年在公共观赏领域的行为表现更加文明

随着我国社会经济的发展和国际影响力的提高，北京市承办了越来越多的体育赛事、文艺演出和国际论坛，市民的公共观赏行为在一定程度上代表了首都公共文明形象。数据显示，相比2005年，2023年首都青年群体公共观赏行为文明程度有显著提升。

2005年和2023年青年群体可对比的不文明公共观赏行为包括：在观赏文艺活动时未保持安静、追逐打闹或者手机没有调至无声状态，在场内接打电话、高声交谈。具体而言，对于第一种不文明公共观赏行为，2005年，青年群体中在观赏文艺活动时未保持安静、追逐打闹的人数占比为9.8%，而2023年仅为5.2%，不文明行为发生率下降了4.6个百分点。对于第二种不文明公共观赏行为，2023年，青年群体中在观赏文艺活动时手机没有调至无声状态，在场内接打电话、高声交谈的人数占比为6.0%，2023年仅为3.5%（见图4），下降了2.5个百分点。

综上所述，相比2005年，2023年的首都青年在观赏体育比赛和文艺活动时，更能够自觉保持安静、尊重演出场合、尊重比赛参赛者和演出者，这些年来，首都青年群体在公共观赏领域的精神文明素质有所提高。

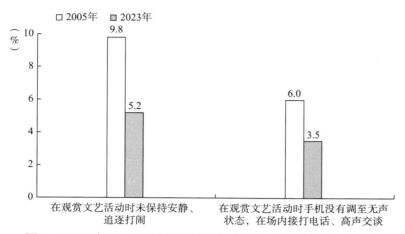

**图4　2005年和2023年不文明的公共观赏行为发生率对比**

2. 2023年多数首都青年群体能够在观赏全过程中保持文明行事

2023年文明指数调查项目不仅关注了市民在观赏体育比赛、文艺活动期间的不文明行为，还关注到了市民在完成比赛或演出后的不文明行为。数据显示，无论是在观赏活动过程中还是在完成观赏活动结束后，2023年，青年群体在公共观赏领域的精神文明素质均维持在较高水平。在观赏过程中，仅有5.0%的青年人会朝场内丢杂物，仅有2.2%的青年会翻越护栏、踩踏座椅；而在观赏活动结束后，有11.6%的青年人会在退场时不带走自己的垃圾，有4.9%的青年人在演员谢幕前提前离场（见表5）。

**表5　2023年不文明的公共观赏行为发生率**

| 时间点 | 不文明的公共观赏行为 | 占比（%） |
|---|---|---|
| 观赏过程中 | 朝场内丢杂物 | 5.0 |
| | 翻越护栏、踩踏座椅 | 2.2 |
| 观赏结束后 | 退场时不带走自己的垃圾 | 11.6 |
| | 在演员谢幕前提前离场 | 4.9 |

## （五）公共参与领域

### 1. 大部分首都青年会主动参与公共活动

2005 年的文明指数调查工作在公共参与领域着重于受访者对文明礼仪示范者的态度。数据显示，2005 年，首都青年市民对文明礼仪示范者的设立大多持支持态度，有 98.2% 的青年人赞成文明礼仪示范者体现了市民的荣誉感，应该倡导；有 97.4% 的青年人认为文明礼仪示范者应该受到全社会的尊重；有 96.1% 的青年人认为文明礼仪示范者的行为会起到带头作用，如果看到他们的行为，会给予协助；另外，青年群体中仅有 24.4% 的人表示很赞同文明礼仪示范者的行为，但是不会跟着做（见表 6）。因此，文明礼仪示范者在首都青年群体内部的积极影响较大，在此基础上，青年群体很乐意以文明礼仪示范者的行为为标杆，这有利于激发青年群体公共参与的积极性。

表 6　2005 年及 2023 年青年群体对公共参与具体行为的态度及参与度

单位：%

| 时间 | 项目 | 具体态度或活动 | 占比 |
|---|---|---|---|
| 2005 年 | 青年群体对文明礼仪示范者的态度 | 文明礼仪示范者体现了市民的荣誉感，应该倡导 | 98.2 |
| | | 文明礼仪示范者应该受到全社会的尊重 | 97.4 |
| | | 文明礼仪示范者的行为会起到带头作用，如果看到他们的行为，会给予协助 | 96.1 |
| | | 很赞同文明礼仪示范者的行为，但是不会跟着做 | 24.4 |
| 2023 年 | 各项公共活动参与度 | 参加志愿服务活动 | 84.9 |
| | | 用实际行动支持北京举办国际、国内重大活动 | 79.4 |
| | | 参与节水节电节粮环保行动 | 78.7 |
| | | 用餐时不铺张浪费，践行"光盘行动" | 77.6 |
| | | 参与公益扶贫或救助等献爱心活动 | 70.9 |
| | | 参与无偿献血等公益活动 | 65.2 |
| | | 按标志将垃圾分类投放 | 61.2 |

2023 年的文明指数调查工作重点关注公共参与领域的多个具体活动的参与情况。数据显示，2023 年大部分青年人会主动参与公共活动，84.9% 的青年人参加志愿服务活动，79.4% 的青年人愿意用实际行动支持北京举办国际、国内重大活动，78.7% 的青年人会参与节水节电节粮环保行动，77.6% 的青年人在用餐时不铺张浪费，践行"光盘行动"；70.9% 的青年人会参与公益扶贫或救助等献爱心活动，65.2% 的青年人会参与无偿献血等公益活动，61.2% 的青年人会主动按标志将垃圾分类投放。

2. 市民群体内在因素是部分青年群体公共参与缺失的主要原因

2005 年和 2012 年的文明指数调查均关注了市民对公共参与行为缺失的认识。2005 年，在调查列举的影响因素中，就内在因素而言，青年群体认为导致公共参与行为缺失的最主要三个因素为：市民没有责任感与荣誉感，占比为 87.8%；市民没有意识到自身在公共场合中的毛病或问题的负面影响，占比为 86.2%；市民素质原本就不高，占比为 81.5%（见表 7）。

另外，外在影响因素对青年群体的公共参与行为也具有较大的影响。

**表 7　2005 年北京市青年群体对公共参与行为缺失影响因素的认识**

| | 因素 | 占比（%） | 排序 |
|---|---|---|---|
| 内在因素 | 市民没有责任感与荣誉感 | 87.8 | 1 |
| | 市民没有意识到自身在公共场合中的毛病或问题的负面影响 | 86.2 | 2 |
| | 市民素质原本就不高 | 81.5 | 3 |
| | 没有形成社会氛围，多数人不遵守，自己也难遵守 | 80.7 | 5 |
| 外在因素 | 政府措施不力，没有下大力度，成效不显著 | 81.3 | 4 |
| | 监督处罚力度不够 | 79.7 | 6 |
| | 城市管理体制不健全，市政设施不完善 | 78.4 | 7 |
| | 媒体宣传教育不够或不到位 | 76.4 | 8 |
| | 学校宣传教育不够或不到位 | 75.9 | 9 |
| | 流动人口过多 | 67.0 | 10 |

2012 年，调查区分的客评和自评进一步揭示了青年群体对公共参与缺失影响因素的客观认识和自我评价。

青年群体认为，个人缺乏对"生命"的崇敬、个人缺乏救助的力量、个人缺乏对弱者的怜悯之心是造成他人公共参与缺失的最主要因素；而自己不参与公共活动的最主要三个原因为：个人缺乏对"生命"的崇敬、官员贪腐酿成底层的责任丧失以及个人缺乏对弱者的怜悯之心（见表 8）。可以看出，青年群体在解释自身公共参与缺失的重要影响因素时加入了政府管理层面的因素。

**表 8　2012 年北京市青年群体对公共参与行为缺失影响因素的认识**

| 公共参与缺失影响因素 | 客评 | | 自评 | |
|---|---|---|---|---|
| | 均分 | 排序 | 均分 | 排序 |
| 个人缺乏对"生命"的崇敬 | 4.5 | 1 | 4.4 | 1 |
| 个人缺乏救助的力量 | 4.2 | 2 | 4.1 | 4 |
| 个人缺乏对弱者的怜悯之心 | 4.2 | 3 | 4.2 | 3 |
| 官员贪腐酿成底层的责任丧失 | 4.1 | 4 | 4.3 | 2 |
| 不了解情况不宜轻易救助 | 3.9 | 5 | 4.0 | 5 |
| 只要有人不去救就会影响其他人救助 | 3.9 | 6 | 3.8 | 6 |

综上所述，大部分青年认为市民群体内在因素和个人因素是导致公共参与行为缺失的主要影响因素，因此，提升青年群体的责任感与荣誉感，培养青年对"生命"的崇敬感和对弱者的关怀感是促进公共参与行为的重要举措。同时，政府要加强廉政建设，帮扶弱势群体，起好带头作用和示范作用，让青年群体愿意参与、主动参与公共活动。

## 二　青年群体公共行为文明方面存在的主要问题

随着经济社会的快速发展，诸多新事物、新现象不断涌现，在便利市民生活、为不同群体发展带来机遇的同时，由于相关行为规范和道德标准尚未得到普遍建立和广泛认同，一些新的不文明行为在青年群体中出现，对公共文明建设提出了新的挑战。

一是宠物粪便清理问题。随着宠物经济的兴起和蓬勃发展，社区宠物数量急剧增加，宠物粪便清理问题日益凸显。数据显示，10.9%的青年市民在社区遛狗时未能及时清理宠物粪便，该行为是青年群体在公共卫生领域发生率最高的不文明行为。养犬是个人选择，但必须对周围环境和他人生活质量负责。青年群体要进一步增强文明养犬意识，遵守《北京市养犬管理规定》，以实际行动践行社会责任，营造既对宠物更加友好，又更加清洁美丽的社区环境。

二是共享单车停放问题。共享单车作为新经济业态的产物，在满足"最后一公里"出行需求、构建绿色交通体系方面发挥了积极作用，但数量庞大的共享单车也给公共秩序带来了巨大挑战。数据显示，10.3%的青年市民在使用共享单车时会将其乱停乱放，这是青年群体在公共秩序领域发生率最高的不文明行为。共享单车无序停放不仅削弱了其原有的便利性，而且妨碍交通秩序，在通行高峰时期还易造成安全隐患，青年市民应自觉规范停放共享单车，为公共秩序贡献一分力量。

三是网络交往文明问题。目前，网络交往是青年群体文明素养最有待上升的领域。数据显示，日常交往中仅有3.0%的青年会使用粗鲁冒犯性语言对他人进行侮辱和表达歧视，而在线上交往中，这一比例上升至11.6%，并且有13.9%（见图5）的青年市民存在传播网络谣言和不良信息的行为。

互联网开辟了新的公共交往平台，其即时性和互动性打破了人与人之间传统的时空区隔，但人们在网络交往中接收到的信息将影响其价值观的形成与确立。青少年处在价值观形成和确立的关键时期，抓好这一时期的价值观养成十分重要。"扣好人生第一粒扣子"需要我们关注网络交往环境。

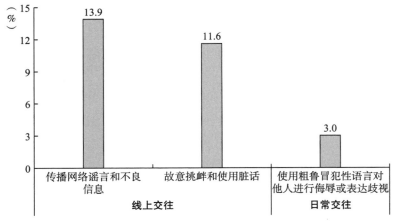

**图 5　2023 年青年群体线上交往和日常交往不文明行为发生率对比**

# 三　提升青年群体公共行为文明程度的政策建议

2024 年是 2004 年中央 8 号文件出台 20 年。中央将制定出台加强和改进新时代未成年人思想道德建设的指导性文件，并召开专门会议部署。我们要结合首都实际，带头贯彻落实好具体工作要求，并以此为契机，将青少年群体作为精神文明建设的重要工作对象，围绕立德树人根本任务，加强顶层设计，丰富实践活动，健全育人体系。同时，为确保各项活动能够切实满足青年群体需求，本文结合青年群体对公共行为文明提升途径的认识，提出以下建议。

## （一）激励社会共同行动与落实政府管理同步进行

文明指数调查曾询问受访者各因素对公众改善不文明行为、提升精神文明素养的重要程度，客评展示了受访者认为会影响市民提升公共精神文明的主要因素，自评展示了受访者认为会影响自己提升公共精神文明的主要因素。

数据显示，无论是客评还是自评，青年群体均认为："公众的行动和努力要求民间组织起作用"和"政府不严惩贪腐就等于摧毁公众行动起来的努力"是影响公民精神文明提升最重要的两个因素

（见表9）。"改善不文明的行动和努力能够回报公共生活"和"要求公民有自主精神"分别是北京市青年群体在客评和自评中认为影响公共行为文明提升的第三个因素。

综上所述，在青年群体看来，社会共同行动和政府管理的落实能有效促进市民精神文明素养的提升。具体而言，要求相关民间组织发挥作用，让改造不文明行动的努力能够回报公共生活。同时，政府应该严惩贪腐，让公众行动起来的努力能够真正得到回报。

表9　各因素对改善不文明行为的影响程度

| 改善不文明行为的影响因素 | 客评 | | 自评 | |
|---|---|---|---|---|
| | 均分 | 排序 | 均分 | 排序（差异） |
| 公众的行动和努力要求民间组织起作用 | 4.4 | 1 | 4.4 | 2（-1） |
| 政府不严惩贪腐就等于摧毁公众行动起来的努力 | 4.4 | 2 | 4.4 | 1（+1） |
| 改善不文明的行动和努力能够回报公共生活 | 4.3 | 3 | 4.3 | 5（-2） |
| 个人改善不文明的行动和努力能够起到示范作用 | 4.3 | 4 | 4.3 | 6（-2） |
| 公众的行动和努力要求政府营造生活化美丽公共环境 | 4.2 | 5 | 4.1 | 8（-3） |
| 要求公民有自主精神 | 4.2 | 5 | 4.4 | 3（+3） |
| 公众的行动和努力要求全社会的公民教育 | 4.1 | 7 | 4.3 | 7（0） |
| 合理的公共管理能约束不文明行为，无须人们的努力 | 3.8 | 8 | 4.3 | 4（+4） |

## （二）加强宣传与举办各类活动

2023年，调查关注了受访者对可能提升首都市民文明素质的具体措施的态度。数据显示，在青年群体中，有八成以上（82.3%）赞同参加志愿服务活动能够提升文明素养，75.8%认为举办重大庆典、重要赛事，文明创城和创办新时代文明实践中心等活动有助于市民文明素质的提升，62.5%认为公益广告宣传有助于市民文明素质的提升（见表10）。

**表 10　2023 年北京市青年群体认为能够提升北京市民文明素养的措施**

| 措施 | 占比（%） |
|---|---|
| 参加志愿服务活动 | 82.3 |
| 举办重大庆典、重要赛事，文明创城，创办新时代文明实践中心等活动 | 75.8 |
| 公益广告宣传 | 62.5 |

因此，在各类公共活动和相应的宣传中，青年群体能学习相关知识，切身体会文明行为对公共生活的回报，在良好的氛围中主动学习进步，最终带来全社会精神文明素养的提升。

# 四　总结与展望

## （一）文明更"有为"

北京市民公共行为文明指数调查自 2005 年开始，见证了近 20 年来北京市民公共行为文明的改善和精神文明素养的提升，2023 年，首都青年群体的精神文明素质显著提升。

在公共卫生领域，青年市民乱扔垃圾，随地吐痰、擤鼻涕等不文明行为减少；在公共秩序领域，更多青年能够做到自觉维护社区秩序、有序使用公共交通、维持公共场所的安静；在公共交往领域，大部分青年人能够更友善地对待他人，文明用语在青年群体内的普及度也有所上升；在公共观赏领域，青年群体大多能够做到在观赏全过程中保持文明行为；在公共参与领域，青年市民积极响应文明礼仪示范，主动参与更多公益活动。

## （二）未成年人思想道德建设成果斐然

2004 年 2 月 26 日，中共中央、国务院印发《关于进一步加强和改进未成年人思想道德建设的若干意见》，公共行为文明调查中青年群体的精神文明素质反映了近 20 年来未成年人思想道德建设的成果。

目前，首都青年群体精神文明素质维持在较高水平，不文明行为的占比维持在较低水平，公共参与度维持在较高水平。在面对共享单车、垃圾分类、网络交往等新事物时，青年市民也能主动学习对新事物的文明处理方式，遵守新规则。另外，数据表明青年群体的高文明素质并不是个别现象，而是群体现象。学校是青年群体社会化最主要的场所，国民教育在提升青年群体公共行为文明素养方面起到了重要的积极影响，因此，积极营造有利于未成年人文明成长的社会氛围、净化未成年人的成长环境，未成年人思想道德建设成果将更加显著。同时，继续加强宣传，充分发挥社会共同行动的力量，创建和谐文明的社会氛围，将有助于向全社会和全世界展示青春靓丽、热情友好、蓬勃向上的中国青年形象。

（靳永爱，中国人民大学人口与健康学院；杨小琼，北京城市学院）

# 公共行为文明的区域差异：16 区调查比较研究[*]

谢毓兰　石宝琴

在探索城市发展的多维度进程中，公共行为文明指数作为一个关键指标，不仅反映了市民的文明素养，也映射出一个城区乃至整个城市的精神面貌和社会进步。"北京市 16 区市民公共行为文明"专项调查自 2011 年首次开展以来，已成为"北京市民公共行为文明指数调查"的重要组成部分，不仅见证了北京作为大国首都在文明建设方面的不懈努力，更展现了中国社会公共文明的长足进步。在这十几年间，北京市 16 个城区面对新的社会形势和挑战，不断创新公共文明建设路径和方法，使得公共文明水平及其细分领域实现了稳步提升。公共文明建设是一个长期而系统的工程，需要全体市民的共同参与和不懈努力。展望未来，北京市各区将通过持续的努力和科学的规划，继续推进公共文明建设，不断提升城市公共文明水平，为构建更加文明和谐的社会贡献力量。

## 一　北京市 16 区公共文明总指数发展变化特征

通过对 2011~2023 年北京市 16 区公共行为文明指数进行深入分析，发现北京市 16 区的公共行为文明指数整体呈现上升趋势。在北

---

[*] 将 16 区作为独立抽样调查子总体始于 2011 年，随后分别于 2013 年、2016~2019 年和 2023 年进行了 16 区独立调查，因此数据分析仅比较上述年份的数据。

京市各区中，中心城区中各区虽有波动但总体上升。在城市发展新区中，大兴区公共行为文明总指数比较稳定，2019～2023年显著上升，房山等三区波动上升，通州区则先降后升，至2023年显著提升，成效显著。在生态涵养区中，门头沟区公共行为文明总指数稳步上升，其他区整体呈上升趋势，但有波动，其中平谷区波动较大。总体来看，北京市各区公共行为文明建设均取得了一定进展，但仍需继续努力，推动公共行为文明水平全面提升。

## （一）中心城区公共行为文明总指数发展变化特征

通过对2023年北京中心城区的公共行为文明总指数（见图1）进行分析发现，除丰台区外，其余5区，即东城区、西城区、朝阳区、海淀区和石景山区，2023年公共文明总指数均达到90分以上，这表明5区在公共文明建设方面取得了显著的进步。其中，朝阳区的公共文明总指数高达92.38分，这一显著成果主要归功于朝阳区实施的一系列有效政策和措施。例如，朝阳区推行了"文明创建工程"，不仅创建活动覆盖范围广，而且注重常态长效建设。同时，朝阳区还定期发布"文明指数"，并通过智慧城市建设提高城市管理的精细化水平。这些措施共同规范了市民的公共行为文明，推动了公共行为文明指数的稳步上升。

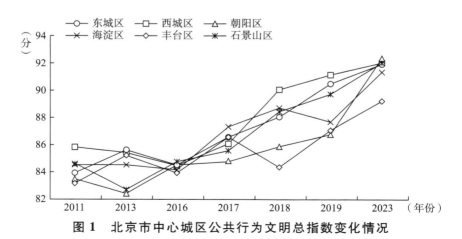

图1　北京市中心城区公共行为文明总指数变化情况

　　另外，通过对 16 区 2011 年与 2013 年公共文明总指数的四象限图（见图 2）分析可见，在中心城区中，东城区、西城区、朝阳区、海淀区及石景山区 5 区这两年的公共行为文明总指数均超过了平均值，丰台区 2011 年超过平均值，在 2023 年低于平均值。这表明丰台区在公共文明建设方面可能面临着一些挑战，需要加大力度，进一步提升其公共行为文明水平。

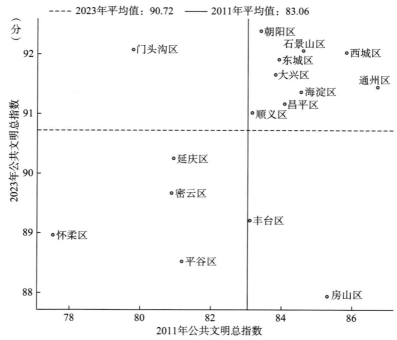

**图 2　2011 年与 2023 年北京市 16 区公共文明总指数四象限图**

## （二）城市发展新区公共行为文明总指数发展变化特征

　　对通州区、房山区、昌平区、顺义区和大兴区 5 个城市发展新区的公共行为文明总指数（见图 3）进行分析发现，除房山区外，通州区、昌平区、顺义区和大兴区在 2011 年和 2023 年的公共行为文明总指数均超过了平均水平，2023 年的公共文明总指数也均超过了 90.00 分，表明这些区在公共文明建设方面具有显著成效。但值得注意的是，房山区的公共行为文明总指数在 2011 年超过全市平均水平后，至 2023 年则跌至平均水平以下。从 2011 年的 85.31 分至 2023 年的 87.94 分，房山区的公共行为文明总指数增长幅度最小，仅为 2.63 分。这表明房山区在公共行为文明建设方面仍面临挑战，需要进一步努力。

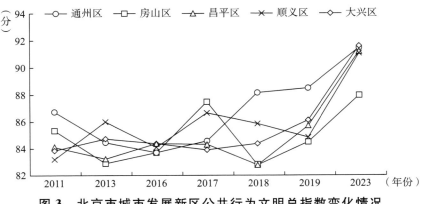

图 3　北京市城市发展新区公共行为文明总指数变化情况

## （三）生态涵养区公共行为文明总指数发展变化特征

在生态涵养区（包括怀柔区、平谷区、门头沟区、密云区及延庆区）中，仅门头沟区和延庆区的公共行为文明总指数在 2023 年达到了 90.00 分以上（见图 4）。其中，门头沟区的公共行为文明总指数从 2011 年的 79.80 分提升至 2023 年的 92.07 分，增长高达 12.27 分，表明其在公共行为文明建设方面成效显著。门头沟区自 2018 年起制定了争创全国文明城区的战略决策，并设定了"三步并作两步走、三年实现双达标"的创建目标；通过全覆盖的社区楼门机制和持续宣传等措施，全面提升了城市品质和社会文明程度，为公共行为文明总指数的持续提升提供了坚实的支撑。然而，怀柔区、密云区、平谷区及延庆区 4 区两年的公共行为文明总指数始终低于平均水平。

其中怀柔区的公共行为文明总指数自 2011 年以来也有显著提升，从 77.54 分上升到 2023 年的 88.96 分，涨幅高达 11.42 分，仅次于门头沟区的涨幅，展现出了明显的进步态势。这一进步得益于

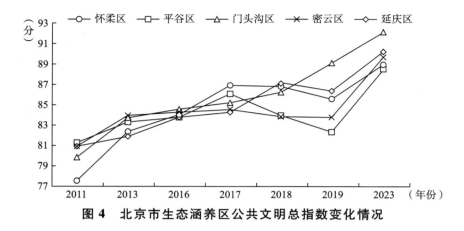

图 4 北京市生态涵养区公共文明总指数变化情况

怀柔区在公共行为文明创建方面的努力，如开展"敲门送文明"行动、发放《市民文明手册》、聚焦人居环境整治等"十大问题"开展专项提升行动等。此外，怀柔区还建立了覆盖全区"1个中心+16个所+317个站"的三级文明实践阵地，开展了10类群众性志愿服务活动，打造了多个志愿服务品牌项目，促进了公共行为文明指数的提升。

总体来看，北京市16区在公共行为文明建设方面的持续努力和逐步改进是推动公共行为文明总指数提升的关键因素。通过实施一系列有效的政策和举办相关活动，如加强文明引导、开展文明实践活动、推广文明行为规范、建设公共文化设施、开展志愿服务、建立激励机制等，各区市民的文明素质和公共行为规范意识得到了显著提升，为北京市民公共行为文明指数的整体提升做出了积极贡献。

## 二 北京市 16 区不同文明领域发展变化特征

### （一）公共卫生

总体来看，北京市16区在公共卫生领域的文明指数普遍呈现上升的良好态势。中心城区2011年指数均处于高位，基本大于80分，2023年提升至90分左右；城市发展新区2011年得分略差于中心城区，经过多年波动上升提升到 85~92 分，接近中心城区；生态涵养区得分差距较大，2011 年最低为怀柔区的 69.35 分，最高为延庆区的 88.12 分，但经过多年努力，在 2023 年均大于 85 分（见图 5）。这一显著进步充分彰显了北京市各区在推动公共卫生文明建设方面所付出的不懈努力与积极成效。

总体而言，北京市各区在公共卫生建设上取得了各自的成效。东城区、西城区、朝阳区、通州区等区在公共卫生指数上始终领先（见图 6），显示了显著成效。石景山区、昌平区、顺义区、大兴区及门头沟区虽起点较低，但通过努力已超越平均水平，取得进步。海淀区、丰台区、平谷区、延庆区等区面临挑战，需加强改进。怀

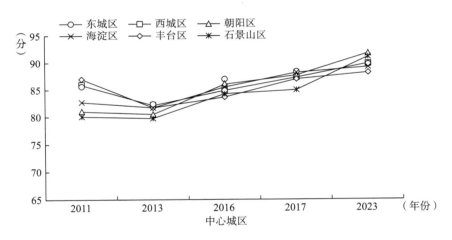

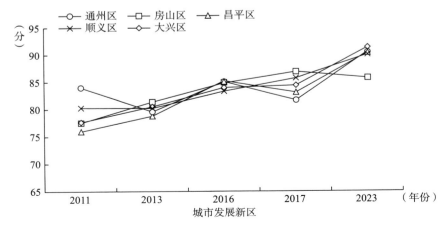

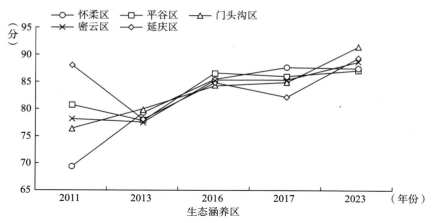

**图 5  北京市 16 区公共卫生文明指数得分整体变化情况**

柔区、密云区、房山区公共卫生建设仍需较大幅度地提升。各区通过环境整治、设施建设、教育宣传等措施提升公共卫生水平。朝阳区整治垃圾污水成效显著，石景山区积极推进垃圾分类，东城区加

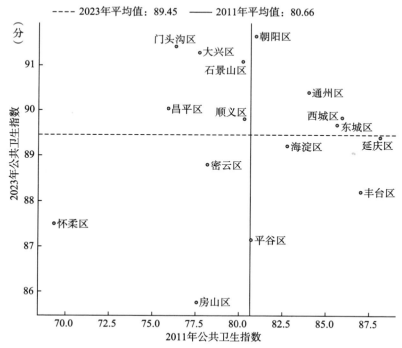

**图 6  2011 年与 2023 年北京市 16 区公共卫生得分四象限图**

强文化设施建设助力提升公共卫生意识。西城区、朝阳区、海淀区等区通过健康教育、讲座等活动增强居民健康意识。昌平区、平谷区等区则通过垃圾分类、门前三包等活动提高居民参与度，共同推动公共卫生文明建设。

## （二）公共秩序

在公共秩序领域，16 个区的公共秩序文明指数普遍呈现上升趋势。中心城区、城市发展新区公共秩序指数长期处于较高水平，2023 年比 2011 年略有提升；生态涵养区公共秩序文明指数虽然 2011 年较低，但经多年努力提升幅度最大，基本追平中心城区与城市发展新区，特别是怀柔区从 2011 年的 61.24 分提升到 2023 年的 87.51 分（见图 7）。公共秩序文明指数的普遍上升，得益于各区在交通秩序、社区秩序、公共场所秩序等方面的管理和服务水平显著提升。

整体来说北京市 16 区在公共秩序文明建设上各有千秋。东城区、西城区等中心城区及通州区、昌平区等城市发展新区保持高水平，朝阳区、门头沟区通过努力显著提升（见图 8）。房山区、怀柔区、平谷区等区则需加强改进。各区通过加强执法、宣传教育与组织志愿服务活动，改善交通与停车秩序，清理社区环境及推进文明养犬行动，有效提升了市民的公共秩序意识。东城区、大兴区等区在交通秩序和停车秩序管理方面取得显著成效，门头沟区、平谷区等区在社区秩序和文明养犬方面进行了积极探索。这些努力共同促进了首都公共秩序文明水平的提升。

## （三）公共交往

在公共交往领域方面，16 区均呈现积极的增长态势。在 2023 年均达到 90.00 分以上，其中 2013 年、2023 年提升显著；中心城区各区基本处于较高水平，部分城区接近 95 分；城市发展新区公共交往指数较为波动，如通州区等部分城区呈现先降后升趋势；生态涵养区在 2013~2017 年略有下降，但至 2023 年时飙升至 90 分以上（见

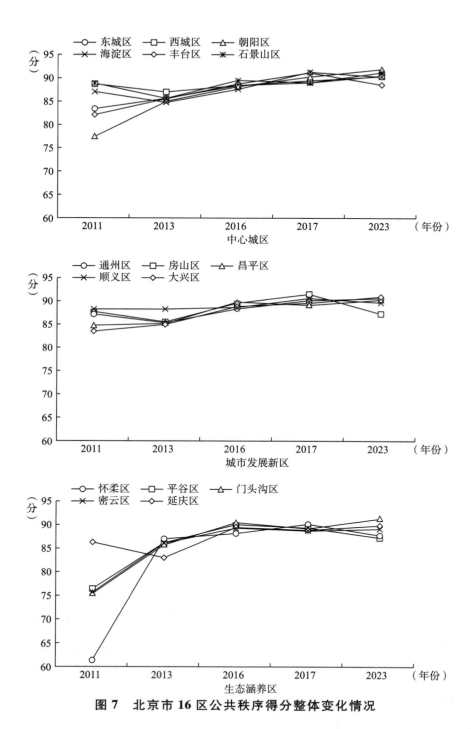

图 7　北京市 16 区公共秩序得分整体变化情况

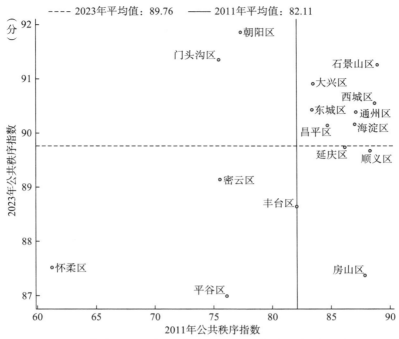

**图 8　2011 年与 2023 年北京市 16 区公共秩序得分四象限图**

图9）。公共交往文明指数的变化充分反映出各城区在推动公共交往方面的努力与成效。

　　整体来说，东城区、西城区等中心城区及通州区、门头沟区在公共交往文明上表现稳定且成熟。昌平区、顺义区、大兴区等城市发展新区显著提升，超越平均水平，展现积极进步。丰台区、房山区2023年指数得分低于平均水平，需更多关注。怀柔区等生态涵养区虽低于平均水平，但延庆区、密云区提升较显著，怀柔区、平谷区也有进步（见图10）。各区通过社区活动、教育宣传、政策制定等多措并举，促进公共交往文明水平的提升。文化活动与社区建设增强居民互动，教育与宣传提升市民道德意识，政策与准则制定则引导市民文明行为。这些措施共同推动公共交往文明在全市范围内的均衡发展，但仍需持续努力，确保各区共同进步。

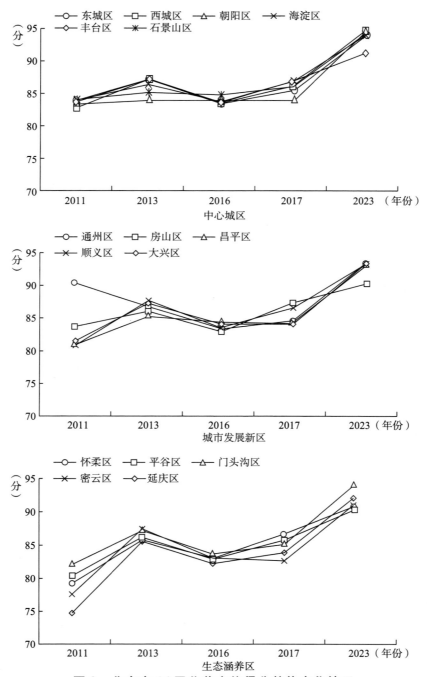

图9　北京市16区公共交往得分整体变化情况

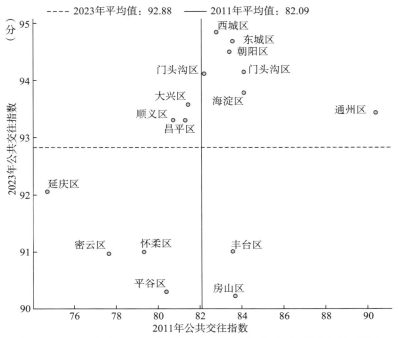

**图 10  2011 年与 2023 年北京市 16 区公共交往得分四象限图**

## （四） 公共观赏

总体而言，北京市 16 区在公共观赏领域的发展变化特征较为复杂，进步与挑战并存。无论是中心城区、城市发展新区还是生态涵养区的公共观赏指数在 2011～2023 年均有过下降，2023 年与 2011年指数基本持平，有的区还略有下降（见图 11）。

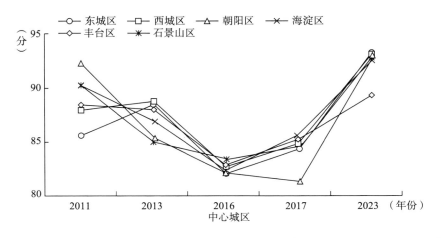

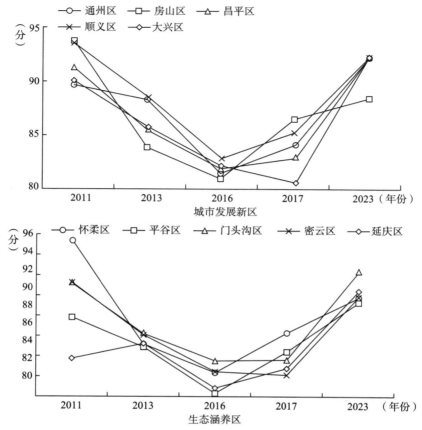

图 11 北京市 16 区公共观赏得分整体变化情况

　　在 16 区中，朝阳区、海淀区、丰台区、石景山区、通州区、昌平区、大兴区、平谷区和门头沟区的指数虽然先降后升，但 2023 年得分均超过 2011 年（见图 12），表明这些区在公共观赏领域付出了积极努力并取得了显著成效，未来有可能取得更大的进步与发展。

　　另外，房山区、顺义区、怀柔区和密云区公共观赏得分在 2023 年未能超过 2011 年的水平。这些区在公共观赏领域面临着一些挑战和困难，需要引起关注和重视。例如，房山区的得分从 2011 年的历史最高点 93.50 分下降到 2016 年的谷底 80.99 分，尽管之后有所回升，但在 2023 年仍未达到 2011 年的水平。

　　东城区、西城区、延庆区 3 区公共观赏文明指数波动上升。东

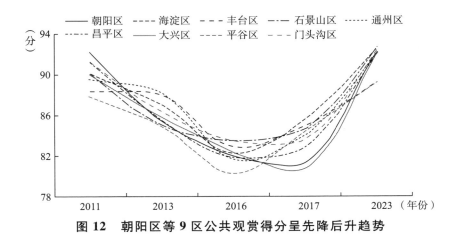

**图 12　朝阳区等 9 区公共观赏得分呈先降后升趋势**

城区在经历 2016 年的低谷后，2023 年创新高；西城区同样经历波动，最终稳步回升；延庆区得分虽有所下降，但迅速恢复，至 2023 年亦达新高。3 区的表现表明，公共观赏文明虽有波折，但总体趋势向好，这反映出各区在公共观赏管理和引导上付出了积极努力。

经过对 2011 年与 2023 年北京市 16 区公共观赏得分的四象限图（见图 13）进行分析可知，朝阳区、门头沟区、昌平区、石景山区、海淀区、大兴区长期居于较领先的地位，顺义区虽然整体也较高，但 2023 年比 2011 年有所下滑。东城区、西城区、通州区虽曾落后，但现已超过平均水平，东城区、西城区进步显著。房山区、怀柔区、密云区则略有退步，需关注。丰台区、平谷区、延庆区虽低于平均，但有所进步。各区通过文化活动丰富市民生活，提升观赏水平；教育与宣传方面，则采取多种措施，如设置温馨提示、开展教育活动、利用媒体宣传等，引导市民遵守文明规范，增强文明观赏意识，努力营造良好的观赏环境。这些努力体现了各区在公共观赏领域文明建设方面的积极态度，也为未来持续推动公共观赏文明建设奠定了坚实基础。

## （五）公共参与

总体来看，2011~2023 年，北京市 16 区在公共参与领域的发展

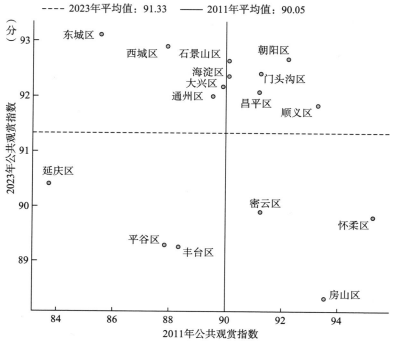

**图 13  2011 年与 2023 年北京市 16 区公共观赏得分四象限图**

变化整体呈现上升的趋势，特别是在 2017～2023 年提升幅度更大（见图 14）。

整体来看，东城区、西城区、朝阳区、海淀区、石景山区在公共参与方面表现稳定且领先，通州区、大兴区等也维持在平均水平之上。顺义区、门头沟区显著进步，且在 2023 年超越平均水平。房山区、平谷区、密云区、昌平区 2023 年得分低于平均水平，需要加强改进；丰台区、怀柔区、延庆区在 2011 年和 2023 年均未超过平均水平（见图 15），需要努力提升。各区通过多元措施提升居民参与度：建立社区自治平台，利用数字化手段促进居民参与治理；开展志愿服务和主题活动，增强居民公共参与意识；加强教育与宣传，建立普法中心，提升居民政策参与能力。这些举措共同推动了公共参与文明建设，为构建更加和谐、有序的社会治理环境贡献力量。

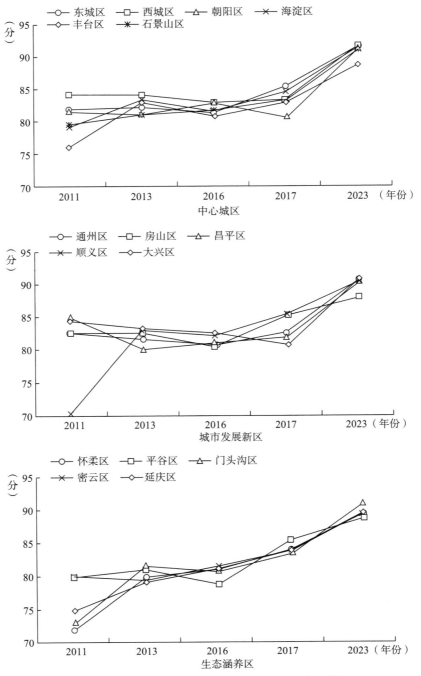

**图 14 北京市 16 区公共参与得分整体变化情况**

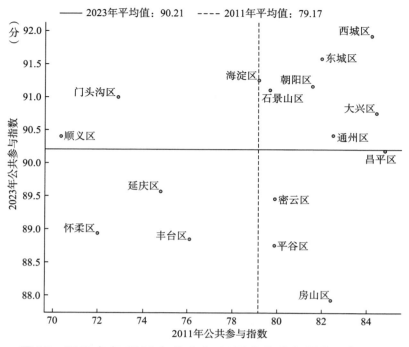

图 15　2011 年与 2023 年北京市 16 区公共参与得分四象限图

# 三　北京市 16 区公共文明建设取得的主要成就

在过去的十多年里，北京市 16 区在公共文明建设方面取得了显著成就，这些成就不仅体现在居民日常行为的改变上，更深刻地反映在各区在公共卫生、公共秩序、文明交往、公共观赏以及公共参与等多个领域的持续提升上。

## （一）公共卫生显著提升

北京市各区通过实施爱国卫生运动、周末大扫除等具体举措，有效提升了居民的公共卫生意识，推动了公共卫生水平的整体提高。东城区、西城区作为中心城区的代表，采取加强健康教育、推广垃圾分类、改善公共设施卫生条件等措施，使市民的健康意识和公共卫生文明素质得到了显著提升。朝阳区、海淀区等区通过宣传卫生文明知识、加强健康教育等手段，实现了公共卫生领域的不断进步。

## （二）公共秩序明显改善

在公共秩序方面，北京市各区加大了对交通秩序的监管力度，积极推进文明养犬行动，并着手整治乱停车等问题，有效改善了公共秩序。东城区在治安管理、法律法规执行、公共安全教育等方面取得了显著成就；西城区则通过加大执法力度和宣传教育，提升了市民遵守交通规则和公共秩序的意识；朝阳区、海淀区等区也在交通秩序监管方面取得了显著成果。

## （三）积极建设文明交往环境

文明交往环境的建设是文明建设的重要组成部分。各区通过举办各类社区活动，普及文明交往知识，使北京市居民的文明交往素质得到了明显提升。东城区、西城区等区通过举办社区活动和推广文明礼仪，增强了居民之间的文明互动。朝阳区、海淀区则在促进居民之间的和谐交往、宣传文明交往礼仪等方面付出了积极努力，朝阳区文明交往指数得分整体呈上升趋势，并在 2023 年有较大增长。

## （四）公共观赏素质不断提高

公共观赏素质的提升是首都文明建设的又一亮点。各区通过加强公共观赏场所的文明引导、举办文明观赏教育活动，有效提高了市民的公共观赏素质。东城区、西城区等区在推动文明观赏教育方面取得了积极成果，市民对于保持安静观赏环境的认识得到了显著提高。朝阳区、海淀区等区则在推进文明观赏教育和引导活动方面持续努力，保持了在公共观赏领域的高水平。

## （五）公共参与意识显著增强

在公共参与方面，北京市通过建立社区议事会制度、开展志愿服务活动等，有效提升了居民的公共参与意识。东城区、西城区等中心城区在促进公民参与社会治理和公共文明建设方面表现出稳定

性和成熟性，通州区、大兴区等区也表现出色，顺义区、门头沟区
等区在鼓励居民参与社区事务方面取得了显著进步。

# 四 各区公共文明建设面临的主要挑战和政策建议

近年来，各区在公共文明建设方面取得了明显进步，但仍面临
一些问题和挑战。

第一，各区在推进公共文明建设中存在发展不均衡、不充分的
现象。怀柔区、密云区、平谷区等区的公共文明指数与朝阳区、石
景山区、西城区、东城区等区相比存在较大差距。这反映了各区在
公共文明建设投入、资源分配、政策执行等方面的差异性。第二，
在公共卫生领域，中心城区和城市发展新区均存在环境卫生管理不
足的问题，如随地吐痰、乱丢垃圾等不文明行为仍有发生，需加强
宣传教育，增设垃圾桶。第三，在公共秩序方面，交通秩序问题突
出，中心城区和城市发展新区均存在闯红灯、逆行、乱停乱放等行
为，需加大执法力度，改善交通设施，并开展交通安全教育。此外，
不文明养犬和公共交往中存在不文明用语、行为也是亟待解决的问
题，需制定严格规定，加强管理和引导。

各区应针对自身存在的问题和不足，采取切实有效的措施加以
改进和提升。同时，相关部门也应加强对公共行为文明建设滞后区
域的指导和支持，共同推动首都公共文明建设的全面进步。

（谢毓兰，中国人民大学中国经济改革与发展研究院；石宝琴，
北京城市学院）

# 后　记

　　"北京市民公共行为文明指数"研究是中国人民大学社会心理学研究所沙莲香教授（1936～2022）学术生涯的收官之作，也是她多年以来的学术思考与中国文化和中国社会现实交融的具体体现。自2005年沙莲香教授在首都精神文明办的委托下首次实施"北京市民公共行为文明指数"调查，至2024年已是第20年。20年来的调查结果见证了北京市民公共行为背后精神文明素养的提升。

　　2001年北京申办奥运成功之后，如何办好2008年奥运会，是首都社会各界人士关注的头等大事。为切实提升市民文明素质和城市文明程度，展现文化中国的良好国民风范，筑牢奥运会成功举办的坚实基础，北京市发布了《人文奥运行动计划实施意见》，并在首都社会各界持续开展"迎奥运、讲文明、树新风"活动。这一广泛行动受到了著名社会学家沙莲香教授的高度关注，她主动向首都精神文明办提出开展"北京市民公共行为文明指数"调查的倡议，拟通过连续考察市民在公共生活当中的行为文明，用数据量化形式，更为科学精准地衡量和展现首都市民素质的提高以及社会文明程度的提升。

　　这一倡议得到首都精神文明办的高度认可，并委托沙莲香教授对北京市民公共行为文明情况进行研究。当时北京市人口规模庞大（总人口突破1700万人，其中流动人口510万人），市民素质参差不齐，随地吐痰、乱扔垃圾、乱贴小广告、乘车乱拥乱挤等不文明现象较为突出，社会各界对改善城市形象的呼声很高。沙莲香教授结合研究成果，组建调查研究课题组，深入街道、车站、广场、超市、剧院等各类公共场所，对市民公共行为文明情况进行了长期现场调查。

课题组创造性地提出将"公共文明"建设作为首都精神文明建设的重要组成部分，并有针对性地创建了"北京市民公共行为文明指数"测评体系。除对基本公共行为文明进行调查外，课题组还专门组织对市民公共场所行为文明进行实地观测，将问卷调查和实地观测结果相互比照印证，综合考察市民对公共文明行为的认知和践行水平，并应用社会学等多学科分析方法，采取定量与定性分析相结合的方式，科学、客观、真实地描绘出首都市民文明素质的总体状况，深入剖析首都公共文明的现状与问题及其成因，据此提出具有高度针对性和可操作性的对策建议，这是课题组的又一重大创新。

首都精神文明办组织在京高校和科研单位专家学者等对测评体系进行了详细评估鉴定，该测评体系的科学性、严谨性受到高度评价。有专家指出，将文明礼仪教育聚焦公共生活领域，抓住了影响首都形象的突出问题，是加强公民道德建设、推进人文奥运行动的迫切需要。在征求各相关单位意见时，该测评体系也获得了一致好评，普遍认为这不仅是文明指数测评体系，也是一个首都市民文明行为规范体系。后经首都文明委批准，将这一项目列入《首都"十一五"时期精神文明建设规划》。

"北京市民公共行为文明指数"测评报告用事实和数据说话，评估了市民文明素质的现状，为首都各地区、各部门掌握情况，推进人文奥运行动提供了重要依据。随着北京市民公共行为文明指数调查的深入开展，首都精神文明办在全市大力宣传、持续推进礼仪、环境、秩序、服务、观赏、网络等文明引导行动，组建公共文明引导员队伍，建立了长效工作机制，在全市公交、地铁站台，路口，赛场，公园，学校等场所广泛开展公共文明引导行动，这一做法得到社会各界普遍认可和欢迎，在全国文明城市创建测评中得到了广泛推广应用。

20 年来，"北京市民公共行为文明指数"作为首都精神文明建设的重要抓手，不仅为各项工作的开展带来诸多启发，还推动了首都市民文明行为规范体系的构建，为《北京市文明行为促进条例》出台提供了参考，为彰显"首善"标准、发挥引领作用，为实现到2025 年"市民文明素质和城市文明程度明显提高"、到 2035 年"人民群众价值追求更加高尚，道德素质、人文素养大幅提升，建成社会风气和道德风尚最好的城市"目标①提供有力支撑。该指数也被纳入《北京市推进全国文化中心建设中长期规划（2019 年～2035年)》中的"全国文化中心建设评价指标体系"，成为反映北京建设"国际一流和谐宜居之都"成效的重要指数之一。

沙莲香教授对公共文明研究的学术探索和实践，为我们提供了深刻的启示：公共文明的建设并非一蹴而就，而是一个长期而复杂的过程。这需要我们每一个人的共同努力与不懈奋斗。每个人都应该自觉提升自身公共文明素养，积极参与到公共生活的各个方面，用实际行动为首都精神文明建设贡献力量。

沙莲香教授的研究成果是首都精神文明建设理论研究的宝贵财富，为首都市民增强文明自觉，共同谱写城市文明新篇章做出了卓越贡献。她求真求实、躬耕不辍的治学态度，扎根实际、勇于创新的精神气魄，永远值得我们学习。

在新时代新征程上，我们将继续秉承沙莲香教授的学术精神，不断深化对公共行为文明的研究，探索更加有效的实践路径，努力推动"北京市民公共行为文明指数"调查研究为首都精神文明建设创新发展做出更大贡献，让文明理念成为根植于每一名首都市民内心的思想自觉与行动指南。我们期待通过全社会的共同努力，构建

---

① 北京市推进全国文化中心建设中长期规划（2019 年～2035 年)。

一个更加文明、和谐、有序的社会环境，让公共文明成为推动社会进步的强大动力。让我们携手前行，在新的征程上续写首都公共文明研究的新篇章，为北京率先基本实现社会主义现代化贡献智慧和力量。

**图书在版编目（CIP）数据**

文明的回响：北京市民公共行为文明指数调查与思
考 / 首都精神文明办编 . --北京：社会科学文献出版
社，2024.12. --ISBN 978-7-5228-4668-2

Ⅰ.D648.3

中国国家版本馆 CIP 数据核字第 202419XN68 号

**文明的回响**

——北京市民公共行为文明指数调查与思考

编　　者 / 首都精神文明办

出 版 人 / 冀祥德
责任编辑 / 陈凤玲　武广汉
责任印制 / 王京美

出　　版 / 社会科学文献出版社·经济与管理分社（010）59367226
　　　　　 地址：北京市北三环中路甲 29 号院华龙大厦　邮编：100029
　　　　　 网址：www.ssap.com.cn
发　　行 / 社会科学文献出版社（010）59367028
印　　装 / 三河市东方印刷有限公司

规　　格 / 开 本：787mm×1092mm　1/16
　　　　　 印 张：24.25　字 数：322 千字
版　　次 / 2024 年 12 月第 1 版　2024 年 12 月第 1 次印刷
书　　号 / ISBN 978-7-5228-4668-2
定　　价 / 80.00 元

读者服务电话：4008918866